Rich致富 242

富爸爸，賺錢時刻：
挑戰有錢人的不公平競爭優勢
Unfair Advantage: The Power of Financial Education

羅勃特．T．清崎（Robert T. Kiyosaki）◎著
王立天◎譯

高寶書版集團

【羅勃特給大家的訊息】

真是不像話！（It's not cool!）

羅勃特．T．清崎

在跟你分享我們財務上的成功之前，我們是經過非常慎重的考慮，特別是在這樣的時局和環境之中。我知道有上百萬的民眾失去自己的工作、房子，以及事業。我也知道在當今的環境下，談論財務上的成功並不是一件有禮貌的事情。自吹自擂向來是一種很不像話的行為，尤其在講金錢這件事情的時候更是如此。

雖然這麼說，我仍然決定寫下一些有關於現實生活當中所進行的投資。我想要讓你們瞭解：我們是如何獲得財務方面的教育，我們是如何運用這些教育，以及為何它會成為一種不公平的競爭優勢，尤其在景氣逐漸衰退的時候更加重要。我寫這本書不是在自吹自擂。我的目的是想要鼓勵人們開始學習、認真下工夫、不斷地練習，嘗試用不同的眼光來看整個世界。二〇一一年時，全球的資金到處氾濫。數兆的美元在找尋投資標的，這是因為全球政府不斷地在發行上兆的假鈔票，即所謂的法定貨幣。全球政府不想要世界的經濟發生衰退，因此發行更多這種可笑的貨幣。這就是為什麼黃金和白銀的價格會一直不斷地上漲，同時所有儲蓄的人們都變成了輸家。

問題在於，這種假錢通通握在一些少數人們的手中。因此，有錢的人會變得更有錢，中產階級和窮人則是愈來愈貧窮，經濟每下愈況，而且問題日益嚴重。

根據美國統計局資料顯示，二〇一〇年九月，美國貧窮的人口數一舉增加了一五％。這個意思就是說有四百萬人從中產階級降至貧窮線以下，完全我和唐納・川在《川普清崎讓你賺大錢》（We Want You To Be Rich）一書中，預測的一模一樣。這是一件非常危險的事情，同時也是一種非常不健康的狀況。

在冒著被別人認為我是在自吹自擂的風險下，我決定動手寫這一本有關於現實生活當中進行投資的書籍。我認為明明知道一些重要的事情而不去分享，是一件更加不像話的行為，更是一種貪婪自私的心態。我之所以寫作，是因為我相信我們需要真正的財務教育，唯有如此世界的經濟才會有機會真正的復甦。總而言之，我寫這本書的目的是因為我相信教導人們如何釣魚，遠比給他們魚吃要來的有意義得多。

目錄｜Contents

【前言】
猴子要怎麼捕捉？

數千年以來，非洲和亞洲的原住民都是利用以下這種技巧來捕捉猴子：獵人先找到一棵樹幹上有著小洞的樹，並且在樹洞裏放入一些水果和堅果。當猴子經過看到之後，就會把手伸進洞裏抓住這些水果和堅果。此時猴子的拳頭，由於握住這些水果和堅果而無法從樹洞中拔出來，因此就被卡在洞裏。與其放掉手中的水果和堅果，猴子反而拚命扭動旋轉手臂，又拉又扯，但是就是不肯放手。當原住民回頭檢查時，就可以非常輕鬆地殺死，或者捕捉這隻猴子。

人類跟猴子非常相似。但他們不是緊抓著水果或堅果不放，而是抓著穩定的工作、自己的財產，以及金錢。由於缺乏財務教育，許多人們就會像被卡在洞裏的猴子一樣，一輩子成為薪水的奴隸，或者政府稅制下的奴隸。

自二〇〇七年金融危機爆發後，許多人更牢牢地抓著自己的工作不放，希望不要成為下一波被裁員的對象。數百萬的民眾就算繳不起房貸，也拚命死守自己的房子。就算聯邦政府發行上兆美元的貨幣，摧毀民眾儲蓄存款和購買力，許多人們還是拚命縮衣節食來增加存款。就算股市發生崩跌，完全侵蝕掉過去的獲利，上班族仍然拚命往自己的退休金計畫投注更多金錢。由於失業率日益攀升，許多人選擇再次回到學校進修，形成了註冊報名時的擁擠人潮。

絕大多數人都不知道該怎麼辦

二〇一〇年，多數人都已經知道全球面臨金融危機。很不幸的，他們都不知道該怎麼辦。與其放手，更多的人反而把自己的拳頭握得更緊，希望這次的危機會自動消失，祈禱他們的政府和領袖可以解決這次全球性的金融危機，希望能趕快恢復以往快樂的日子。

只有少數人知道自己必須要做出改變才行。但是，如果缺乏紮實的財務教育，他們仍然不知道該怎麼辦，或者要做出什麼樣的改變。

十年的危機

問題就在接下來的十年，即二〇一〇年至二〇二〇年之間，未來將會證明這會是人類歷史中變化最劇烈的十年。

很不幸的，那些緊抓著舊時代遺跡——例如穩定的工作、儲蓄存款、擁有自用住宅，以及退休金計畫等——的人們，就會在即將到來的全球性金融風暴當中，遭受到最慘烈的蹂躪。我之所以能夠這麼肯定的斷言，是基於以下的五項理由：

1. 工業時代已告結束

工業時代大約在西元一五〇〇年開始，並於二〇〇〇年左右結束。

當第二次世界大戰於一九四五年結束時，美國是全球國力最強的國家，同時也是工業時代碩果僅存幾個國家中最巨大的一個。

在工業時代裏，擁有工業科技、工廠設備、優良學校，以及武器等的國家統治全世界。

在工業時代裏，汽車、航空、收音機和電視工業，以及武器工業等，主宰全球商業界。

在工業時代裏，上班族可找到高薪工作，藉著公會保障自己，在退休後繼續領終身俸。

財務教育在工業時代裏，並不是一件很重要的事情。

網際網路創始於一九八九年，工業時代就此結束並開啟了資訊時代。

接下來的十年，隨著工廠的拆除、產業外移，並在低工資國家中重起爐灶之後，將會有更多的工作機會被新科技所取代。擁有高薪的鐵飯碗，並在退休之後還可以領取終身俸的想法，已經變成了一種過時的舊思維。

現在的美國已經成為人類歷史上最大的債務國，再也負擔不起一些社會福利的政策，例如：社會福利保障制度（Social Security）以及醫療健保制度（Medicare）。

在鐵飯碗以及終身俸不復存在的資訊時代中，財務教育更顯得日益重要。

誠如拳頭卡在樹洞裏的猴子，數百萬計的上班族還是牢牢地抓著「好好上學唸書、找鐵飯碗的工作、擁有穩定的薪水、享受醫療保健福利、提早退休、獲得政府的補助」等一些工業時代才會存在的舊思維。

在本書中，你將會知道什麼樣的教育才能讓自己在資訊時代做好充分的準備。

2.金錢的規則在一九七一年被改變了

一九七一年，美國總統尼克森取消美元的金本位制，因此改變金錢的規則。

從那年開始，美元就不再是金錢，反而成了一種從債務衍生出來的工具。也是從那年開始，存錢儲蓄的人們成了最大的輸家。直到今天，美元的實質購買力已經貶損了九五%，僅存的五%不消四十年就會消失。

很不幸的，就像是拳頭卡在樹洞裏的猴子一般，數百萬計的人們還是牢牢地抓著自己在銀行裏的存款不放。

在本書中，你將會瞭解到為什麼存錢儲蓄是一種愚蠢的行為，以及自己應該怎麼辦。既然銀行可以自己印鈔票，為什麼你就不能這麼做呢？你將會在這本書中知道要怎麼做，不過還是需要一些財務教育來作為基礎。

3.自一九七一年後，銀行的紓困金額不斷增加

絕大多數的人都已經聽過次級房貸產生的風暴，以及全球數兆美元的銀行紓困方案。今天，有許多民眾感覺到非常的憤怒，因為政府替那些富有銀行家進行紓困，但卻要納稅人來買單。

很不幸的，只有少數人才知道這樣的紓困行為早就行之有年，而且自一九七一年起，金額還一直增加。一九八〇年代的銀行紓困金是以數百萬美元來計算的。到了一九九〇年代，這些銀行紓困金都要以數十億美元為單位。二〇〇七年後，給銀行進行紓困反倒變成了國際上的一

種慣例，動輒以數兆美元計算。

也因為多數人缺乏財務教育，並認為「債務」是件壞事。這就跟猴子沒有兩樣，他們仍然牢牢地緊抓著美元不放，並且想盡辦法要擺脫自己的債務。

許多缺乏紮實財務教育的人們會認為債務是一件壞事——唯有當你不清楚如何利用債務讓自己變得富有時，這種說法才是正確的。

在本書中，你將會知道「債務」是如何讓銀行家，以及那些受過財務教育的人，變得非常富有的原因。

4.通貨膨脹日益增加

二〇〇〇年一月四日，黃金每盎司是二百八十二美元。十年後，二〇一〇年十月三十日，同樣一盎司黃金的價格高達一千四百零五美元。這十年來如果跟黃金相比較，美元價值相對損失三九八%。

二〇〇〇年一月四日，每桶原油的價格是二十五美元。到了二〇一〇年十二月三十一日，每桶原油的價格變成了九十一美元。這十年來石油的價格上漲了二六四%。

但是政府仍然宣稱並沒有通貨膨脹的情況發生。

一個聰明的人應該這麼問：

「十年之後，也就是二〇二〇年十二月三十一日，每盎司黃金的價格又會是多少？」

「二〇二〇年每加侖汽油可能會賣多少錢？」

「未來的十年間，食物的支出成本可能會增加多少？」

許多人們（猴子們）都不會問自己這些問題，他們反而會重返校園進修、更賣力地工作、支付更高的所得稅、拙於應付上揚的物價、想盡辦法量入為出，並且持續地存錢、存錢、再存錢。

現在的你就會知道，早該在二〇〇〇年，當黃金每盎司還是二百七十三美元時就應該進場投資黃金。在本書中，你將會知道在盲目的大眾急急忙忙湧進市場之前，應該先要佈局什麼樣的投資標的。而且，你將學會如何預測未來，並且在即將來臨的變化當中，如何大大降低自己所面臨的風險。

5.我看到愈來愈多貧窮的人

在未來的十年，即二〇一〇年至二〇二〇年之間，那些能過著原來的生活，以及那些無法過著原來生活的人們的鴻溝將會大幅增加。今日許多的中產階級會在未來的十年之中，逐漸滑落至貧窮線以下。

換句話說，即便是在富有先進的國家們，例如：美國、英國、法國，以及日本等國中，貧窮的人口數一樣會大幅增加。

當政府選擇要給擁有銀行的老闆們進行紓困時，實際上政府就是以犧牲窮人和中產階級作為代價，來放這些有錢人一馬。接下來的十年裏，有錢的人將會愈來愈有錢，而中產階級和窮人將會因為稅賦和通貨膨脹的關係愈來愈貧窮。

以下列舉出一些即將會發生的事情，足以讓那些財務教育不足的人們在未來十年當中吃足苦頭：

- 戰後嬰兒潮世代的人們將會陸續退休。單就美國而言，嬰兒潮世代的人口就有七千八百萬人。目前估計這些人，有五二%沒有足夠的儲蓄或投資來應付退休生活。社會福利保障制度（Social Security）以及醫療健保制度（Medicare）也早就破產了。若想要繼續為這些制度籌措經費，那麼在一九六四年之後出生的人們，將要擔負起更高的稅賦。
- 將會有更多的就業機會流失。無論是國家、州省、市鄉，以及當地政府等，銀根都非常短缺。事實上，有很多單位在技術上都已經算是破產了。
- 從二〇〇七年至二〇一〇年，大部分流失的就業機會都源自於大型或中小型的民間企業。
- 接下來，即將面臨大失業潮的是公營事業體系。未來的十年，數百萬計公家單位的工作機會，將會日漸消失。

這個意思是說，將來會面臨更沉重的稅賦、更匱乏的公共設施與服務，以及更多的失業人口。舉例來說，二〇一一年一月美國紐澤西州的坎登市（Camden），即全美國治安不良排名第二的城市，解雇了一半的警力。該市同時也大幅縮編消防人員，以及許多公營事業的雇員。

如果犯罪率和火災損失一直攀升，誰還會願意居住在坎登市呢？當市政機構的服務能力不斷下滑，又會對當地的不動產價值造成什麼樣的影響？

就算面臨了失業率節節高升以及傳統鐵飯碗工作大幅減少的現狀，許多人們依舊像一隻牢牢抓著水果和堅果不放的猴子一樣，拚命重返學校進修研習，希望能換一份新的工作、得到更高的薪水、更優渥的福利，以及更豐厚的退休金。

這本書將會為你介紹一些新的想法，讓你瞭解哪些教育才能替自己的未來做好準備。

二〇一〇年時，美國的國債高達十四兆美元。事實上，根據公共政策研究機構（National Center for Policy Analysis）的資料顯示，如果加上社會福利保障制度以及醫療健保制度的情況下，美國國債總共積欠了一百零七兆美元。這就代表著說美國確實已經破產了。

美國基本上只剩下三種選擇。也就是：

・對債務違約，亦即宣告破產。這將會大大衝擊全球的經濟。
・刪減支出、提高稅收，並且開始償還積欠的債務。這將會大大衝擊全球的經濟。
・發行更多鈔票摧毀美元的價值，並拿著這些假錢償還債務。這也會大大衝擊全球的經濟。

一般人就像那隻拳頭卡在樹幹裏的猴子一樣，對於美元的現況以及世界的政經局勢完全不知情。一般民眾只關心自己是否能賺到足夠的錢來養家糊口，並且持續繳納房貸來保住自己的房子。

就像一隻牢牢抓著自己手上事物的猴子一樣，一般人還真的相信他們手裏握著的鈔票是真正的金錢。一般選民仍然相信他們所選出來的官員們會解決當今全球所面臨的金融危機，只有極少數的人們理解到當今全球所面臨的財務問題，遠遠超過一個國家的範圍，以及任何一個領袖的能力。

在本書中，你將會發現到資訊時代中的金錢規則有著什麼不同，以及如何適應全球金錢的新規則。

一九七二年，尼克森總統敲開中國的大門。而今，中國這個貧窮的國家正在迅速竄起，準備成為全球下一個超級強權。

接下來的十年，中國的經濟雖然會持續成長，但隨著它對抗通貨膨脹、謀求國際間更大的影響力，並且挑戰美元作為全球儲備貨幣地位的過程，同時也會造成許多動盪。除此之外，由於經濟的繁榮，也將會加深中國有錢人和窮人之間的差距和矛盾。以上這些中國的不確定因素將會使得金融界產生動盪，進而影響全球各國經濟的繁榮與衰退。

就像大多數的猴子一樣，一般人只是見樹不見林。美國人所處的狀況可以說是最糟糕的，可是由於他們長年來都是各國觀摩仿效的對象，就像是活在一個魚缸裏，因此他們看不清楚魚缸以外的真實世界。

在本書中，你將學會如何從全球的角度來思考、採取行動，並且做生意。當今的世界的確充滿了機會——但是這些機會並不屬於那些仍舊緊抓著水果不放的人們。

歷史上最刺激的十年

接下來的十年，亦即二〇一〇年至二〇二〇年之間，將會證明這人類歷史上最精采的十年。

美國這個國家將會在未來的十年內宣告結束。美元這場騙局也將會被戳穿，全球也會形成一個嶄新的經濟體。在這個無國界的新世界裏，加上低成本、新科技的推波助瀾下，將會徹底解放全球人民的才能與智慧，並推翻以往主宰世界經濟那些自大自滿的心態。

對於那些具備紮實的財務教育，擁有充份準備且又具有彈性，並能迅速適應的人們來說，未來十年將會是光輝燦爛的年代。

對於那些還期待能重返當年快樂日子的人們來說，未來十年將會是悽慘黯淡的年代。

掉入重返學校進修的陷阱之中

新時代的關鍵就在於教育。問題在於當今的學校體系仍然還陷在工業時代的泥沼之中。

在資訊時代裏，個人所受的教育以及終身學習的觀念，將會比以往任何時代還要來得重要許多。很不幸的，光靠著傳統教育體制是無法讓你在這個迅速演進又不斷擴張的世界裏，做好財務上的準備。簡而言之，學校體制變革的速度太慢，而這個世界改變的又太快。

在工業時代裏，只要接受下列兩種教育就能讓人獲得成功：

・學術教育：即閱讀、寫作，以及解決基本數學問題的能力。

·專業技職教育：藉著對社會產生貢獻來賺取生活費的技職教育。舉例來說，醫生必須先唸完醫學院；律師必須自法律系畢業；飛機駕駛員必須從航空學校畢業；廚師們要從廚藝大學畢業等。

在資訊時代裏，我們則是需要以下三種教育：

·**學術教育**。

·**專業技職教育**。

·**財務教育**。

因此接下來的問題是：**為什麼傳統學校體制裏，並沒有包含財務教育這個領域？**

答案：**就是人類學會利用學校體制來捕捉猴子，並對牠們洗腦。**

如果人們擁有紮實的財務教育，他們就不會緊緊抓著鐵飯碗、穩定的薪資，以及退休金而不放。如果人們瞭解當今的稅法制度，他們就不須當冤大頭繳交不必要的稅金。如果人們搞清楚現在的銀行體系，他們就絕對不會繼續儲蓄。他們也不會再把自己的房子當成資產來看，反而認清楚它是一項負債。如果人們能瞭解通貨膨脹，他們就絕對不會竭盡所能地量入為出。與其努力擺脫債務，他們就會開始學習如何利用這些債務來使自己變得富有。他們更不會呆呆地把自己賺來的錢上繳給華爾街的銀行家、理財專員，以及不動產業務等，並幻想著這麼做就能保障自己未來的退休生活。

更重要的是，他們就會開始質疑自己為什麼要上學、到底是什麼樣的老師在教他們，以及這種教育體制會把自己的人生導到什麼樣的方向等問題。

教育是一種過程

一九七三年，我從越戰返回家鄉。我還剩下一年的兵役，因此我開始思索往後的這段人生應該要朝什麼方向前進。

當時我才二十六歲，擁有大學文憑以及兩項專業技能的執照：一個是服務於美國標準石油公司油輪上的航海員（三副），另外一個是在美國海軍陸戰隊裏擔任直升機的駕駛員。雖然兩項專業技能都能讓我獲得高薪且穩定的工作，但是我已經不想要再繼續航海或飛行。

當我向自己的窮爸爸徵詢意見時，他建議我跟隨他的腳步，也就是重返校園進修、獲得碩士學位，接著再獲得博士學位，然後在政府部門裏面尋求一份工作。

問題就在於，我的父親在一九七三年已經是五十四歲的人了，他曾經擔任過夏威夷州教育局的督學，也曾經代表共和黨參選夏威夷副州長。但當時的他，已經在家待業。

我的父親之所以會沒有工作，是因為他辭去教育局督學的職位，代表共和黨參選，並對抗民主黨所派出的代表，也就是他原來的頂頭上司。當山繆・金（Samuel King）大法官和我的父親在競選落敗後，新州長表明要我父親對這種背叛的行為付出代價，也就是他再也無法任職於夏威夷的任何公家機關當中。

我父親即便是擁有極高的學位，仍然無法在公家教育體系之外的現實世界中謀得一份工作。由於他知道自己再也無法進入公家單位，所以就把當時所有的退休金拿去買下一間冰淇淋連鎖加盟店，而當這間冰淇淋店關門大吉時，他同時失去了自己一輩子所有的積蓄。

從許多方面來看，我的窮爸爸給了我一次機會看清楚未來的世界，我講得不是他那一輩人的未來，而是我自己的未來。

當他建議我追隨他的腳步時，我很清楚知道我應該聽從誰的建議。在離開了窮爸爸的家之後，我開車前往富爸爸位於夏威夷威基基（Waikiki）海灘的辦公室，並徵求他的建議。

教育是非常重要的

我兩位爸爸都對教育推崇備至——但是他們兩個人所講的教育截然不同。

我所具備的不公平競爭優勢中，其中有一項就是清楚瞭解這兩種教育有著什麼樣的不同。以下三種概念將在你對不同教育進行考量時有所助益：

1. 教育是一種過程

一個人之所以上學，就是去那裏學習成為一種特定的人。舉例來說，我上飛行學校就是要學習如何成為一位飛行員。

傳統教育體制所面臨問題，就在於傳統教育這個過程就是要把人們訓練成一位雇員（上班族）。這就是為什麼很多人會跟你說：「要上學唸書才能找到一份好工作」的原因。

猴子們都不會去想「自己的拳頭為什麼會被卡在樹洞裏面」的問題。許多人類也從來不會去質疑「好好上學，然後找份工作變成上班族」的想法。

一個有智慧的人應該會問自己：「如果我不想要成為上班族，應該怎麼做？」

2.有四種教育可供選擇

我的富爸爸跟我解釋現金流象限這個觀念。他利用這種方式，讓我在長大的過程當中，可以隨著自己想要成為什麼樣的人，而選擇所要接受的教育種類。

E代表雇員或上班族
S代表中小企業或自由業者
B代表大型企業（五百位以上的員工）
I代表投資者

傳統教育是在讓學生們替E和S兩個象限作準備。舉例來說，S象限的學校就像是法律學院、醫學院等。從醫學院和法學院畢業的頂尖人才們背負著最高的稅率，這點很令人玩味，這是因為他們身處於S象限之中。對我而言，如果我真的是一位資優生，我就會想要學會如何減少自己所繳納的稅金額度。高稅率就是S象限中人們所面臨的陷阱之一。

當一位員工辭職開始創立自己的事業時，許多人們都會不由自主地進入S象限，經營一個相當專業的小公司或者是服務業，例如：電腦工程顧問公司，或者是買賣不動產等。

這就像一隻被卡在一棵樹上的猴子一樣，很多人們只知道E和S這兩種象限而已。

一個擁有財務智慧的人，就會想要知道要如何進入並且經營B和I象限的事業。世界上最富有的人們都是從B和I象限出來的，這些人賺到最多的金錢，同時又支付最少的稅率。

在本書中你將會瞭解B和I象限中的人們才會知道的事情，藉此來獲得不公平競爭優勢（E或S象限人們所不知道的事情）。

3.你可以在傳統教育和非傳統教育之間做出選擇

我的窮爸爸向來只推崇傳統教育體制。這也就是為什麼他會認為在校成績以及你是從哪所大學畢業是非常重要的事情。他相信好成績和好學校就會讓你獲得一份好的工作。

我的富爸爸則是推崇非傳統教育。他不關心你的學業成績，或者你從哪所學校畢業。他唯一關心的是，你到底學會了什麼樣的技能、指導你的人是誰，以及你為現實生活中的生意做了多少準備。

我的富爸爸並不看重所謂「鐵飯碗」的工作。身為一位創業家，他很看重自己到底能創造出多少個高薪的職位。

這就是為什麼在一九七三年，當我還在海軍陸戰隊裏服役時，就開始報名參加非傳統教育的課程，學習以下的一些本事：

・如何利用債務來進行投資。
・提升自己的銷售技能（因為「銷售等於收入」）。
・減少自己所要繳納的稅金。

我在一九七三年做出接受非傳統教育的這項決定，讓我獲得了這輩子最大的、也最不公平的競爭優勢。

直到今天，我仍然會參加一些非傳統教育的課程。非傳統教育的課程給了我不公平競爭優勢，甚至還讓我贏過那些上過一流學校、在校成績斐然、坐擁高薪的醫生、律師，以及大企業主管等那些聰明的小伙子。

許多猴子們搞不清楚食物，以及擺放在陷阱裏的食物有著什麼樣的差別。這就是為什麼牠們這麼容易上當，會掉入獵人的陷阱之中。

紮實的財務教育可以讓學生們瞭解一共有三種不同類型的收入。分別是：

- **一般的工作收入。**
- **投資組合的收入。**
- **被動收入。**

很多E和S象限的人被訓練成只能獲得一般的工作收入。這就是為什麼他們是這麼容易的會掉入陷阱之中，從事最辛苦的工作，並且被課徵最高的稅率。

在本書中，你將會發現為什麼擁有財務智商的人們會致力於獲得投資組合收入、被動收入，以及那些用不著支付稅金的各種收入。

猴子和人類之間的差異

用「拳頭被卡在樹洞裏的猴子們」這種比喻來形容人們的行為，或許聽起來有點殘酷。

我藉由這樣的比喻不是要表達殘忍，而是想陳述一個重點。事實上，明明知道問題已經很嚴重，民眾也不知道應該怎麼辦的時候，繼續剝奪人們接受財務教育的機會，持續讓他們天真的辛苦工作，繳納高額稅金，並且不斷地儲蓄存錢——這才是一件相當殘酷的事情。

人類跟猴子的確有這相似的共同特性。舉例來說，一隻猴子會緊握著拳頭抓著水果和堅果不放。人類同樣會死守著一些陳舊的想法。

我們當中有許多人都學過這則條物理定律：同一個空間內是無法同時存在著兩種不同的實質物體。舉例來說，你沒有辦法同時將兩部汽車停放在同一個停車格。同樣的道理也適用於思維和想法之上。

就如何猴子必須先學會放手才能重獲自由是一樣的道理，人類必須要先能放下陳舊過時的想法才能解放自己。

在本書中，你將學會許多關於金錢，以及為什麼有錢人會愈來愈有錢等一些非一般傳統觀念的新思維。本書最主要的目的在於展現這些新思維，並且挑戰你可能原本就已經擁有的固有思想。但是，最後還是得由你自己來決定，是否願意放下這些舊思維，開始接受有關於金錢的新思維。

列舉一些關於金錢的舊思維：

1. 我永遠都不會變成有錢人

如果不取代這種想法，那麼這樣的想法必定會變成自己的現實生活。寫這本書的目的，就是要改變這種想法——只要你願意的話。

2.有錢人都很貪婪

在本書裏你將會知道，想要變得富有你就得必須先慷慨才行。你會發現E和S象限的人，通常會遠比B和I象限的人更加地貪婪、小氣。

3.我寧可過得很快樂，而不要成為有錢人

為什麼不兩者兼得呢？只能二選一這種想法是因為既有的限制性思維。

4.稅制是不公平的

在本書中，你將會發現稅制其實是很公平的，而且稅法是如何讓擁有財務知識的人們變得更加有錢。

5.我必須辛苦地工作

在本書中，你也將會知道，為什麼愈是辛苦工作的人需要承擔更高的稅賦。

6.投資必定會有風險

在本書中，你將會發現為什麼投資並不一定具有高度風險。更重要的是，你會知道為什麼那些風險最高的投資工具，都是賣給那些缺乏財務教育的人們。

7.要好好上學唸書

在本書中，你會知道為什麼必須學會質疑自己所受的教育，而這會把你帶到什麼方向，以及是什麼樣的人在教導你這些課程。

舉例來說，我在一九七三年報名參加了一個MBA課程。師資全都是清一色E象限的上班族。在六個月之後我就退選了，是因為我理解到接受這兩年的課程，其實又是在訓練我成為一個E象限的高薪雇員。

如果你想要邁入B或I象限，你就得必須得要找到位於該象限的導師或者是亦師亦友的人來教你。

在航空學校裏，第一位教官教了我飛行的基礎。第二階段課程中的教官傳授我進階的飛行技巧，因此能讓我從航空學校畢業。接下來的教官們都是戰鬥飛行員，他們完全是不同等級的指導員。雖然我早已經學會如何飛行，但是這些戰鬥飛行的教練們才是讓我在面對真正戰爭前擁有充分準備的關鍵。

財務教育跟航空學校非常的相似。學習如何飛行絕對不是一個你可以靠著自學就能學會的技能，最好是要能夠找到優秀的飛行員來進行教育、訓練，而且在學員擁有親自飛行的經驗之後，才讓這些人進入下一個學習的階段。

傳統教育所面臨的一個問題，就是缺乏現實生活中的實際經歷。許多學生自學校畢業後，腦袋裝滿了各種技術問題的答案，但是極度缺乏將技術層面的知識實際運用到工作的能力。這意味對這些學生而言，最重要的指導教練反而是當他們畢業踏入職場之後，首先遇到的那些人。

這次金融危機的悲劇之一，就是許多畢業生們找不到工作。但是，實際的工作經驗對他們一輩子的成長與學習相對重要，這一段的經歷甚至會決定他們一輩子的發展。

為什麼會有這麼多學生畢業之後，找不到工作的原因之一，是因為他們被訓練成為一個優秀的上班族。他們缺乏在現實生活當中成為一位創業家所需要具備的本事。

更糟糕的是，很多學生在畢業之後，身上還得背負著龐大債務。如果他們找不到工作，就沒有辦法還清自己的助學貸款。

助學貸款跟一般房屋貸款是不同的。助學貸款就算宣布破產也都不會消失（譯註：助學貸款目前在台灣也不適用於「債務清償法」）。這個意思是說，一個人可以選擇不繳交貸款（放棄房子），但是一輩子也無法擺脫助學貸款。如果這位學生畢業後找不到工作，那麼他們所欠繳的還款金額，會因為利息的關係而一直累積。不消幾年，總貸款額將會因為複利的關係而呈爆炸性的成長，這位學生就會像猴子一樣掉入陷阱。

8.我需要穩定的工作

在本書中，你將學會安全保障和自由兩者之間的差別。安全保障和自由完全是兩種對立的事物。你愈是追求安全保障，那麼你就會損失更多的自由，這也就是為什麼高度戒嚴的監獄幾乎沒有自由可言。

猴子之所以會掉入陷阱，是因為牠們緊抓著安全感不放。本書是寫給那些想要獲得自由以及安全的人們所寫的。

9.我必須長期投資在由股票、公債、共同基金等所構成的多樣化投資組合之中

這可能算是最差勁的財務建議了。就讓我們回顧過去十年，那些投資於股票、債券、基金等的人們稱之為「失落的十年」的這段期間。

二〇〇〇年年初開盤時，美國道瓊工業指數位於一一三五七點。二〇一〇年年底收盤時，道瓊指數是在一一五七七點。

十年的光景卻僅僅只上漲幾百點。現在你就知道這些長期「投」資的人輸得多麼地慘。漫長的十年只獲得〇．二%的投資報酬率，根本就是一場笑話，尤其對於聽從這種差勁投資建議的人們來說，還是一個非常悲苦的笑話。

就如你所知道的，在同樣這十年內，黃金的價格從每盎司二百八十二美元上漲至一千四百零五美元，也就是在這十年內獲得了三九八%的投資報酬率。

如果道瓊指數的表現得跟黃金價格是一樣的話，那麼二〇一〇年收盤時，道瓊指數早就應該超過了四五〇〇〇點。

就算知道這些難堪的數據，但是仍然有數百萬計的人們繼續聽從這樣子的理財建議。那麼，這是不是表示你要開始投資黃金了？絕對不是這個意思。這個意思是說，你最好要能夠獲得現實世界當中的財務教育。如果你跟大多數的人們一樣，對於自己的財務教育不感興趣，那麼就得乖乖聽從所謂理財專家們的話，也就是把你自己的錢交給他們處置。

記住，如果你自己不太會投資，那麼黃金對你來說也不會是一項好的投資。如果你自己是一個不擅長於投資的人，那麼就不會有適合讓你投資的標的。

在本書中，你將會發現當你擁有更多的財務教育時，你就會賺到更多的錢，繳納更少的稅；讓自己的投資報酬率上漲，同時又不斷地降低自己所承受的風險。

有一天我問富爸爸說：「你認為不動產是不是一項好的投資？」

他回答說：「我不知道。你自己擅不擅長投資？」

我接著問：「你會對一般普通的投資者給予什麼樣的建議？」

他回答說：「千萬不要做一般的投資者。一般的投資者都會讓那些聰明的投資者富有。」不管你投資了些什麼——無論是事業、不動產、有價證券，或者是貴重金屬等——都比不上投資自己更加重要。如果你本身是個傻瓜，不管你投資什麼大概下場都會是一樣——虧錢。本書就是你對自己財務教育上的投資。

10. 我唸書時成績很差。我怎麼可能會變成有錢人？

雖然你必須要上學唸書才能成為一位醫生或律師，但是想要變得有錢或是成為創業家，你就不一定非得要上學不可。當今世上許多最有錢的人們，都沒有從學校畢業。舉例來說，福特汽車公司創辦人亨利・福特（Henry Ford）；美國奇異（GE）公司創辦人湯瑪斯・愛迪生（Thomas Edison）；微軟創辦人比爾・蓋茲（Bill Gates）；臉書創辦人馬克・札克伯格（Mark Zuckerberg）；維京公司創辦人理查・布蘭森（Richard Branson）；迪士尼創辦人華特・迪士尼（Walr Disney）；以及我心目中的英雄，蘋果公司創辦人史帝夫・賈伯斯（Steve Jobs）。

今天許多人跟猴子們一樣被卡在陷阱裏，是因為他們上學之後被訓練成為E和S象限之中的雇員。本書是為那些想要知道在B和I象限裏頭生活是什麼樣子，以及必須接受什麼樣教育才能變成其中一員的人們所寫。

最後的一些話

目前擔任《消費者報導》（Consumer Report）的理財專家珍・柴克斯基（Jean Chatsky）曾在二○一一年一月「今日」（Today）的電視節目中，給了大眾一些投資方面的建議。多年來他們持續不斷地給予民眾一陳不變的理財建議：

1. 要省吃儉用。
2. 要編列消費預算，並為自己申請四〇一(k)退休金計畫。
3. 努力追上（換句話說就是存錢、存錢、再存錢）。
4. 還清債務。
5. 多工作幾年，晚點再退休。

我個人是絕對不會聽從這樣的建議。這不但是很糟糕的建議，同時也是讓人容易感到沮喪的建議。誰會希望過著省吃儉用，拚命省錢的日子？而且這個建議不但讓人感到不舒服，同時還會讓我感到很恐怖。雖然這對那些缺乏財務教育的人來說，聽起來好像是很不錯的建議，但是我個人相信這是一種非常糟糕的理財建議。

在本書中，你將會知道為什麼類退休金計畫（例如四〇一(k)計畫）是最差勁的一種投資方式。《時代雜誌》（Times）在二〇〇九年有一篇叫作「該是讓四〇一(k)退休計畫退場的時候了」的文章，文中詳細說明四〇一(k)是如何不要臉地摧毀民眾的財富。

在未來的十年裏，亦即二〇一〇至二〇二〇年間，那些聽從類似「今日」這類節目理財建議的人，將會遭受到最大的損失。這些人會因為全球經濟的動盪而提心吊膽，同時財富也會因為更高的稅率而摧毀殆盡。隨著通貨膨脹的高漲，他們會發現愈來愈不容易過著原本所擁有的生活。大多數人所投資的金錢會隨著股市的崩跌而化為烏有，到時候會比現在更加地貧窮。

其中最悲慘的是，這些聽從舊觀念的人還會錯過人類史上最巨大的一次致富機會。未來十年內將會有鉅額的財富被創造出來，但是聽從這些過時建議的人將無法享受到這樣的結果。那些聽從舊建議的人，會充滿挫折感地眼睜睜看著有錢人變得更有錢，而自己的生活卻是愈來愈糟。

在本書的第一章裏，我會詳細說明在二〇〇七年開始發生的金融海嘯，在財務上來說是我這輩子見過最佳的機會。我預期未來的十年還會比那時更加有利。

該是放手的時候了

一隻猴子除非學會放手，不然是無法獲得自由的。這對人類來說也是一樣的道理。如果人類不放下一些過時的、迂腐的舊思維也是一樣是無法重獲自由的。

就像俗話說：「瘋狂的定義就是，不斷地重複著同樣的行為，卻期待獲得不同的結果。」但是現在的人還是持續做著同樣的事情，他們仍然聽從過時的財務專家說著過時的財務建議。雖然如此，人們還是牢牢地堅守著這些過時的建議。

我知道想要改變舊思維是件很不容易的事。就像俗話所說：「你無法教會老狗學新把戲。」對於人類而言，想要讓一個死守著舊思維的人做出任何新的改變，的確是一件很困難的事情。

我想說的是，無論你原本是有錢人還是窮光蛋，聰明絕頂還是智慧平庸；居住在富有先進的國家，還是落後貧窮的國家之中，都可以藉著紮實的財務教育來擁有不公平的競爭優勢。藉著網際網路這項科技，任何人都可以利用當今世界的經濟來累積巨大的財富。他們唯一要做的就是要能適應這些新想法，認真面對自己的財務教育的問題，並且採取行動。

採取行動的確是非常重要的事情，這是因為我們人類是藉著不斷地犯錯來學習的。把犯錯當成是一件壞事，這是非常不健康的想法。如果人們不願意犯錯，那麼他們就無法從中學得教訓，這也就是為什麼我的窮爸爸一直無法富有的原因，他不把自己失業、競選失敗，以及經營冰淇淋事業失利等問題當作是一種上天的恩賜，給自己一次學習的機會，反而將之視為錯誤懲罰自己。在他去世時非常地貧窮，而且無法理解那些失敗都是能讓他成長茁壯的機會。

就如你所知道的，在學校裏犯錯最多的學生總是會被貼上「愚笨」這樣的標籤。在現實生活當中，那些犯下最多過錯並且願意從中汲取教訓的人，都會變成非常聰明的人物。

我今天很高興地告訴大家，我現在比當年班上成為醫生和律師等那些成績優秀的資優生，擁有更高的收入。我之所以能比他們賺更多的錢，是因為我比他們犯下更多的過錯，並且從中學會了如何汲取教訓。

我並不是在說本書能夠針對你個人的問題提出最佳建議。就如同華倫．巴菲特說的過話：「幸運的是，通往財務天堂有著無數的途徑。」我找到了適合自己，通往財務天堂之路，現在你必須找出自己的道路。本書只能算是一種指引，而不是給你答案，因為在現實生活當中並沒有所謂「正確的答案」這回事。能幫助自己產生結果的答案，才是你應該要去尋找的。

本書提供你一些新想法，對於金錢這個主題一些新的看法。於這本書中，我所寫的內容，或許會有很多話讓你產生像這樣子的想法：「這麼好的事不可能是真的。」如果一個人的財務教育不足，而且缺乏現實生活上的經驗，那麼這些好事的確是不可能發生的。但是對我個人而言，這些事情再真實不過；這種事情同樣也會發生在那些願意撥出更多時間，提升現實生活裏財務教育的人身上。

本書提及的內容，全都是現實生活當中所發生過的事情。本書充滿各種想法、行動，以及日常生活當中的各種經驗。在本書中所列舉的不公平競爭優勢，只要你願意在自己的財務教育上進行投資並且學習，任何人都可以擁有同樣的本事。我提供你這些想法，無非就是想要挑戰你的舊思維，並讓你開放心胸來接受一些新思維。

記住：你無法在同一個停車格裏擺放兩輛汽車。就如同一隻不願意學會放手的猴子一樣，永遠不願意放下舊思維的人是絕對不會做出任何的改變。我們即將要面對前所未見的經濟挑戰，迎接新思維絕對比死守著舊想法還要來得好。

隨著工業時代和資訊時代相互的衝擊之下，大量的財富即將發生移轉。昨天富有的人們或許在明天一無所有。現在的中產白領階級，明天一定會變得更加地貧困。就因為自己以前是學校裏的高材生，並不代表著你現在就比別人懂得多。

本書所闡述的是，引領你如何放下過去，並大步邁向一個充滿財富、機會，以及富足的新世界。

主日學的教訓

我並不是一個很虔誠的教徒，但是我仍然在主日學當中學到了許多非常重要的教訓。其中有兩個滿適合現在的教訓：

1.溫柔的人有福了，因為他們必承受地土。

溫柔並不意味著軟弱。所謂溫柔的人們就是那些足夠謙卑，擁有足夠的自覺來降低自大心理，並願意重新再次學習的人們。

2.我的民因無知識而滅亡。

真正財務上的危機，是因為一個陳舊、過時、完全脫離現實狀況的教育體系所造成的危機。當今世界所面臨的金融危機是永遠都無法獲得解決的，除非我們的學校體制願意開始教導學生有關於工作職場、市場交易、稅賦，以及投資領域等方面的真相。我們的學校體制不能繼續把學生訓練成猴子一樣，一直把拳頭卡死在樹洞裏。

如果我們不教導人們有關於金錢的知識，就會製造出更多像我窮爸爸一樣的人——受過高等教育、認真工作、誠實正直的人們，但是當他過世的時候卻是充滿悲憤地嚥下最後一口氣，還一直認為政府應該要好好照顧他這種人。

重新讓人們獲得自由的時候到了，而這一點只有憑藉著財務教育才能做到。

祝你開卷有益，希望你能透過本書獲得更多的知識，畢竟唯有知識才是真正的金錢。

Chapter 1 不公平競爭優勢#1：知識

UNFAIR ADVANTAGE#1: KNOWLEDGE

我應該要如何運用自己的錢？

▼常見問題

我現在手頭上有一萬美元。我應該要怎麼辦？我應該投資些什麼？

▼簡單回答

如果你不清楚要拿自己的錢怎麼辦，最好先不要告訴任何人這件事情。

▼解釋

如果你不知道要如何運用自己的錢，外面有很多的人會告訴你要怎麼辦，他們會說：「把你的錢交給我。我會幫你好好管理。」

最近金融危機損失最慘重的人們，就是把自己的金錢交給原本自己信任的人處理。

▼完整解答

你要如何運用自己的金錢並且如何投資，完全要取決於你自己本身財務教育的水準。

進一步解釋

如果缺乏財務教育，你的投資風險就會提高，你所要繳的稅金也會增加，而且會讓自己投資報酬率變小。缺乏財務教育的人，都喜歡把錢投資在自己的住宅、股票、債券、共同基金，以及銀行定存單之中。以上投資標的的風險性，都算是最高的一群。

如果擁有財務教育，你的投資風險就會下降，投資報酬率也會跟著變大，同時所要繳納的稅金也會減少。換句話說，你不但可以賺到更多的錢，同時還可以擔負更小的風險並且繳納更少的稅金。問題在於，你絕對不可以聽從傳統的理財建議，或者是把錢投入傳統的投資工具之中。

本書的目的

藉著極高品質的財務教育，金錢就會流向自己而不是流出去。無論大環境的經濟是好是壞，你仍然可以藉著利用別人的錢來賺進數百萬美元，並且完全不用繳交任何稅金。這是一種極度不公平的競爭優勢。

你都是跟誰請教理財的？

二〇〇七年後，全世界都學會了一個新的名詞：次級房貸（Subprime）。隨著金融體系的動盪，一向備受推崇的財經巨擘也開始發生動搖，有些甚至還成了一堆廢墟。

二〇〇八年九月十五日，雷曼兄弟投資銀行（Lehman Brothers）宣布破產，同時創下美國歷史上最大的一次銀行破產事件。

同年，全美國最大的證券商美林證券（Merrill Lynch）宣布破產，並且把自己賣給美國銀行（Bank of America）。諷刺的是，數百萬人民把自己的財產託付給美林證券來管理，該公司同時也是數百萬人民尋求投資建議的首要對象。

時至二〇一一年，美林證券一切又恢復了正常。他們在網站上呼籲大眾「來電洽詢理財專家進行諮詢，協助你重新打造自己的財產」。請留意「重新打造」這四個字，或許一個比較明智的問題應該是：「為什麼這些人需要重新打造自己的財產？」如果你已經賠了錢，為什麼還要交給他們更多的錢？

美國國際集團（AIG）、房利美（Fannie Mae）和房地美（Freddie Mac）等，目前仍然有著非常嚴重的問題存在。世界公認最富有、最聰明的投資家華倫．巴菲特，以及他所擁有的波克夏海瑟威公司（Berkshire Hathaway），一樣在這次的危機當損失慘重。事實上，就是巴菲特所控管的穆迪評比公司（Moody's），給予這些次級房貸「ＡＡＡ」等級的評比，並且還將這些有毒資產（亦稱為衍生性金融商品），賣給了全球各個政府、退休基金、投資者。將次級房貸債務包裝成三A最高等級的債務，然後再賣給別人，根本就是一種詐欺的行為。巴菲特的公司就是觸發這次世界金融危機的工具，但是全世界仍然在向巴菲特請教投資方面的建議。不僅如此，巴菲特所控制的其他公司，例如富國銀行（Wells Fargo）、美國運通（American Express）、奇異公司（GE），以及高盛銀行（Goldman Sachs）等，在市場垮掉之後還拿到數億美元的紓困金，亦即美國納稅人的錢。這會不會就是巴菲特成為全世界最聰明投資家的祕訣呢？

在發生危機的同時，數百萬計民眾的房子遭到了查封或拍賣。還有數百萬民眾的房貸更是被「翻盤」了，這個意思是說，就算他們現在把房子賣掉，所得到的款項仍無法清償自己的房屋貸款。

二〇一〇年，波士頓大學發表一篇研究論文，研究中指出，目前所有美國人的退休基金一共短缺六兆六千萬美元。這篇研究同時宣稱由於退休基金的鉅額虧損，以及在房屋市值下跌的情況下，這些美國民眾將來沒有足夠的資金來過退休生活。如果這些人無法擔負起自己的退休生活，那麼當他們再也不能工作之後又要怎麼辦？難道要他們推著購物車住在橋底下嗎？萬一他們的健康又出了狀況又要怎麼辦？到時候是誰要來照顧他們？

位於西雅圖的國際精算公司梅利曼（Milliman Inc.）最近公布的研究顯示，美國前百大企業的「確定給付退休金」（Defined Benefit, DB），在二〇一〇年八月一共損失了一千零八百億美元。一個月之內竟然產生了這麼巨額的損失。這個意思就是說，任何在大企業上班，以為自己擁有確定給付退休金計畫的美國人，都面臨非常嚴重的問題。他們退休後，可能沒有辦法一輩子每個月都領到退休金的支票。

美國絕大多數上班族都擁有一種確定提撥制（Defined Contribution, DC）的退休金計畫，例如四〇一(k)退休金計畫。這種確定提撥制退休計畫中的退休金是多是少，完全取決於退休之前一共投入了多少錢來決定。如果在計畫中沒有投入任何金錢的話，那麼退休之後一毛錢也領不到。如果股市下跌了，那麼擁有這類退休計畫的人將會面臨非常嚴重的問題。這麼一來原本想要過著夢想中的退休生活的人，將來很可能會變成一場可怕的夢魘。

加州公務員退休系統（CalPERS），是加州政府負責管理一百六十多萬個現職公務員、已退休人員，以及他們家庭等的退休金以及健保制度的機構。換句話說，有非常多的人在依賴這個機構來保障自己將來退休時財務上的安全。

很不幸的，該機構目前所損失的金額，遠比全美國其他所有公營退休金管理機構損失的總和還要來得高。有人甚至還說該機構是全美國最腐敗、最沒有效率的公營退休金管理機構。

二〇一〇年，史丹佛大學的一篇研究提出了警告，加州公務員退休系統以及加州大學退休系統兩者，一共短缺了五千億美元，而且僅僅剩餘的資金也都是投注在風險係數非常高的投資標的上。用「短缺」來形容五千億美元的資金缺口的確是相當誇張的，看樣子「替政府工作就可以擁有一個金飯碗」以及「從公家機構退休後的生活會比較有保障」的神話已經完全破滅。

全世界最聰明的一些人

你應該知道我想表達的重點是什麼。除非你從二〇〇七年以來一直住在山洞裏，要不然你一定聽過這整件事情的始末：整件事情就是在講全世界最精於財務的這群人，那些我們一直向他們請教理財建議的人們，那些到全世界備受推崇的大專學院深造的男男女女們，他們接受了全世界最頂尖財務教育，但是也就是這些人造成了歷史上最大的一次金融危機，而這個危機甚至還有人把它稱之為新的經濟大蕭條。

讓人不禁想要問這個問題：如果他們是這麼的聰明，如果這些金融機構的領袖們接受了世界上金錢所能買到的最頂尖的財務教育，為什麼當今的世界會遭遇到如此巨大的金融危機？為什麼有錢人愈來愈有錢，窮的人愈來愈窮，而中產階級一直不斷地在消失當中？為什麼稅率一直不斷提高的同時，政府部門卻反而瀕臨破產？這麼多就業機會為什麼會消失不見？為什麼隨著通貨膨脹日益嚴重，薪資反而愈減來愈少？為什麼會有這麼多戰後嬰兒潮世代的人，在老實聽從這些身處於投資界，受過世界最好教育的人所給財務建議後，竟然還要在年老的時候擔心自己退休之後沒有足夠的錢來過生活？為什麼現在會有這麼多年輕人從大學畢業就要背負著大量債務，同時又找不到工作來還清唸書時的助學貸款？下一波的金融危機不會是因為不動產業宣布破產而導致的。下次爆發的債務危機必定是因為助學貸款倒帳所引起的。

那麼，會不會是因為我們的領袖們，以及絕大多數人民眾缺乏真正的財務教育，才是造就當今問題的主要原因？

到底什麼是財務教育？

今天，數百萬計的人們總算開始在說：「我們在學校的教育也需要包括財務教育。」但是，如果全世界最聰明的人，已經得到金錢所能買到的最高等財務教育，那麼為什麼全世界現在還得面臨財經方面的嚴重問題？

一個更好的問題應該是：到底什麼才是財務教育？如果學校的老師弄不清楚什麼才是財務教育，那麼他們又要怎麼教學生？那些從全世界最頂尖的學院，例如哈佛、耶魯、普林斯頓、牛津、劍橋等畢業的高材生，又為什麼會導致全世界發生有史以來最大的一次金融危機？為什麼加州大學教師退休金計畫又會面臨財務上的危機？那些正在管理這些退休金的人，是否真的受過財務方面的教育嗎？我們的學子們是否在接受真正的財務教育？現在的學校是否有在協助學生，面對將來真實世界有關金錢方面的問題？

在說明到底什麼才是財務教育之前，我必須先指出教育和訓練兩者之間的差別。

一九六九年，我加入位於美國佛羅里達州彭薩科拉（Pensacola）的海軍飛行作戰學校。在接受三年的飛行訓練之後，我就到越南服役了。現在回顧當年的經驗，我現在才理解到自己是一個接受過高度訓練的飛行員，但並不是一位接受過高度教育的飛行員。

我之所以會說自己接受了高度訓練，是因為我被訓練成如何駕駛攻擊型的直升機。對於為什麼要打這場越戰的原因，我根本沒有接受到任何形式的教育。我也沒有接收任何有關越戰的政治或地理方面的教育。我並不知道越南人幾千年以來一直處於戰爭的狀態，法國和美國是最近兩個想要征服越南的國家。我並不知道我所參加的是越南人打了將近一千年的獨立戰爭，就像當年美國擺脫英國所發動的獨立戰爭一樣。

當時我們只有被告知說：我們是好人，而共產黨是壞蛋。我根本搞不清楚共產黨到底是什麼，我只知道他們戴著白色的斗笠、穿著黑色的衣服；我們相信上帝，而共產黨並沒有。我當時並不知道原來我們是為了越南的石油以及天然資源，同時又要控制整個東南亞局勢才發動戰爭的。很不幸的，我最近又在伊拉克和阿富汗再次看到歷史重演。

我也完全不知道要如何設計、打造，或者修理一架直升機。我也並沒有接受到冶金、設計、電子、燃料，或者武器系統等方面的教育。我根本不知道要如何修理自己的直升機，我唯一接受的訓練就是如何駕駛直昇機、發射武器，以及執行命令。按下正確的按鈕，那麼就會有一大堆人死亡；如果按下錯誤的按鈕，那麼陣亡的就會是我自己。在越戰結束時，我是一個接受過高度訓練的駕駛員，但並非是一個接受過高度教育的飛行員。

坐便訓練（Potty Training）

在現實生活當中，人們會給自己的小孩進行上廁所的訓練（toilet training），但絕不會給他們進行上廁所的教育。人們一向是訓練自己的狗，他們不會教育自己的狗。「從帕夫洛夫的狗」（Pavlov's dog）這個名詞就可以清楚指出教育和訓練兩者之間的差異。簡單來說，把鈴鐺拿起來搖一搖之後，帕夫洛夫的狗就會不斷地流口水，甚至還會感到饑餓，就算沒有看到食物也會這樣。

「帕夫洛夫的狗」的發現來自於一位獲得諾貝爾獎的前俄羅斯心理學家伊凡・帕夫洛夫（Ivan Pavlov），他得獎的原因是研究狗的消化系統，並發明了「制約反應」這個名詞。「帕夫洛夫的狗」一詞是專門用來形容無法進行思考，完全依照環境就採取本能反應的人類。

現代廣告行銷可是大大地利用了以上這類的制約反應。那些跟我年紀差不多的讀者們，可能會想起這句廣告台詞：「鑽石恆久遠，______。」我們自己在家裏就會把空白處「一顆永留傳」的五個字補上。或者另外一個例子：「只溶你口，不溶你手！」我們就會知道答案是：「MM巧克力」。這些廣告廠商把我們訓練得很好，就像帕夫洛夫訓練他的狗一樣。現在某壽險公司利用一隻恐龍來讓我們記得他們；或者利用一隻粉紅色兔子來讓我們想起他們公司的產品。財經界也是會利用同樣的原理。人們辛苦地上班賺錢，然後在不假思索的狀況下，就把他們的辛苦錢轉交給銀行或者是退休基金來保管。

現在有很多學校單位會很驕傲地說：我們已經開始引進財務教育這類的課程。事實上，那根本只能算是一種財務訓練而已，不是財務教育。就像帕夫洛夫可以把狗訓練成就算沒有食物一樣會流口水，數百萬計受過高等教育的人在金錢這方面，則是接受完善的訓練而不是教育。舉例來說，看看你是否能完成以下的填充題：

・用功唸書，爭取好成績，然後找一份好的＿＿＿＿。
・一定要好好＿＿＿＿工作。
・多餘的錢要想辦法＿＿＿＿起來。
・趕緊買棟房子，因為擁有房子就是自己這輩子最大的＿＿＿＿。
・剪掉所有的信用卡。絕對不要背負任何＿＿＿＿。
・生活一定要量入＿＿＿＿。
・要＿＿＿＿期投資，而且投資組合當中要包括＿＿＿＿、債券，以及共同＿＿＿＿，才能有效地分散自己的＿＿＿＿。

許多受過教育的人以為這就叫作財務教育。在電視媒體上，經常會看到所謂的理財專家倡導：「好好上學充實自己；找份好的工作；儘量存錢儲蓄；把信用卡剪掉；還清自己的債務；你的房子就是自己最大的資產；生活要量入為出；要長期投資股票、債券、共同基金，並藉著投資組合來分散風險。」這根本不是財務教育，這是一種財務訓練，就如同帕夫洛夫訓練他自己的狗，廣告廠商們也在利用同樣的原理來訓練大眾購買香煙、止痛藥，或是保險等。

當二〇〇七年金融危機爆發時，許多聽從這些財務訓練的人，都還以為自己接受了良好的財務教育，但卻賠光了一切：工作、房屋、退休金，以及儲蓄存款。這個危機同時也造成了許多配偶的離異。

更嚴重的是，那些拚命想要趕上這一波財務教育熱潮的學校，持續邀請銀行家前來學校倡導「儲蓄存錢」的觀念。在打著財務教育的旗幟下，學校一樣也會請理財專員到學校來訓練這些幼苗，要他們相信「要長期投資於股票、債券，以及共同基金之中，並藉著投資組合來分散自己的風險」是一件聰明的決定。完全不假思索地把自己的辛苦錢交給陌生人來管理，並不是受過良好財務教育之後會採取的行為，會有這種行為是因為這些人接受了像狗一般的訓練。

我相信這些教育家最初的動機是良善的，但因為他們本身的制約反應產生盲點，讓他們無視於以下的事實：他們邀請到學校進行財務教育的這些銀行家和理財專員，都是在替那些造成這次全球金融危機，甚至還從中獲得了巨大利益的金融機構工作。例如：美國銀行、美林證券、高盛銀行，以及雷曼兄弟投資銀行（不好意思說溜嘴了，他們已經不在了）。這些公司仍然繼續聘用畢業於全世界最頂尖學院最優秀的人才，並且在訓練之後讓他們來經營公司，並且銷售公司的理財商品。這不算是財務教育，這根本就是在做銷售訓練。

把錢拿出來再說！

一九九六年有一部由芮妮・齊薇格（Renee Zellweger）、湯姆・克魯斯（Tom Cruise），以及小古巴・古汀（Cuba Gooding Jr.）等擔綱演出的電影叫作「征服情海」（Jerry McGuire）。片中有句台詞是說：「把錢拿出來再說！」（Show me the money），到今天，這已經變成經典名句。才幾天之前，我從年齡約十至十二歲之間的一群小男生旁邊走過，聽起來他們正在為金錢的事情在爭吵。由於充滿了挫折感，並且厭倦對方的藉口，那位把錢借給別人的小男孩就把自己的手伸出去，並攤開手掌大喊：「把錢拿出來再說！」

許多人認同的財務教育，其實是在「把你的錢拿來給我再說」，而不是「把錢拿出來（給我看看）再說」。當一個人問說：「我現在手頭上有一萬美元。我應該要怎麼辦？」時，那些幾乎沒有受過財務教育，反倒是接收過大量銷售訓練的理財專員，已經被訓練成要回答說：「要長期投資於股票、債券，以及共同基金之中，並藉著投資組合來分散自己的風險。」換句話說：「就是把你的錢長期交給我處理。」那些聽從這類理財建議的大眾，現在個個都是最大的輸家。這也就是為什麼伯納德．馬多夫（Bernard Madoff）可以讓這麼多受過高等教育的有錢人，幾億幾億地把自己的錢拿出來交給他，因此造成了美國歷史上規模第二大的「龐氏騙局」，歷史上最大的龐氏騙局是社會福利健保制度（Social Security）。

「龐氏騙局」（Ponzi scheme）是以查理士．龐茲（Charles Ponzi）來命名的，他被公認為歷史上最偉大的騙子之一。所謂的龐氏騙局就是一種投資的騙局，藉著保證將來可以獲得極高的報酬來吸引人們一直參與，但實際的獲利來源，只是把後來加入的人所交的金錢拿給早先加入的人，讓他們以為自己的投資是獲利。**如果你再仔細想想，當今許多交易市場，無論是股票、不動產、債券、共同基金等，都同樣類似龐氏騙局的架構。如果後來的新投資者不再期望獲得更高的報酬，而不把自己的錢投進來，那麼整個騙局就會立刻瓦解。**

二〇〇七年間，隨著次級房貸危機的新聞充斥，無論是早先加入的投資者，或者是後來的投資者，都開始驚慌失措地想要拿回自己所投資的金錢。偏好儲蓄的存款戶也一樣想把自己的錢拿回來，此時世界的經濟，就像一個龐氏騙局般瀕臨崩潰。當人們不再把錢交出來，反而開始要求「把錢拿出來再說」，世界各地的股市立即應聲而倒。數百萬計的民眾損失上兆美元的財富。

為了挽救世界的經濟，各國中央銀行與政府被迫介入，開始向存款戶與投資者做出保證，以證明他們的財富是安全的。問題是成千上萬民眾早已經賠光了積蓄，而且還有更多的人不再相信政府與當今的財政體系。理應如此，因為當今全球的財經體系，根本就是一個由政府出資並且支持的龐氏騙局。只要你我不斷把錢交給那些原本我們應該要信任的人手中，這場騙局就會持續下去。試想一下，如果美國一般勞工階級開始喊說：「我們拒絕繼續繳納社會福利保障制度的費用」，美國的經濟不但會陷入一片混亂，全球的經濟大概也會立即崩潰。

這場全球性的龐氏騙局，對那些已經接受過財務教育的人來說是非常有利的，而對於那些沒有受過財務教育的人來說，卻是一場悲劇。這就是我為什麼會從事寫作並教導人財務教育的原因。這場完全合法、由政府一手策劃的龐氏騙局是對我有利的，這也就是為什麼我不用上班找工作，不用存錢儲蓄、也不會把自己的房子當成資產來看、不會清償自己全部的債務、更用不著過著量入為出的生活、也犯不著要長期投資於股票、債券，以及共同基金之中，並藉著投資組合來分散自己的風險。很不幸地，當今全球財經系統是非常腐敗的，而且那些聽從這些建議的數千萬民眾，財富都被嚴重地摧毀殆盡。

財務教育的五個基本要素

為了讓財務教育愈簡單愈好，我把它區分成五個基本要素。分別是：

1. 歷史。
2. 定義。
3. 稅賦。
4. 債務。
5. 硬幣的兩面。

在本書當中我會經常提到財務教育的五項基本要素，並且儘可能讓內容淺顯易懂。

凡事簡單就好

我從小在夏威夷，一個遠離世界各地財經中心的地方長大，並在九歲開始接受財務教育。我的富爸爸，亦即我最要好朋友的父親，藉著玩「大富翁」這個遊戲來教我們有關於金錢方面的觀念。他所教的道理都很淺顯易懂。

在某次的機會教育當中，他說：「全世界最偉大的財務策略之一，可以在玩大富翁遊戲的過程中學會。」

他兒子和我好奇地異口同聲說：「這個祕訣是什麼？」

富爸爸咯咯笑了幾聲回答：「難道你們都還看不出來嗎？這款遊戲多年來你們已經玩過很多次了，這個祕訣很明顯地就在你們的眼前。」

問題就是我們倆就是看不出來。不管我們多年來經過「起點」並且領了多少次兩百美元，我們仍然看不出富爸爸所體會到的祕訣。

最後，富爸爸跟我們說：「讓人致富最偉大的公式之一，就是把四棟綠色房子換成一棟紅色的旅館。」

那天下午，富爸爸就開車載我們去看看他在現實世界當中，所擁有的一些綠色房子。他擁有大概五英畝這樣的不動產。他說：「總有一天，我會擁有屬於自己的紅色旅館。」他思索了一陣子之後，又開口說：「致富的公式有很多種。我打算一輩子遵從我現在所採用的致富公式。我當年沒有受過教育，我不像你們有上過學。雖然我沒有受過正規的教育，但是我將終身奉行並努力學習，如何讓這條公式在我的生命中發揮出最大的效果。」

他的確遵守了自己的諾言。與其參加一般正規學校的教育課程，富爸爸經常從夏威夷希洛（Hilo）小鎮飛到檀香山市，參加創業、銷售，以及投資相關的各種密集課程。他學習的目標並不是為了獲得大學學位，或者為了應徵某種工作。他根本不是想要去找工作，他的目標是獲得足夠的教育來支持他原本的致富計畫。

十年後，我十九歲時，從紐約返鄉過耶誕節假期。富爸爸的兒子和我在一棟富爸爸位於威基基海灘上紅色旅館的閣樓裏，舉辦慶祝派對。當派對結束後，我站在閣樓的陽台上俯瞰威基基海灘，突然理解到在現實生活中，富爸爸是真的在玩大富翁遊戲，他的確按部就班地落實了自己的計畫。才十年光景，我就見證到他從貧窮一路邁向致富的過程。在他去世之前，他在各個島嶼上擁有五間紅色旅館，以及為數眾多的不動產、生意，以及資產。

就算富爸爸早已經離開人世，每當我回到夏威夷，開車經過他們家，看到那些直到現在仍不斷地向他們繳納租金的各種大廈。就算他人已經走了，富爸爸的家族到現在還是非常富有。

就如你們一些人所知道的，長期擁有財富幾乎跟憑空創造財富是一樣困難的。這也就是為什麼富爸爸在變得很富有之前，他一樣會飛到檀香山上一些關於稅賦、遺囑，和保護資產方面的密集課程。當我問他為什麼要這麼做時，他回答說：「當你努力工作之後，卻讓其他人或政府把屬於你的錢拿走，這實在沒有什麼道理。如果不學著聰明一點，當你過世之後，你辛苦賺來的錢一大部分會被政府拿走；在股市崩跌之後，你的股票經紀人也不會把你所損失的錢還給你。如果不學著聰明一點，一場意外或疾病可能讓你傾家蕩產。如果你不夠聰明，一場官司就可能把你辛苦賺來的錢通通拿走。所以在你發財之前，就要先學會如何保護它。」

富爸爸從來就沒有回到學校完成高中學業，但是他也從來沒有停止接受教育。

在金（Kim）和我結婚後，在打造事業並開始投資的同時，我們每一年都會安排三至四次的空檔，參加與創業與投資相關的課程。這樣的好處就是可以實際運用在課程所學到的本事。我們一起參加廣告行銷、投資黃金、選擇權、廣告文宣、外匯交易、另類財務、法拍屋，以及資產保護等課程。就像當年的富爸爸一樣，金和我就是利用這種方式一直獲得並累積自己的財務教育。換句話說，富爸爸並沒有教導我某種特定的內容，而是教我如何學習，以及應該要學習什麼課程。直到今日，我們仍然很精進用功，學習如何在現實生活當中玩大富翁這場遊戲。

財務教育的價值

我和金在一九八六年結婚。就像許多其他新婚夫婦一樣，我們並不是很有錢，信用也不怎麼好。而且我們在財務上還擁有更大的挑戰，因為我還背負了上百萬美元的債務，就是我人生第一次創業（尼龍錢包事業）時，失敗之後欠了股東們一筆錢。

一九八七年十月十九日，美國道瓊工業指數崩跌了五〇八點，相當於二二％的跌幅。

一九八八年，老布希當選美國總統，同年美國爆發儲貸危機（Savings and Loans Crisis），接著房市也開始下跌。就像最近次級房貸危機一樣，當年的危機不但殃及美國各地，甚至蔓延到全球其他國家。數百萬計的民眾面臨失業和房子不保的窘境，全球經濟瞬間發生嚴重的衰退。

一九八九年，到處充斥著悲觀的氣氛，我當時跟金說：「現在是開始投資的時候了。」

我們才剛剛結婚沒多久，還欠下一大筆債務，又沒有傳統穩定的工作，因此當我們想要向人借錢創業時，機會看起來非常的渺茫。雪上加霜的是，創業資金的放款利率大約在九％至十四％之間。我們一次又一次地被拒絕了。當時的銀行家都搞不懂，我們為什麼要選在幾十年來景氣最低迷的狀況下開始進行投資。其中有很多銀行家更無法接受我們投資的理由：我們打算玩現實生活中的大富翁遊戲。

就算一直被銀行拒於門外，我和金仍然不斷地充實自己：參與各種課程、閱讀書籍，並且參觀上百棟的房屋。金所設定的目標是連續十年，每一年都要買下兩棟房屋。一開始起步非常慢，但是當她開始上手後，她買下二十棟房屋的目標在短短十八月就達成了。就算金提前八年半完成了她的目標，也沒有停止繼續投資。她反而非常的興奮，因為她從每一筆交易當中學會了更多的事情，尤其是進行得不順利的那些案子。當她學得愈多，她才發現自己原來懂得是這麼地少，她渴望學習更多的欲望繼續促使她快速前進。

一九九四年時，我和金就已經獲得財務上的自由。我們把事業賣掉了，並且把這筆獲利拿來進行轉投資。我們當時擁有超過六十棟的房屋，每個月都會收到可觀的租金。那年她才三十七歲，而我則是四十七歲。

那時候我們仍然稱不上富有。我們每個月只收到一萬美元的被動收入，並有著三千美元的開支。雖然不是很有錢，但至少已經獲得財務自由。我們已經盡力讓自己可以領取一輩子的現金流。

給退休計畫進行壓力測試

一九九四年，我們提早退休了，目的是要給自己的退休計畫來一次壓力測試。我們要事先確定無論經濟環境大好還是大壞，都可以生活下去。如果我們的退休計畫經不起考驗，那麼趁還年輕，仍然有時間繼續修正，重新打造更穩固的根基。

結束提早退休的生活

由於退休生活極度無聊，兩年之後我和金復出創業，並創造我們的財務教育遊戲「現金流」。這款遊戲的設計，就是把富爸爸當年教我的財務知識等內容與課程，裝在紙盒裏。就跟當年我的富爸爸一樣，這款遊戲是不會給你答案，它的目的是要逼你思考。你每次玩這個遊戲，過程都不盡相同，因為玩家們和遊戲中所面對的挑戰也不一樣。這款遊戲也有三個不同的等級：基礎版本現金流一〇一；進階版本現金流二〇二；以及現金流兒童版，專門給十二歲及以下的孩子使用。

二〇〇四年間，《紐約時報》（*The New York Times*）幾乎用了一整版來報導這個遊戲，文中宣稱全球各地都成立了現金流俱樂部，教導一般民眾當年富爸爸所傳給我的知識。今天這個遊戲不但已經被翻譯成十五種語言，全球各地的人還可以藉著網路來一起玩線上的遊戲版本。

《富爸爸，窮爸爸》一書於一九九七年出版。在書裏講述了富爸爸所教我的知識：「你的房子並不算是一項資產」。此話一出，各地的撻伐聲蜂擁而至，尤其是不動產經紀人的抗議最嚴重。當房地產於二〇〇七年崩跌時，數百萬計的人開始理解到富爸爸當初所教的道理。

二〇〇〇年，歐普拉來電邀請我上節目，一上完節目之後我就「一夕成名」。我真的在一夜之間就變得家喻戶曉，但是我可是足足掙扎四十年才獲得真正的成功。

在上完歐普拉秀後，遊戲和書籍在全球大賣，大量的金錢湧來，但是賺錢的公式仍沒有改變。無論經濟是好是壞，口袋裏有錢沒錢，我們仍然使用同一個公式來進行「壓力測試」。

《經濟大預言：清崎與富爸爸的趨勢對話》一書於二〇〇二年出版。我在書中預言，股市即將面臨歷史上最大的跌幅。當時這則預言被當成邪說，因為當時全球的景氣大好，是為人類史上最大的一次經濟泡沫；就如同書中預言的一樣，這樣的泡沫會抹滅數百萬人的退休金。現在，這個預言逐漸成真。

有趣的是，當年這書吸引了華爾街的注意，並受到嚴厲的抨擊。《錢》（*Money*）雜誌、《精明理財》（*Smart Money*）雜誌、《華爾街日報》（*The Wall Street Journal*）、收音機和電視、網路網站等媒體都不斷地攻擊我。我能理解，因為我也是生意人，華爾街必須努力捍衛他們的收入來源。

在書中前言，我說：「在二〇一〇年之前，你或許還來得及作準備。」無視於這樣的警告，無數的人繼續把資金投注在股市裏，並且還把自己的房子當成提款機，隨著房價不斷上漲的過程中，把它抵押出更多的現金來用。雖然該書在二〇〇一年所撰寫，但是我對二〇一〇年的預測相當準確。要不是我在自己財務教育上投入了這麼多的心力，是不可能做出如此準確的預測。

當房市在二〇〇六年漲到最高峰時，有人推薦我投資位於亞利桑納州鳳凰城內（我就住在那裏），一個兩億六千萬美元的不動產案子，包括五座舉辦世界冠軍杯的高爾夫球場，以及超過四百多間客房的豪華度假休閒中心。我並沒有買下那個不動產。當我婉拒投資時，賣方跟我說：「你一定會後悔。十年之內，這個不動產的價值將會超過四億美元。」

「這點或許被你說對了，不過我認為整個案子沒什麼道理。」我闔上公事包後，就走出房間了。

二〇〇六年，我上了許多媒體節目，其中還包括洛杉磯KTLA新聞，我在節目中不斷地警告人們市場即將要崩潰了。

同年，我和川普共同出版了《川普清崎讓你賺大錢》一書。該書主要在闡述為什麼市場必定會發生崩跌，而且為什麼中產階級同時會被消滅殆盡。我們在二〇〇四年年底開始動手寫書，並一致認為，貧窮人口將會大幅增加。成千上萬的民眾經濟狀況將會逐年下滑。若要在富有和貧窮之間做出選擇，我們認為富有比較好，所以我們才取了這個書名。我和川普真心希望你們都可以賺大錢。

就如你已經知道的，市場於二〇〇七年開始崩跌。

二〇〇八年，沃爾夫・布列茲（Wolf Blitzer）替賴瑞・金（Larry King）代班，主持CNN電視台的「賴瑞金秀」（Larry King Show）節目時，我接受了該節目的訪問，並在節目中預測雷曼兄弟投資銀行即將倒閉。

我在二〇〇八年發表《富爸爸之有錢人的大陰謀》一書，起初它是供人在線上免費閱讀的電子書。寫作的過程就像是在寫遊記一樣，因為在撰寫該書的同時，全球金融市場一直陸續崩跌當中。這本書講的是有關於「美國聯邦準備理事會」（The Federal Reserve, FED），它根本不屬於聯邦體制下的機構，不但沒有任何準備金，也根本不算是一間銀行。聯準會於一九一三年成立，並且也是近代產生金融危機的濫觴。在《富爸爸之有錢人的大陰謀》一書中解釋了這次的金融危機不僅僅只是金融界面臨了危機而已，同時也說明了為什麼發生這樣的危機是不可避免的，而且這還不是第一次發生這種的事情。

就如同我在CNN電視台上所預言的一樣，雷曼兄弟於二〇〇八年九月十五日宣告破產，創下美國歷史上最大的一次破產事件。

二〇〇九年，那個擁有四百多間客房的豪華度假中心投資案再次找上我們。這次我和金就買下了這件投資案，只花了四千六百萬美元，而且還找到一家退休基金公司來提供資金，讓我們來買下這件案子。當時開價兩億六千萬美元的賣方早就破產了。二〇〇七年的金融海嘯讓這位仁兄一貧如洗，卻讓我們夫婦倆更富有。就像我在《經濟大預言：清崎與富爸爸的趨勢對話》一書裏所言：「在二〇一〇年之前，你或許還來得及作準備。」我和金早已準備好，而且絕佳的投資機會也開始浮上檯面。

我到現在仍然集中投資在事業上、商辦大樓、油井，以及金銀礦場等。我所擁有的金銀礦場是在一九九七年至一九九九年間用一點點錢買下來的，因為當時的金價與銀價都非常低廉，我們以極優惠的價格買下這些礦場。當礦場進一步開發，並確實開採到金銀礦脈之後，隨著金銀價格逐漸的攀升，這些公司就在多倫多集中市場裏，藉著「初次公開發行股票」（IPO）的方式上市。

我們同樣在油價低迷的時候鑽探油井。現在就算經濟大好大壞，人們還是需要用到汽油，因此我們的投資就算面對金融海嘯也沒什麼損傷。金所擁有的公寓住宅大廈，大部分都位於德州和奧克拉荷馬這兩個盛產石油的州。只要人們繼續使用石油，這些公司就會有工作做，因此她的公寓都會有人租賃。當她收到這些租金之後，就會買進更多的公寓來出租。

就算經濟不景氣，我和金都過得很好，甚至還更加地富有。除此之外，我們愈賺愈多的同時，支付著愈來愈少的稅金，經常可以合法地一毛稅都不用繳。這就是財務教育真正的威力，也是本書想要傳遞的訊息。就像我和川普在書中所寫：「中產階級正在消失當中。如果一定要在富有和貧窮之間做出選擇，我們想要你賺大錢。」這就是為什麼我說財務教育很重要的原因。

真是不像話

就像本書一開始所言，在與你分享我們夫妻財務上的成功之前，我認真地考慮了很久要不要做這件事情，尤其是在當前金融危機的情況下。我知道數百萬計的人失去了工作、住宅，以及他們的事業。我也知道在任何場合談論自己財務上的成功，並不是一件很有禮貌的事情。自吹自擂永遠是非常不上道的事情，尤其是吹噓自己的財富更是不像話。

但是我仍然決定寫下自己在現實生活中所進行的投資。我要讓你瞭解，我們是如何獲得財務教育的，又是如何利用這樣的教育讓它成為一種不公平競爭優勢，特別是在當前景氣衰退時更顯重要。我寫作的目的不是為了自吹自擂，而是想要鼓勵人們去學習、下工夫、多練習，以及用不同的眼光來看待整個世界。這個世界到處都充滿了錢，由於全球政府都在大量印製「假的」錢，也就是所謂的「通貨」，因此有無數的鈔票都在尋找停泊的地方。各國政府不樂於見到世界經濟發生衰退，因此他們就印製更多這種可笑的假錢。這也就是為什麼黃金和白銀的價格一直上漲，而讓那些儲蓄金錢的人都變成了輸家。

最大的問題在於，這些假錢都集中在一些少數人的手中，因此有錢的人會愈來愈有錢，而窮人和中產階級則是愈來愈貧窮，這麼一來經濟會一直不斷地衰退，讓問題變得愈來愈嚴重。

二〇〇一年九月，美國貧窮人口數激增了一五％。這就表示不到一年的光景，就有超過四百萬人從中產階級滑落至貧窮線之下，完全跟川普和我當初所預測的一樣。這是非常危險的，同時也是一種非常不健康的狀況。

冒著被別人認為是在吹牛的風險，我還是決定寫下這一本關於自己在現實生活是如何進行投資的書籍。我個人相信，如果我明明知道一些知識而不願意和別人分享，是一種更不像話的行為。那樣的行為才叫作貪婪。我之所以會寫作，是因為我相信人們需要獲得真正的財務教育，才能確實讓全世界的經濟恢復正常。更重要的是，我之所以會寫作是因為我相信教導人們釣魚，遠比直接給他們魚還吃還來得重要。

沒錢最難過了

金和我非常清楚身無分文、心情沮喪，以及無處可歸的感覺。任何嘴裏會說出：「我對錢沒有興趣」的人都是智障。我深刻體會「沒錢最難過」的日子，一九八五年，金和我有一陣子根本無家可歸，在創業的那一段時間我們借住在朋友家的地下室。我們搬了好幾次家。金在那時候是可以離開我的，但是她仍然和我廝守，繼續遵守我們彼此的承諾——要一起追求更美好的生活。我很清楚當初她嫁給我絕對不是為了錢，因為那時候的我身無分文。利用富爸爸所教導的知識，我們開始獲得了一些成功之後，就再也沒有停下來過。雖然剛起步時非常痛苦，過程也起起落落，但是我們接受財務教育，因此改變我們的生命，造就今日的成功。現在我們很清楚地知道：「並不是錢讓我們富有的，知識才是關鍵。」真正的財務教育在現實生活是非常具有威力的，這也就是為什麼知識本身就是一種不公平競爭優勢。

到底什麼是不公平的？

自從一九八七年股市開始崩跌後，全球的經濟已經發生過兩次的繁榮和衰退。每次的繁榮和衰退，都讓金和我的財務狀況更加穩固。二〇一〇年的經濟環境和一九九〇年非常相似。每當經濟不好時，都是致富發財的好機會。因此，一九九〇年在經濟發生嚴重衰退時，就是金和我開始邁向致富的起點。

這樣的過程到現在仍然沒有改變。唯一改變的是「零」的數目而已。金在奧勒岡州的波特蘭市，以四萬五千美元買下她第一筆不動產投資案。我再次提醒各位，那時候的我們完全沒有信用可言，而且由於我們從事的是自由業，所以銀行一直拒絕貸款給我們，因為我們沒有穩定的工作。更糟的是，當時的我還背負著上百萬美元的債務。那時候貸款利率都在九％至一四％之間。除此之外，我們完全沒有任何存款，因為我們所有的現金通通拿去創立跨國的教育事業。在我和金分享關於「創造性財務槓桿」的知識後，就像有了魔法般，金無中生有地找到了五千美元來購買第一棟房子（這是因為原屋主願意出具信用，協助我們籌措頭期款）。在擁有不動產之後，每個月扣除所有開支之後（包括房貸等），她每個月還可以淨賺二十五美元。到了一九八九年，她的事業就開始起飛了。那時候的她還不算富有，但她身上累積的財務教育已經開始發生作用。從那時起，她的財務教育不再是智力上的理解，而是成了現實中的生活。

二十年之後，我和她用了四千六百萬美元買下一間擁有五座高爾夫球場的頂級休閒渡假中心，但是絕大部分的工作都是她完成的。再次強調，整個購買的流程完全一樣。雖然她手頭上並沒有這筆錢，但是她知道要如何去籌措。整個購買的過程唯一的差別，就在於「零」的數目：從四萬五千元的尾數三個零，到現在變成四千六百萬元的尾數六個零罷了。唯一不同的是，她財務教育的水準。她在現實生活當中接受財務教育的過程是非常漫長的，這些教育包括上課、參與研討會、研究、閱讀、獲得成功、面對失敗、進行順利的案子、過程坎坷的案子、遇到壞人、騙子、愛說謊的人、詐欺師、良師益友、有問題的事業夥伴，以及頂尖的事業夥伴等。隨著她知識的提升，她的自信愈來愈高，風險愈來愈低，而且投資規模愈來愈大。現在這些都已經成為她個人的不公平競爭優勢，這也就是為什麼金有資格可以寫《富爸爸，富女人》（*Rich Woman*）這本書，來鼓勵其他女人藉著擁有現實生活中的財務教育，掌握自己的財富。

為什麼我們的財富沒有受到影響？

▼▼常見問題

二〇〇七年，上千萬的投資者賠光自己的積蓄。你們怎麼還可以賺到錢？

▼▼非常簡單的回答

因為擁有財務教育，所以我們用不著聽從傳統式的理財建議。

▼▼常見問題

你好像知道一些別人所不知道的事情？為什麼就算金融海嘯來襲，你們一樣能大獲全勝？

▼▼非常簡單的回答

因為我們不斷地玩大富翁這個遊戲。

▶▶解釋

從大富翁這款遊戲當中，可以體會三個無價的教訓。也就是：

第一個教訓：四棟綠色房子，一棟紅色旅館。

這個教訓就是告訴我們說：從小做起，大膽夢想（Start small, Dream big.）。金和我會一起上課，並且利用週末的時間尋找小案子。我們給自己訂了一條規則：我們必須先看過一百間房子之後，才可以買進一間。每次當我們檢視不動產投資案件時（尤其是那些差勁的案子），我們就變得更加聰明。就如你們之中有一些人所知道的，絕大多數的投資案其實都很不好，因此你必須投入更多的時間來尋找那些非常稀有，又屬於大買賣的投資案。

沒有人說你一定要投資不動產，你可以選擇股票或者創業等，不過要記得會有許多人（尤其是男人），很容易衝動地跳進某個市場並想大撈一票。這種人常常死得最慘。

至少給自己五到十年的時間來學習並累積實務經驗。如果你喜歡房地產，那就從房地產開始。如果你偏好投資股票，那麼就從股票開始玩起。如果你對創業情有獨鍾，就成立公司。要知道自己一定會犯些錯，因此要從小錯誤開始犯起，不斷地學習並堅持自己偉大的夢想。

第二個教訓：一棟房子十美元，兩棟房子二十美元，三棟房子三十美元。

這裏的教訓就是現金流。房屋愈多，現金流就會愈高。

紅顏色的旅館——鉅額的現金流。

在金錢和財務教育的世界裏，最重要的名詞就是現金流。現金是一直不斷地在流動著，它不是流進來，就是流出去。對絕大多數人來說，他們辛苦地工作，但現金卻是向外流動的。真正的財務教育在訓練你如何讓現金不斷地流進來。

受過財務教育的投資者必須清楚瞭解現金流和資本利得兩者之間的差異。

許多沒有受過財務教育的投資者，他們投資的目的都是為了獲得資本利得。這就是為什麼業餘投資者經常會說出類似下面的話：

「我的房子增值了。」

「我的股票漲了，所以我就把它賣掉了。」

「你是否認為投資新興市場是明智之舉？」

「我之所以會投資黃金，是因為金價一直在漲。」

「你應該重新配置自己的投資組合。」

「我的身價最近又增加了。」

「我會投資古董車，是因為它們會增值。」

簡單來說，這次金融海嘯當中損失最慘重的，就是那些為了資本利得而投資的民眾。絕大多數人的投資都算是一種賭博，都是在期待價格的上漲。當市場反轉崩跌之後，他們的財富也同樣發生了虧損，其中還有許多人的身價還變成負的。

為了要讓重點簡單明瞭，下圖就是示範現金流和資本利得兩者之間的差別。

當金和我買進不動產時，我們投資的目的在於獲得現金流。我們會想要檢視投資案的財務報表，不管它是一棟兩房一廳的出租小公寓，或是休閒渡假中心，都為獲取現金流而投資，表示我們一定要確保有現金的流入才行。即便是面對金融海嘯的來襲，由於擁有超過三千個出租單位和商用不動產，現金還是不斷地流進來，就算是經濟大衰退也沒有差別。

為什麼現金還會繼續流進來，是因為我們每次在買下任何不動產之前，一定會先確定當地擁有強勁的就業機會。永遠要記得，不動產的價值取決於就業機會。我們是不投資那些最高檔的豪華住宅，我們和事業夥伴肯．麥克羅（Ken McElroy）專注投資「上班族」所租用的不動產，特別是在那些擁有長期穩定的就業機會，同時人口眾多的地區。

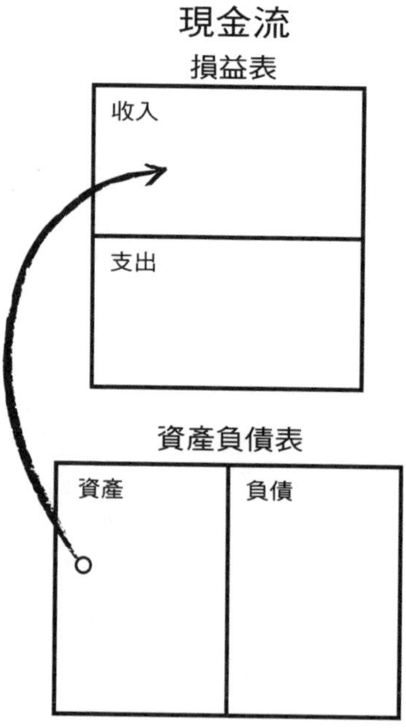

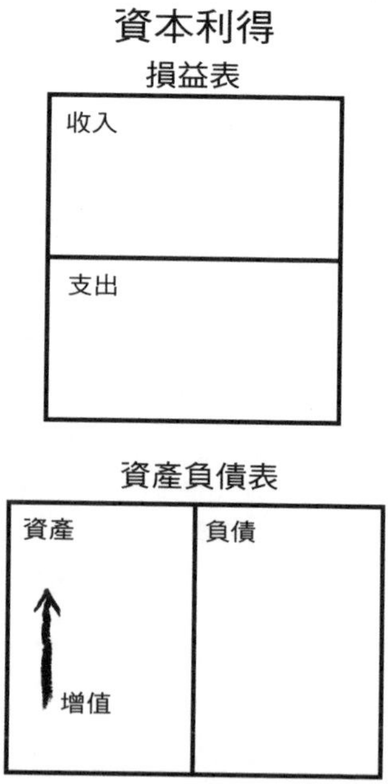

這就是為什麼我們在德州和奧克拉荷馬州擁有不動產，是因為開採油礦需要用到大量的勞力。就算是經濟蕭條，人們還是需要有居住的地方，世界還是會繼續消耗石油。我們也會投資於大學城之中，因為那裏的就業機會相對穩定。

以不動產來說，被金融海嘯沖垮的那些「翻修轉賣」（flippers）的人，他們是為資本利得而進行投資的（上圖資本利得）。他們得完全依賴房地產持續泡沫化才能賺到錢。

不久後，他們就會把不動產脫手賣給一個更大的凱子，順便大撈一票。當不動產的泡沫破裂之後，這些翻修轉賣的人個個都成了大輸家。

我現在再次把這些經驗重複一遍，因為它們是這麼地重要。在大富翁遊戲裏，最重要的教訓就是在教你什麼叫作現金流。無論是擁有一棟綠色房子或者是一棟紅色旅館，錢就是會一直流進來，這就是你在現實生活當中玩大富翁遊戲獲勝的祕訣。

很不幸的，由於缺乏財務教育，我估計將近有九〇%的業餘投資者都是為了資本利得而投資，內心滿懷期待手上的股票、不動產、黃金和白銀的價格會持續上揚。這種行為叫作賭博，但是絕大部分的理財專家都是教你要這麼做。這就是為什麼理財專員經常會告訴投資者：「股市每年平均都會上漲八%及以上。」或者不動產經紀人會告訴你：「房地產的價格一定會持續上漲。」他們的注意力（或焦點）都放在資本利得上，而不是現金流。你必須要非常精明才會為了現金流而投資。

財務教育提示

財務教育需要讓每個人清楚瞭解現金流和資本利得兩者的定義。

我在《富爸爸，窮爸爸》一書裏，寫了關於資產與負債兩者的內容。簡單來說，資產就是會把錢放進自己口袋裏的事物（現金不斷地流入），而負債就是會把錢從你的口袋裏拿走（現金流不斷地流出）。對很多人來說，就算自己所居住的房子的房貸已經還清，但是現金還是不斷地因為土地稅、房屋稅，以及火險費用等而繼續流出去。這種觀念一樣適用於汽車等任何會從你的口袋裏面把錢拿走的事物。反之，我和金所擁有的不動產，在扣除所有支出和費用後，都會創造一些收入。瞭解現金流和資本利得兩者的差異，讓我們擁有一種不公平競爭優勢。

我們之所以需要檢視這麼多房地產案件，是想找到一個能創造現金流的不動產投資案非常不容易。好消息是：在經濟大幅衰退期間，找到能創造出現金流的不動產會比較容易，因為房價比之前要來的低迷許多。在這次金融危機當中受傷最慘重的輸家，就是把自己的錢投資在負債之上，並且還期待能獲得資本利得的人。當市場崩跌之後，他們的現金就大量流出去了。

平庸的投資者總是為了資本利得而進行投資。那些為了資本利得而投資的人，並不算是真正的投資家，充其量只能算是交易員，他們唯一的想法就是買低賣高（如果是做空則是賣高買低）。真正的投資家是為了同時獲得現金流和資本利得兩者才進行投資。真正的投資家清楚知道為了減免稅賦、要儘量利用別人的錢來進行投資。知道怎麼做到就是一種不公平競爭優勢。

下圖即是呈現資產和負債兩者之間的差別：

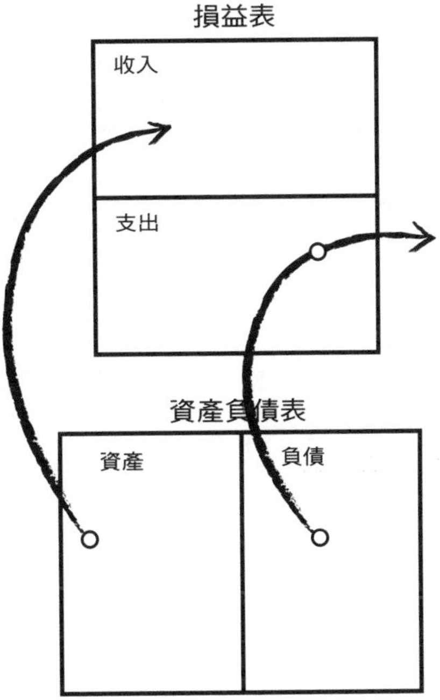

現金流並非只有投資不動產而已。當我在投資石油時，也是為了現金流而投資。只要有現金不斷地流進來，我才懶得關心油價到底是上漲或是下跌。許多人投資股票都是為了獲得「股利」，而這也是現金流的另外一種名稱。持有債券，或者為了利息而定存的人，同樣也是為了獲得另外一種形式的現金流。我憑藉自己的書籍和發明專利可以收取權利金，也算是其他類形的現金流。股利、利息、權利金等雖然有著不同的名稱，但是它們都代表著同樣的意思，也就是現金流。

很不幸的，在最近這一金融大崩盤發生之後，由股票和定存所創造出來的股利和利息收入通通減少了。因此嚴重傷害那些已經退休，並且依賴這種現金流過生活的人。

我在孩提時代藉著玩大富翁遊戲學到這個無價的教訓：一個有關於現金流的教訓。

再重新看看上圖。每一棟綠色的房屋，都要能把錢放進我的口袋之中，換句話說就是現金流。我從來就沒有忘記過這個教訓，這也就是為什麼我和金在一九八七年或二〇〇七年的金融危機期間，並沒有產生什麼損失的原因。

再次強調，為什麼數百萬計的人會損失上兆美元的財富，就是因為他們是為了資本利得而投資的（再想想前幾頁的資本利得圖形），而任何為了資本利得而投資的人，就是在從事賭博的行為，會永遠會因為市場的漲漲跌跌而提心吊膽。這也就是為什麼有這麼多投資者會認為投資的風險都很高，這是因為任何你沒有控制權的事物，風險都是很高的。

我在主日學裏面有學到：「我的民因無知識而滅亡。」（何西阿書四：六）

目前有數千萬民眾因缺乏財務教育而在經濟上瀕臨滅亡。如果這些人能事先瞭解現金流和資本利得兩者不同，並從大富翁學會這個無價的教訓，那麼他們就不會失去自己的財富。

第三個教訓：大富翁教我要如何讓別人把錢拿給我。

當你擁有一棟綠色房屋的不動產權狀，該權狀上註明了一棟綠色房屋的租金是十美元，那麼當其他玩家的棋子剛好停在這個不動產上時，玩家就必須把十美元交給擁有不動產權狀的人。學習如何讓別人不斷地把錢拿給你，聽起來雖然有點殘酷，不過這才算真正的財務教育。

財務教育提示之一

學校裏所教的財務教育，是要讓學生將來把自己的錢交給政府、商業銀行，以及投資銀行。真正的財務教育會教你怎麼讓別人把錢拿來給你。當小孩長大成人之後，他們的財務報表看起來就會像是下圖。

由於缺乏財務教育，人們不假思索地藉著稅賦把自己的錢繳給政府；或者因為背了房貸、汽貸、卡債，以及學生貸款等債務而持續把自己的錢繳給銀行；同樣因為通貨膨脹的原因，人們持續把自己的錢拿給石油公司、電力公司，以及生產食品的公司等。而那些已經擁有退休帳戶的人也會把自己的錢雙手奉上，交給商業銀行或者是投資銀行來理財或保管。這就是為什麼有的錢人會愈來愈有錢，貧窮的人會一直很窮，而中產階級則必須比之前還更辛苦的工作。

財務教育的提示之二

任何一種硬幣都有兩面。藉著玩大富

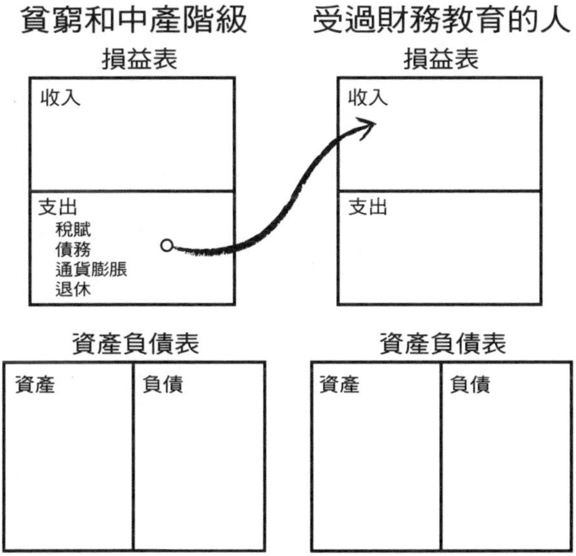

翁這個遊戲，我學會如何站在收錢的那一邊，也就是硬幣的另一面。許多人都處在繳錢的這一邊，在缺乏適當教育的狀況下，他們每個月的現金流都會流向那些擁有最好財務教育人們的手中。如果你也想站在「收錢」的這一邊，那麼財務教育顯得至關重要。

我在九歲時，就體會到一棟綠色的房子可以創造出十美元正現金流的重要性，我也瞭解到有錢人都會有辦法讓別人把錢交給他們。知道了這一點，我就渴望著提升自己的財務教育。大富翁遊戲教會我要怎麼做，才能成為一個大眾會把錢交給我的人，這才是真正的財務教育，這也是我和金在金融海嘯期間沒有遭受到損失的主要原因。我們所投資的標的物，無論當時的經濟是好是壞，人們都必須持續把錢繳給我們。

在市場崩潰且物價下跌後，我們調借某退休基金機構的資金來協助購買高爾夫球場和休閒渡假中心。銀行也非常樂意貸了數百萬美元給我們，讓我們買下更多的公寓住宅，因為銀行知道是房客幫我們支付房貸。在金融海嘯之後無論油價是漲是跌，消費者仍然要持續消耗石油。當通貨膨脹來臨造成物價上揚時，我們仍然可以賺到更多的錢。隨著各國的中央銀行開始印製數兆美元的鈔票，使得黃金和白銀的價格飆漲時，我們變得更加富有。

我知道以上這番話對多數人來說，聽起來會有點殘酷、貪婪，以及俗氣（尤其是社會主義者），但是我之所以要接受財務教育並且終身學習，是因為我要學會如何讓別人把錢繳給我的本事。與其被訓練成把自己辛苦賺來的錢上繳給有錢人和政府（像一隻帕夫洛夫的狗一般），學習如何讓人們不斷地把錢繳給自己，應該是一種比較聰明的決定。

「要學會如何讓別人把錢繳給我」雖然聽起來很俗氣，但是如果把話攤開來講，絕大多數人只願意替那些會把錢拿給他們的對象工作。就連窮人和已退休的人，都必須仰賴政府拿錢給他們。換句話說，當今世界要能夠持續運作下去，就一定要有人把自己的錢繳給其他人才有辦法，而這就叫作「現金流」。更重要的問題應是：你是否想要學會如何讓更多的現金流向自己，同時減少流出去的現金？如果你有這樣子的想法，那麼你就必須接受真正的財務教育。

我的妻子金可說是現金流方面的專家，她也一樣會挑戰自己原有的舒適圈，同時又會很自律地達成自己訂下的目標，以及完成我們夫妻倆共同訂下的目標。

金．清崎的評論

當我理解到在金錢這個領域中，我發現自己一輩子都被教導，並訓練成要把注意力擺在錯誤的事物上面時，我整個世界觀和認知都受到極大的震撼。

就如同你們大部分的人一樣，我從小就被教導這些事：找份好工作，努力在公司出人頭地，然後一路爭取加薪。當我的工作是以時薪計算，人家鼓勵我要上更久的班，同時爭取更高的鐘點費等，利用這樣的方式來賺到更多的錢。從我投入職場的第一天起，努力尋找一個可以不斷增加的收入或薪資的想法，完全深植在我的腦海之中。

當我理解到想要獲得財務上的自由與獨立，必須把注意力擺在擁有資產而不是提高收入時，我的思維發生澈底的變化。因為當我把焦點擺在收入上面時，意思就是在說我自己必須日復一日更加辛苦的工作才能賺到更多的錢，或許有一天累積到足夠的金錢，我就再也不用工作了。但是當我把焦點擺在累積資產時，我就不會想要一直靠著自己的工作來賺錢，反而會想如何讓錢努力替自己工作一輩子，幫助我賺到更多的錢。我認為這就是最大的差別所在。

每年羅勃特會和我一起設立事業上的目標、健身目標、玩樂目標，以及我們資產方面的目標。我們每一年都會確實在資產欄位裏增加一些新項目，可能是新的事業、不動產、有價證券，或原物料商品等。

我在一九八九年開始從事投資。當時我內心充滿恐懼，但我無意中發現了鄰近地區的一棟非常可愛的兩房一廳住宅，看起來非常適合出租，一切就開始了。我緊張地開了價，經過幾次談判之後，賣方接受我的出價。此時，更多的恐懼紛湧而來，我滿腦子想的都是可能產生損失的情況，而不是我即將獲得什麼。我幾乎想遍各

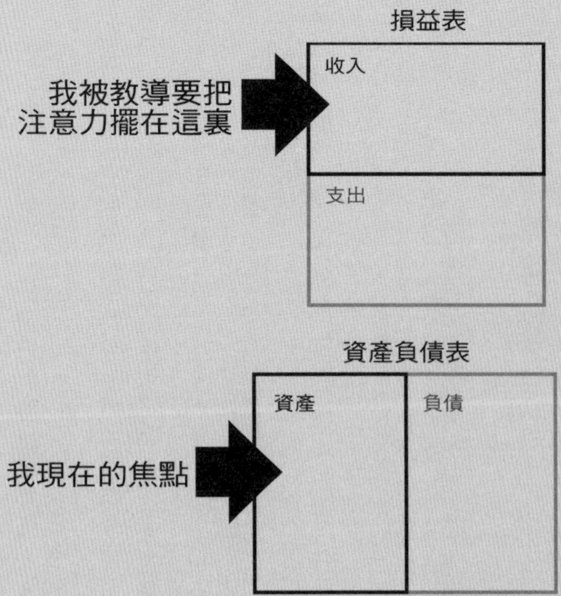

種不要買下這棟房屋的理由。我不斷地深呼吸，也不知道當時是用了什麼方法壓抑了自己內心的恐懼，才得以完成買賣合約。當房屋移交後，我擁有了屬於自己的第一個出租公寓以及一位房客；當我第一次收到房租，並且在付清所有開支和房屋貸款之後，竟然擁有每個月二十五美元的正現金流！

在一九八九年買下這棟小而美的出租公寓後，我的資產欄位看起來像是下圖。

我們也是從這一年開始設定資產目標的。一開始的目標是，在十年內擁有二十間出租公寓，亦即每一年要買下兩間。這就是我們倆在到達財務自由這個偉大目標之前，先給自己的第一個小目標。設定目標

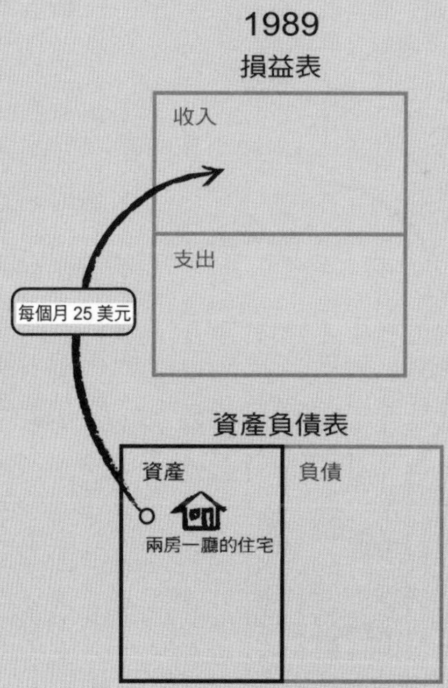

的威力就在於我們會很清楚明確的知道自己到底想要些什麼，同時也會讓我們產生動力來實現自己的遠景。結果當我們倆開始朝目標努力前進時，由於熱愛目標並且對此充滿熱忱，我對於投資不動產的知識也就立即呈戲劇化的成長。我對這些不動產所產生出來的正現金流也更是感到興奮不已。實際上，我們並沒有花費十年才達成目標，我們只花了短短的十八個月就買下這二十間，不，實際上是二十一間的出租公寓！

　　這時候我們的資產欄位看起來像是下圖。

　　達到第一個目標後，讓我們更接近財務自由這個大目標：讓這些資產所產生的現金流大過自己每個

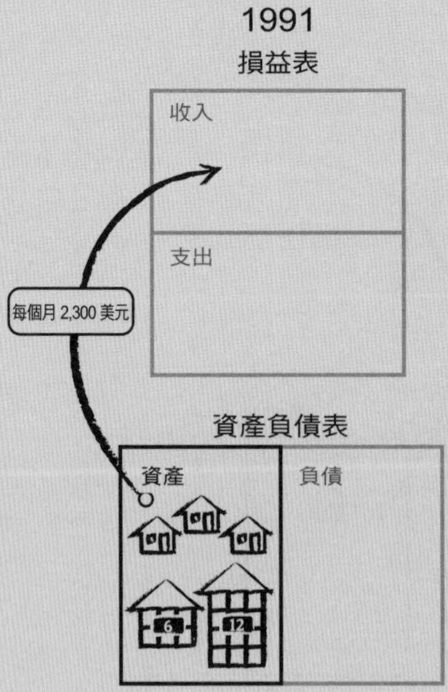

月的生活總支出。因此我們訂定下一個資產的目標：要讓我們資產產生的流入現金流，大過我們每個月支出所流出的現金流。我們足足花了三年的時光才達到第二個目標。一九九四年我們資產欄位看起來像是下圖。

對羅勃特和我而言，財務自由並不是想盡辦法累積數百萬美元的存款，然後靠著這筆錢過退休生活。我們的計畫很簡單：無論我們有工作與否，只要讓我們的資產每個月能產生流入的現金流即可。一九九四年，我們每個月的現金流是一萬美元，雖然這並不是多大的一筆錢，但是我們當時每個月的生活總支出為三千美元。就在那時，我們獲得自由。我們的資產所產生出

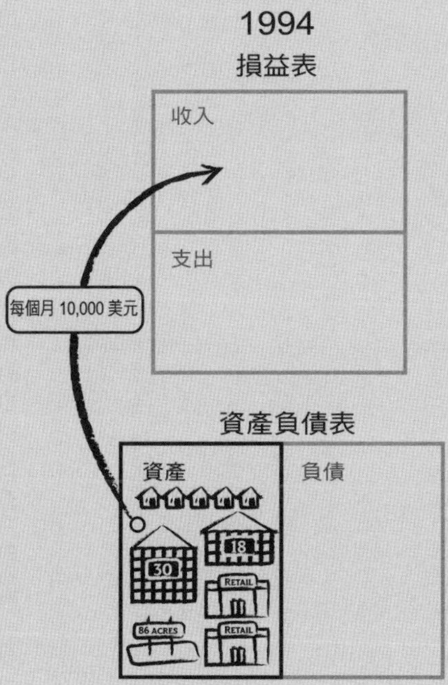

來的現金流，足夠負擔我們每個月的生活開支。也因此，我們才有這個福氣來好好問自己：「我這一輩子真正想要做些什麼樣的事情？」由於有能力問自己這樣子的問題（而不是擁有大筆大筆的金錢），也才算獲得真正的自由。

我們夫妻倆到底擁有什麼不公平競爭優勢？第一，我們會一起訂定財務上的目標。其次，為了達成一起設定的目標，我們會一起研究學習參加研討會、閱讀書籍、與真正的專家會晤，並且聘請教練指導我們，藉此確保我們可以獲得自己想要的生活。

在我們第一次約會時，羅勃特送我的第一份禮物，並不是一件漂亮的珠寶首飾，或者是一瓶我最喜歡的香水。都不是！我的第一份禮物竟然是一堂會計學課程！我想他的目的是要讓我先釐清資產與負債兩者之間的差別。當我從大學畢業時，我曾經發誓絕對不再踏進任何教室上課，我已經受夠了學校這回事。但是當我參加了這堂充滿各種遊戲，整整兩天的會計課程後發現，其實我是非常熱愛學習的！原來我不喜歡的是，學校的教學方式以及課程的內容。因此，對我而言，第一份禮物並非只是一堂會計課程而已，它重新喚起了我對學習的熱愛。

現在世界上針對任何事物，到處充斥著各種資訊（尤其在金錢的方面更是），因此我們必須持之以恆地尋找和自己最切身相關的資訊。當我報名參加任何一堂課程時，我很清楚知道自己至少可以從中學到一個實際並可運用的新觀念。我們也會找教練來輔導我們，包括健身教練、事業上的教練，或者是投資方面的教練等，因為我們偶爾也需要別人的鞭策，才會繼續努力向前進。

在我看來，這就是我們所擁有的一種不公平競爭優勢，但這同時也是任何人都能做到的事情。這些並不是什麼高深的學問。我們也沒有什麼特別的偏方或祕訣。我必須在此特別指出，這種做法也是維持我們親密關係的新鮮度、讓彼此的關係更緊密，以及充滿樂趣的主要原因之一。身為伴侶，這麼做的確讓我們獲得自己一直所渴望享有的生活。

所以每年新年時，羅勃特和我會再次重新設定各種目標，這當然也包括資產的目標。而我們訂定目標的目的是，持續在財務報表裏面最重要欄位內增加更多的資產項目。

現在我們的資產欄位充滿了各種不同類別的資產：事業、不動產、有價證券，以及原物料。我們創造了許多能產生正現金流的事業。我們的不動產包括了出租公寓、商辦大樓，甚至還有休閒渡假中心和高爾夫球場。我們在資產欄位裏擁有少許的有價證券，而我們的原物料資產絕大部分都是白銀、黃金、石油，以及天然氣所組成。當傳統的理財顧問建議你要做資產配置來分散投資風險，這些人通常只會將風險分散在一種資產類別裏面，亦即有價證券之中。羅勃特和我也懂得進行多樣化的投資，但是絕對不會只投資一種資產類別，我們會把風險分散在四種不同類別之中。

從我個人的經驗來說，當你把焦點擺在什麼事物上時，它就會不斷地擴大。每年設定資產的目標，並且把自己的焦點擺在達成這個目標之上，的確幫助我們累積自己的資產，而且毫無疑問地為我們帶來現金流。更重要的是，也帶給我們自由。

總結

就如金所解釋的，教育真正的目的是要賦予人們力量，讓他們能消化資訊並將之轉化成可運用的知識。

一個沒有受過財務教育的人，是無法處理類似的資訊。他們搞不清楚資產和債務、資本利得和現金流、基本面和技術面等差異，也不懂為什麼有錢人都繳很少的稅，或者為什麼債務會讓一些人富有，但同時也會讓更多人貧困的道理。他們也無法區別投資案件的良窳，或者判斷別人所給予的建議是好是壞。他們唯一知道的是：好好上學、辛苦工作、繳納稅賦、量入為出、趕快買房子、還清債務，然後貧窮地死去。

就如聖經所說：「我的民因無知識而滅亡」。當今有數千萬計的人不斷地走向滅亡，因為他們已經被訓練成要把自己的錢交給有錢人和政府處置。這根本不能算是一種教育。

最後一個問題

▼常見問題

那麼我應該把錢投資在什麼地方呢？

▼答案

我們每個人都有這三種選擇：

1. 什麼事都不做，並且「希望」到時候什麼事情都不會發生。但是就如同我的富爸爸所說的：「『希望』都是那些『沒有希望的人』才會採行的辦法。」

2. 把自己的錢交給專家們長期投資，也就是「買進、長期持有、不斷禱告」這種方式。

3. 投資自己，接受真正的財務教育。在拿出真錢進行投資之前，先投資一點時間來瞭解投資的標的。藉著閱讀本書，你已經開始學會先要投資一些時間來作準備。在我看來，這才是最明智的做法。

UNFAIR advantage

Chapter 2
不公平競爭優勢＃2：稅賦
UNFAIR ADVANTAGE#2: TAXES

稅賦並不是公平的。擁有財務教育的人可以比一般人賺到更多錢，但卻付更少的稅，有時候上百萬美元的營收連一毛稅都不用繳納。擁有稅賦上的財務教育是一種不公平競爭優勢。

▼常見問題
我該怎麼做才能賺更多的錢，同時繳交更少的稅金？

▼簡單回答
1. 如果你愈是辛苦地為錢工作，那麼你所需繳交的稅金就會愈多。
2. 如果你的錢愈是辛苦地替你工作，那麼你所需繳交的稅金就會愈少。
3. 如果別人的錢愈是辛苦地替你工作，那麼你所需繳交的稅金將會更少。

或許你連稅都不用繳，零元，免繳，一毛都不用。很明顯的，想這麼做需要接受最高級的財務教育。我的富爸爸就是鼓勵我要接受這種水準的財務教育。

解釋

很多人都認為稅賦是一種懲罰性的法規，這對許多人來說的確是如此，因為絕大多數的人都是為了錢工作。

稅賦同時也是政府所擁有的一種獎勵，或者刺激景氣的手段，用來鼓勵人們從事政府想要百姓們去做的事情。如果你配合政府既定的政策去做，就可以賺到很多錢，同時繳納更少的稅金（甚至完全豁免）。

問題在於，大多數的人被訓練成要聽話照做，不用經過大腦的思考（就像是帕夫洛夫所訓練的狗一般）——好好上學唸書然後找一份工作。因為如此，絕大多數的人一輩子都是為了錢在工作，並且繳交更多的稅金。

簡單來說，稅制本身並不是公平的。但那些擁有最高級財務教育的人，當他們賺到愈多錢，就可以完全合法地繳交更少的稅金，但是唯有在他們配合政府既定政策時才能夠這麼做。

對多數人來說，稅賦會讓他們更加貧窮。再次強調，人們被訓練成要把自己的錢上繳給政府。對少數的人來說，稅賦會讓他們變得富有，有些甚至變得極為富裕。他們這些人知道要如何讓政府不斷地把錢交給他們。

再強調一次，重點就在於金錢世界裏最重要的三個字——現金流。

遊戲規則是一樣的嗎？

▼常見問題

美國是不是也是同樣的情形？全球各地的稅制是否都一樣？

▼簡單回答

每個國家都擁有適用該國民情的稅制。

我並非專業的稅務專家，因此我一向鼓勵人們在做出任何與稅賦有關的決定前，先尋求稅制專家的建議。為更進一步解釋稅制（無論是美國國內或者是國際的），讓我的稅務專家，同時也是認證會計師的湯姆．惠萊特（Tom Wheelwright）協助我釐清。

湯姆．惠萊特的專業回答

在研究全球各地的稅制之後，我個人發現大部分的國家都按照著同樣的基本原則。稅法基本上就是要替政府創造財政收入為目的。但是，政府同樣也會積極利用稅法來刺激並鼓勵民間產業參與特定的經濟活動。同樣的，全球政府都會利用各種稅法來鼓勵民眾遵從政府所制定的社會和能源政策。

▼常見問題

最差勁的稅務建議是什麼？

簡單回答

好好上學唸書，找份好工作；辛苦工作，努力存錢儲蓄；買棟房子，因為它是你最大的資產；清償所有的債務，並且長期投資於由股票、債券、共同基金等所構成的多樣化投資組合之中。

解釋

我曾在《富爸爸，有錢有理》一書解釋金錢世界的幾種角色。以下是現金流象限圖形：

E代表雇員或上班族
S代表中小企業或自由業者
B代表大型企業（五百位以上的員工）
I代表投資者

要讓金錢世界運作正常，需要四個象限的人共同參與。

這些象限並非代表人們所從事的行業。舉例來說，某位醫生可能位於E象限，因為他在為B象限的人（某間大型企業，例如醫院或製藥廠）工作。有些醫生也可能位於S象限的自由業者，如同中小企業老闆一樣擁有自己的診所。有些醫生也可能位於B象限，因為他是某間醫院或者是製藥廠的老闆。醫生同樣也可能成為I象限的投資者。

許多人會對I象限產生誤解。許多人會藉著買賣股票或投資共同基金，把自己的錢投資在養老金或者是退休金計畫之中，這些人和我所講的I象限的人並非同一種人。真正I象限的人，會讓別人把錢交給他。絕大部分的小額投資者都會把自己的錢繳給那些真正屬於I象限的人。再次強調，I象限的定義完全取決於現金流動的方向，就是這點決定了誰要支付比較高的稅率。如果你把自己的錢交給別人來幫你理財，那麼你所要繳的稅金，會遠比那個幫你理財的人所繳納的稅金還要高。

我的窮爸爸會把自己的錢交給那些他信任的人來幫他理財。我的富爸爸擁有許多像窮爸爸這些不斷地會把錢拿給他的人。

從稅賦的觀點來看，這兩者的差別就像是白天和黑夜那麼的不同。

▼▼常見問題

哪些象限需要支付最高的稅賦？

▼▼簡單回答

那些位於E或者是S象限的人。

財務教育的歷史

下圖就是利用現金流象限來呈現稅法在歷史上的變化。

二戰期間，由於美國同時需要經費來打兩場戰爭（一個是歐洲戰爭，另外一個是太平洋戰爭），美國國會通過了「一九四三年當今稅制法案」。該稅法制度最大的改變，就是賦予政府可以強迫業者逕自從員工薪資中直接扣除所得稅的權利。換句話說，在員工領到自己的薪水之前，政府就可以比他們先拿到錢。從此E象限的人就失去控制自己金錢的能力。今天，當員工領到薪水時，他們開始注意到有不少的錢都已經消失不見，也就是他們薪資所得和實際收入兩者之間有頗大的差異。

由於最近發生金融危機的關係，各國政府比之前還需要更多的資金，因此對於E象限的人而言，薪資所得和實際收入之間的鴻溝不斷地擴大。這些員工們更辛苦的工作、賺到更多的錢、但是實際拿回家的錢反而比以前還少。

一九八六年，國會通過「一九八六年稅法改革案」，這個稅法改革的目的，在於防堵S象限人們所享有的稅法漏

洞。在一九八六年之前，S象限的人都可以享有和B象限同樣的稅法優惠。但自從政府需要更多的錢之後，政府就開始追著醫生、律師、中小企業老闆，以及專業人士（例如顧問、不動產經紀人、股票經紀人，以及自由業者）等這些人的財富。

一九八六年稅法改革案件就是引發一九八七年股市大跌，以及引爆一九八八年儲貸危機（Savings and Loans Crisis）的罪魁禍首，接著造成不動產市場的崩跌，進而導致上次的經濟大蕭條。當時的環境對B和I象限的人來說是絕佳的進場時機。

目前都是位於S象限的醫生、律師，以及會計師等人士繳納最高的稅。

稅賦因象限而異，而不是職業

有個重點務必要知道，就是稅賦高低是由象限來決定，而不是職業類別。再次舉例，一位醫生是有可能同時在四種象限之中執業，只是不同的象限有著不同的稅法規定。

在求學期間，我問一位同學的父親是做什麼工作。他回答我說：「我爸爸是收垃圾的。」我對此並沒有多做聯想，直到有一天我被他邀請去參加他們家舉辦的感恩節晚會。當天並不是有人開車來接我，而是他爸爸搭乘私人噴射客機把我們接到他家，大約是離紐約兩個鐘頭遠的地方。根本不用懷疑，他們的「家」根本就是一棟豪宅。

當我再次問他，他父親的職業是不是收垃圾的，他跟我說：「我爸爸擁有全州最大的垃圾收集公司。他擁有超過兩百輛垃圾車，以及一千名以上的員工。所有垃圾掩埋場的土地也都是他的，州政府以及各個市政府就是他公司最大的客戶。」

他爸爸是B和I象限的人，從事收垃圾的工作。他聘用位於E象限中收垃圾的員工，並找位於S象限的會計師和律師來徵求專業意見。如果他爸爸有聽從優質的稅賦建議，那麼他所繳納的稅金應該會遠比他的員工還來得少很多。

常見問題

一個人有沒有可能同時處於不同的象限之中？

簡單回答

是的，答案絕對是肯定的。從技術性的眼光來看，我同時位於四個象限之中。我在E象限，因為我是自己公司的員工。我是S象限的人，從事寫作出書，同時也會自行研發遊戲。我也在B象限，因為全球各地都擁有富爸爸公司授權的分支機構，超過五百個伙伴協助公司拓展。我也當然也是I象限的人，不斷替公司募集資金。

常見問題

一個人要如何改變自己的象限位置？

簡單回答

你可以從改變自己核心的價值觀開始著手。

解釋

再次強調，一位醫生有可能同時在四種象限之中執業。你一樣也可以。

不同的人會因為自己核心的價值觀，各自向不同的象限靠攏。我可以藉著別人講話時所採用的詞彙，來區分他目前所在的象限。接下來的內容會進一步解釋這句話的意思。

E象限的人

「我想擁有一個安穩，有保障，福利優渥的工作。」

這些是E象限的人所用的詞彙。無論這個人是一位清潔工或者是公司的總裁，他們會用的都是相同的字眼。這些文字反映出他們核心價值是安全保障。他們害怕失敗，需要穩定的收入，而且害怕發生改變會影響到他們的核心價值觀。這些人傾向於在軍隊、警察界，或者是大企業裏面，尋求長期穩定的職業。這種人當中稍微有野心的，或許會因為職位有獲得晉升的機會，因而在其他新公司網羅時進行跳槽。不過他們在採取行動換公司之前，必定會先確保他們下一筆薪水萬無一失才會有所動作。

許多從MBA畢業的學生，都會夢想著在E象限獲得晉升，也想從職等很高的職位開始做起。擁有MBA學位會讓他們更容易具有競爭優勢。但只有極少數的人才有辦法做到最頂尖的位置，成為公司的總經理或者是總裁，賺到很多的錢。只是，他們的薪資所得會有一大部分被稅賦侵蝕。

以美國為例，E象限的名人像是奇異公司的傑克．威爾許（Jack Welch），以及eBay公司的梅格．惠特曼（Meg Whitman）。

▼常見問題

我目前在E象限。我要怎麼做才能賺到更多的錢，同時又可以合法地繳納更少的稅？

湯姆．惠萊特的專業回答

只要你繼續待在E象限，基本上是無計可施。絕大部分的稅法，都是用來減免B和I象限那些人的賦稅而制訂。你唯一能做的是，藉著美國四〇一(k)或者是個人退休帳戶（IRA）來延遲繳納的時間而已。想要減少繳納稅金真正的關鍵，就只有盡快移到B或I象限之中。

S象限的人

「如果想要把事情辦妥，一定得親自上陣才行。」

無論這個人是一位醫生、律師，或是園丁，這就是S象限的人會講的話。他們都說著同樣的語言，這些語言反映出他們核心價值觀是自由獨立，同時也不相信會有人做得比他們更好。一般上來說，S象限的人對於某些事情應該要怎麼做，像是「正確的方式」與「錯誤的方式」等，向來有自己堅定的看法。他們最喜歡的歌是「沒有人比我行」（Nobody Does It Better，〇〇七海底城主題曲），或者是「我走出了自己的路」（I Did It My Way）。但是S象限的人所面臨最大的問題，就是一旦他們停止工作，其收入也會跟著一併消失。位於S象限的人並不算擁有一份事業，他們擁有的只是一份工作罷了。

許多專業人士也是屬於S象限的人。這些專業人士可能是會計師、簿記員、網管人員，以及專業顧問等。S象限也包括擁有特殊專才，或很聰明的人。他們非常重視獨立自主，以及本身所擁有的專長。許多S象限的事業規模都不大，是因為他們把重點擺放在成為更專業的人士，而不是在擴大自己的事業。

S象限閃亮的明星通常也是現實生活當中真正的名人。舉例來說，絕大部分的電影明星、搖滾巨星，以及職業運動員等，都是屬於S象限的人。每一個市鄉鎮也都會有這些S象限的知名人物。舉例來說，當地通常都會有一位著名的醫生、不動產經紀人，甚至是某餐廳的老闆等。

我有位朋友，他擁有五間餐廳，以烹調美味的義大利菜聞名，總是高朋滿座，他因此賺到很多錢。他的孩子也都在這些餐廳工作，而這五間餐廳的大小也都已經達到他夢想中的規模。

另外一位朋友是著名的癌症外科手術醫生，想要找他動刀的人是大排長龍。既然他每天只能檢查一定數量的病人，所以只能單純地提高診療費用。當我問他是否想要擴張自己的事業時，他說：「我已經賺很多錢了，而且也已經夠忙了。」

▼常見問題

我目前在S象限。我要怎麼做才能賺到更多的錢，同時又可以合法地繳納更少的稅？

湯姆・惠萊特的專業回答

對一位S象限的人來說，最重要的事情是，要開始採取像B象限企業一樣的思維和行動。這些行動包括如何聘用員工、增加儀器和不動產方面的投資，同時成立符合B象限的公司機構（以美國為例，所謂公司機構是一種法律上的事業單位。絕大部分S象限的人擁有的是獨資公司，或者是合夥的事業單位，而這些公司類型所課徵的稅率是最高的一種。反觀B象限的公司機構大多為有限責任公司、有限責任合夥公司、S型公司，以及C型公司等）。

B象限的人

「我正在尋找最優秀的人才。」

這就是B象限的人常用的詞彙。B代表「巨大」之意，即擁有五百位員工及以上的規模。一個位於B象限的人，會願意承擔比他自己所能獨立完成還更巨大的任務。這就表示想在B象限獲得成功，就必須具備領導能力以及人際關係的處理能力，而不只單單擁有技術上的能力而已。這就是為什麼會有這麼多的創業家，例如微軟創辦人比爾・蓋茲、迪士尼創辦人華德・迪士尼、美國奇異創辦人湯瑪斯・愛迪生等都沒有完成學業。創業家有足夠的能力和領導力，把一種想法轉化成非常碩大的事業——一個能創造眾多工作機會和大量財富的企業。

在B象限想要成功必須要團隊的努力，因為幾乎沒有人能夠獨自管理超過五百名員工。B象限的名人有蘋果電腦的史帝夫・賈伯斯、維京公司的理查・布蘭森、谷歌的賽吉・布林。

▼常見問題

我目前在B象限。我要怎麼做才能賺到更多的錢，同時又可以合法地繳納更少的稅？

湯姆・惠萊特的專業回答

B象限中可以節稅的機會，基本上具有無限種可能。在B象限，幾乎所有的支出都能夠申報扣除。B象限的事業，因為從事聘雇員工、增加自行研發的經費，或者投資綠色能源等事務，因此能獲得稅賦上的減免。B象限的事業也經常享有比S象限事業更優惠的稅率，這是因為這些公司的老闆們幾乎用不著繳納業主個人所得稅這一項。

I象限的人

「我要如何為下個投資案籌措資金？怎麼利用別人的錢賺更多的錢，並繳納更少的稅金？」

前文已提及，想要定義某人是否處於I象限最大的關鍵，就在於他們是不是在運用別人的金錢。I象限的名人有先鋒基金（Vanguard）創辦人約翰・博格（John Bogle），以及量子基金創辦人喬治・索羅斯（George Soros）。

▼常見問題

我目前在I象限。我要怎麼做才能賺到更多的錢，同時又可以合法地繳納更少的稅？

湯姆．惠萊特的專業回答

在I象限，利用別人的金錢就是降低稅賦的最佳方式。這是因為當你在利用別人的錢購買進項時，通常可以申報扣抵。例如不動產的折舊就是利用他人金錢來享受稅賦上優惠的好辦法。雖然你只投資了一部分的金錢買進不動產（其餘是銀行的貸款），但是你可以享有整個不動產的折舊扣除額。

四個象限的簡單解釋

E象限是替別人工作。

S象限是為自己工作。

B象限找別人來為自己工作。

I象限是利用自己，或者是別人的錢來替自己工作。

最大的差別

E和S象限的人是為錢工作，這也就是為什麼他們需要繳納比較高的稅賦。E和S象限的人焦點都是擺在這裏（見下圖）。

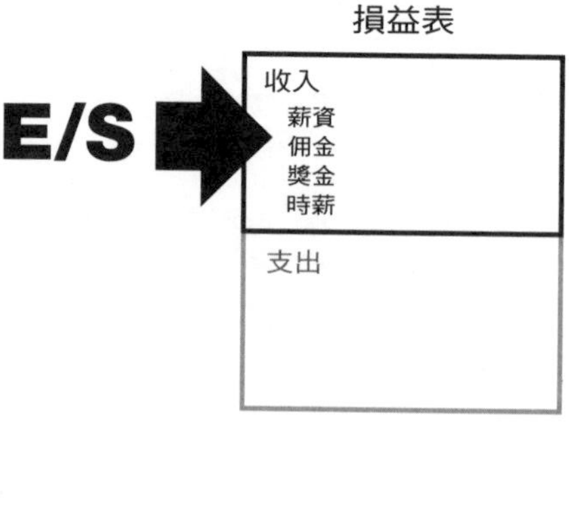

B和I象限的人認為，就是為了創造或者擁有資產，這也就是為什麼他們可以繳納更少的稅金。B和I象限的人注意力是擺在這裏（見下圖）。

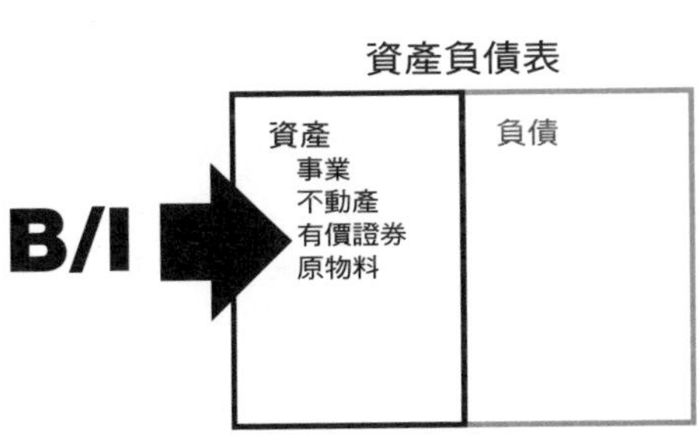

真正的資本家

所有B和I象限的名人通通都是資本家，這些人藉著自己的理念來創造出事業，還利用別人的金錢來讓自己的事業不斷地成長。他們把大部分的時間都花在思考宏偉的構想並致力於創造資產，因而讓這些人更容易募集到資金。

身為S象限最困難的地方，即是不容易拿到別人的錢來作為自己成長的資金，因為這種創業家的事業規模較小，而且S象限的人思維也比較狹隘。這種事業由於成長率不夠高而且風險太大，因此很難獲得創投資金的青睞。這也就是為什麼許多S象限的事業會去尋求中小企業局（Small Business Administration）的貸款補助。真正的資本家只會把錢投資在資產之中，而不是在某個人身上。

大部分的學校都很擅長把學生訓練成E或S象限的人。舉例來說，許多大學都開設MBA課程，吸引很多想要成為大型企業總經理，甚至是公司總裁的學生。但是很多畢業學員最後都變成職員而不是創業家，這是因為這些人不瞭解所謂的B象限到底是什麼。絕大部分自MBA畢業的學生，仍然不知道要如何募集資金或者是打造資產。對一個創業家來說，募集資金的能力是創業最重要的技能之一，而通常就是因為無法募集到充裕的資金，所以中小企業才會一直無法擴大規模。

傳統教育體系中有著非常優質的法學院，專供那些想要成為律師的人攻讀；也有非常優秀的醫學院來訓練人們成為醫生；也有非常優秀的職技學校，擅長把學生訓練成優秀的廚師、機械工、水電工、汽車維修工，以及配電工等。問題就在於這些學生畢業後，仍然對B和I象限不甚瞭解。這些畢業生幾乎都不懂得什麼叫作金錢、稅賦、債務、投資、募集資金，以及如何從E或S象限中轉變成B或I象限的人。如果我們想要解決當今高失業率的問題，我們就需要訓練更多的人來變成B和I象限的資本家。

富爸爸公司致力於把人們訓練成B和I象限的人。我們所提供的課程非常不一樣，是因為那些想要成為B和I象限的人本來就不是一般人，而且想要成為B和I象限的人也需要學會很不一樣的技能。那些追求穩定收入和工作保障的人，在稅賦最優惠的B和I象限中，都不會有很傑出的表現。就像湯姆．惠萊特稍早所解釋的，為什麼會有稅賦上的獎勵，是因為政府需要有更多能創造就業機會的人，或者是能創造額外獲利的公司，來把多餘資金投資政府所鼓勵的產業計畫之中（例如住宅社區等計畫）。當今失業率高居不下的原因，在於既有的學校教育體制訓練出太多的員工而不是創業家，因此大部分的人都變成了上班族，而非資本家。

改變象限

在改變象限之前，你必須很清楚地知道自己的核心價值，因為不同象限的人具有不同的核心價值。換句話說，你不能只因為稅賦的原因就任意改變自己所處的象限。

如果你想要改變象限，請在做出改變之前先花點時間來釐清自己的核心價值到底為何。舉例來說：

1. 穩定的薪水對你來說有多重要？
2. 你是不是一位很好的領袖？
3. 你是如何處理壓力的？
4. 你本身是否具備了B和I象限所需的技能？
5. 你在哪個象限當中最有可能獲得成功？
6. 退休的生活對你來說有多重要？
7. 你會如何處理失敗？
8. 你能不能以團隊的方式一起運作？
9. 你喜歡自己所從事的工作嗎？
10. 你現在的工作是否有讓你更接近自己人生的目標？

以上這些非常重要的問題，只有你能夠回答，這些問題遠比節稅還來得重要。

核心價值簡單來說：

E和S象限的人在尋求安全感。

B和I象限的人在追求自由。

我應該要做出什麼樣的改變？

常見問題

若想要開始改變自己所處的象限，最簡單的步驟是什麼呢？

簡單回答

改變自己身邊的朋友。

解釋

古諺有云：「近朱者赤，近墨者黑。」這句話具有很深的道理，上班族喜歡跟上班族的朋友在一起；醫生喜歡跟醫生們打交道；創業家和投資家也是同樣的情形。從我個人的經驗來說，不同象限的人也都不怎麼喜歡其他象限的人。這就是為什麼公會組織多半會詆毀B和I象限的人，反之亦然。崇尚社會主義的人同樣對B和I象限的人存有偏見，反之亦然。我也知道有些讀者在閱讀本章關於稅賦的內容後，會因為我聘請很多員工，並且會利用稅法來讓自己變得更富有的做法後會對我產生偏見。我為什麼知道會有這種情形，是因為我的窮爸爸根深蒂固地認為我的富爸爸一定是個騙子，同時壓榨勞工並且逃漏稅。我的富爸爸因為我的窮爸爸加入了教師工會，就認定他必定是共產黨黨員。我的窮爸爸甚至還成為夏威夷州教師工會聯盟的領袖，而這件事情還深深地衝擊富爸爸和我的感情。

就如你所知道的，任何象限都存在著騙子以及逃漏稅的罪犯，千萬不要變成這種人。諮詢優秀的顧問並按照規矩——B和I象限中真正有錢人所遵照的規矩——來做生意賺錢真的非常容易。

不同的象限自然會吸引到不同的人，基本上來說他們持有相似的價值觀和態度。就算不同象限的人講的是同一種語言（中文或者是英文），但是他們的對話非常不一樣。上班族經常會說：「老闆應該給我加薪。」或者是：「我希望上班時間能更有彈性些。」等等的話。一個自由業者可能會說：「我找不到能幹的助手。」或者是：「我是這行最頂尖的專家。」位於B象限的創業家或許會說：「我需要一個新的總經理。」或者是：「我們要如何為新的計畫籌措資金？」

如何尋找思維相近的人，其中有一個方法就是參加各種不同的課程和研討會，或者是單純地先從學習新的詞彙開始著手。這麼一來，你很快地就會認識許多新朋友。

▼**練習：**除了自己工作的同事和家人之外，列出你經常花時間相處的六位人士，並且判斷這六個人各自屬於哪一個象限。既然朋友就是自己的一面鏡子，因此你可以藉此看清楚自己是什麼樣的人。

我並不是在說你必須拋棄自己的老朋友。我意思是說，如果你現在想要改變自己的生命，那麼你應該開始認識新的朋友，並拓展自己的生活圈。

工作有什麼不對嗎？

▼**常見問題**

「找份好工作，認真辛苦工作；努力存錢儲蓄，買棟房子；清償債務，並且長期投資於由股票、債券、共同基金等所構成的多樣化投資組合之中」這麼做有什麼不對呢？

簡單回答

稅賦。

完整解答

你愈是努力的工作，當你賺到更多錢時，那麼你就需要繳納更高的稅金。對於認真辛苦工作的上班族來說，根本沒有所謂的稅賦獎勵。假使上班族想要永久降低自己的稅賦，那麼唯一的方法就是少賺一點錢。

如果你想要賺更多的錢，並繳納更少的稅金，你就必須要改變自己的收入類別。

解釋

以下是三種不同的所得形式與稅別：

1. 薪資所得（或工作收入）：稅率最高的一種收入。
2. 投資所得（財產交易所得）：稅率次高的一種收入。
3. 被動收入（租金、權利金所得）：稅率最低的一種收入，甚至免稅。

薪資所得

那些擁有一份工作或身為自由業的人，是為了薪資所得而工作。那些喜歡存錢的人，在他們儲蓄帳戶裏的金錢是以薪資所得的方式來替自己工作。那些傾向於還清自己債務的人，也都是拿自己的薪資所得來清償債務。購買自宅房屋的人，也是拿著自己的薪資所得來支付頭期款。那些依賴傳統退休金計畫的人（例如美國四〇一(k)退休計畫），而存放在退休帳戶裏的錢，一樣也是被當成薪資所得。

瞭解我想表達的重點了嗎？那些被訓練成帕夫洛夫狗一般，並且盲目聽從傳統財務建議（好好上學唸書，找份好工作，認真辛苦工作；努力存錢儲蓄，買棟房子，因為它是你最大的資產；清償債務，並且長期投資於由股票、債券、共同基金等所構成的多樣化投資組合之中）的這些人，就算是他們拿自己的錢去做這些事情，也得要繳納最高稅率級別的稅金。

複習本章稍早之前的內容

1. 如果你愈是辛苦地為錢工作，那麼你所需繳交的稅金就會愈多。
2. 如果你的錢愈是辛苦地替你工作，那麼你所需繳交的稅金就會愈少。
3. 如果別人的錢愈是辛苦地替你工作，那麼你所需繳交的稅金將會更少。或許你連稅都不用繳，零元，免稅，一毛都不用。

缺乏財務教育的狀況下，絕大部分的人都是為了薪資所得而工作，他們的儲蓄帳戶和傳統退休金計畫裏面的錢也一樣屬於薪資所得。他們在為自己的血汗錢支付著最高等級的稅率。

只要些許的財務教育，至少他們可以把自己儲蓄帳戶和退休金計畫裏的錢，轉變成投資所得或者是被動收入的形式，也就是稅率級別較低的收入類別。

湯姆．惠萊特的專業回答

為什麼稅法會獎勵那些利用自己和別人金錢來賺錢的人，簡單來說，因為這些人才是真正會把錢投注在經濟活動裏頭。政府希望能鼓勵民眾把自己的錢拿出來創造就業機會、興建住宅，以及創造商機等以刺激景氣。只要些許的財務教育，任何人都可以學會如何讓稅法制度變得對自己更加有利。總之，以上所講的觀念並不是在鑽法律漏洞。這確實是政府刻意對公司老闆以及投資家所提供的稅賦優惠。

投資所得

大部分的狀況下，投資所得就是在進行投資時所得到的資本利得。一般來說，當你能買低賣高時，就可以獲得資本利得。在股市，人們也可以利用賣高買低（也稱之為放空），來獲得資本利得的收益。

許多人會進行投資是因為對資本利得感到興趣。為了資本利得而投資其實根本不算是投資，這應該叫作技術面的買賣交易，這也就是為什麼這類收入擁有不同的稅法規定。

買賣交易就是一種打算將來要脫手賣出，所以先予以買進持有的行為。交易員根本不想要長期持有先買下來的東西，他們跟那些以批發價買進衣服，然後以高價賣出的成衣零售商沒什麼兩樣。這也就是為什麼許多交易員都是S象限，而且同樣承擔相對應的稅賦。

在不動產泡沫化的期間，許多買低賣高翻修轉賣不動產的人還以為自己是投資家。事實上，他們只是不動產的交易員罷了：買進不動產並稍微整修一下之後，再以更高的價格賣給下一個傻瓜。不動產投資家的名聲，就是被這些翻修轉賣的人搞壞了。這些業餘的傢伙們唯一做的事，就是把房價炒高、把市場搞亂，並且不斷地吹噓自己賺到多少錢，藉此吸引更多像他們一樣的傻瓜來進入市場追價。

問題的根本是，他們追求的是資本利得，亦即投資所得。就如第一章所言，為了資本利得進行投資，這跟賭博幾乎沒有兩樣。在二〇〇六年和二〇〇七年不動產市場高峰期間，甚至那些原本溫順乖巧的超級市場收銀員，也相繼追價開始從事翻修轉賣的工作。我們現在為什麼面臨了金融危機，就是因為人們分不清楚資本利得以及現金流（這兩者是投資專用語），或者是投資所得以及被動收入（這兩者是會計專用語）兩者之間的差異。

財務教育定義的提示

投資世界		會計世界
資本利得	=	投資所得
現金流	=	被動收入

金和我的投資，九成都是為了現金流（也叫作被動收入）。當我們為了資本利得（投資所得）進行投資時，多半會格外地小心，因為我們清楚知道這是一種賭博。

如果你曾經玩過現金流遊戲，或許你已經注意到遊戲中的投資機會，基本上有資本利得收益以及現金流收益兩種不同的類型。一位聰明的投資者，不僅僅只會顧慮風險而已，還會考慮稅賦上的問題，來區分這兩者之間的差異。

非常重要的教訓：一個接受過高度財務教育的人，會知道要如何轉變收入的形式來獲得最大的節稅效益。舉例來說，將薪資所得轉變成投資所得，或者是被動收入的形式。很不幸的，一般上班族還是繼續為了薪資所得而努力工作，並且把這些錢存起來之後仍然還是被當成薪資所得來課稅。這些人或許接受過高等教育，但是他們仍然不曉得收入的種類，更別提要如何轉變他們的所得種類。不管買賣的是不動產還是股票，絕大部分的交易員傾向於將投資所得再次拿去進行投資來獲得資本利得（投資所得），因此他們永遠也逃不出稅法的手掌心。

轉變自己收入的類別，是富爸爸教過他兒子和我最重要的教訓之一。這就是為什麼在現實生活中，他的綠色房屋以及紅色旅館對他來說是這麼重要。藉著透過這些不動產的投資，他把自己的薪資所得轉變成投資所得以及被動收入。他也藉著本身的事業和其他投資，把那些需要課稅的所得轉變成免稅的收入。我那位擁有博士學位的窮爸爸卻因為缺乏財務教育，日復一日為了薪資所得更辛苦賣命的工作，並且還把這些薪資所得儲蓄起來，持續讓自己的錢被當成薪資所得來課稅。窮爸爸也認為玩大富翁遊戲根本就是浪費時間，他認為我應該要認真用功讀書，將來才可以找到一份高薪的工作，並且把薪資所得好好存起來。

我們在現金流遊戲裏面設計了一個非常隱諱，但又非常重要的教訓：也就是如何將薪資所得轉變成投資所得或者是被動收入的方式。當你下次玩現金流遊戲時，請留意自己收入形式的轉變，很多人都會不經意錯過這個非常重要的教訓。

現實生活當中的投資

在現實生活裏，就在不動產泡沫化的瘋狂聲浪中，我們從一件不動產案件上同時賺到了很大的一筆現金流以及資本利得。這件案子是座落於亞利桑那州史考特爾市（Scottsdale，鳳凰城附近）一個具有四百間住宅單位的不動產。當時這棟出租公寓大樓正準備要被分割成產權各自獨立的公寓單位。金和我深深吸了一口氣，眼見這個市場瘋狂的程度之後，就計畫了我們的出場策略：賣出四百間產權獨立的公寓住宅（我們在投資的時候都不喜歡公寓住宅，因此我們絕對會想盡辦法把這些公寓賣出去）。

我們一共與其他六位投資家一起進行投資，每個人出資十萬美元，同時也利用銀行來募集到大筆房貸資金；接著把整棟出租公寓整修一番並加上花園造景，再把各單位產權予以分割之後，在一年之內把四百間公寓賣掉。由於不動產市場是這麼火熱，買家大排長龍搶進這一些高單價、地段極佳的公寓住宅。

我和金不但把十萬美元賺回來了，同時在短短一年左右就賺到了一百多萬美元。當我們出清所有的公寓後，在一位稅務規劃專家的協助之下，我們利用「一〇三一交換條款」來遞延這一百萬美元的資本利得所得稅。這個意思就是說我們當時無須繳納投資所得稅，並將一百萬美元的資本利得（投資所得）買下了一間位於亞利桑納州土桑市（Tucson），擁有四百單位的出租公寓。這一百萬美元對我們來說完全是無中生有的錢，而且還不用繳稅，現在這間四百單位的公寓住宅還在不斷地為我們創造大量「免稅」現金流，因為這筆現金流是從出租不動產所產生出來的被動收入。

技術上來說，金和我因此免費擁有了一棟四百戶的公寓住宅，每個月還創造出大量免稅的被動收入。當不動產市場崩潰之後，我們還提高公寓租金，這是因為當今的市場有更多的人願意租房子，而不是自己貸款買房子。再次強調，我們有事先確定該不動產座落的區域擁有穩定的就業市場，因為不動產的價值完全取決於當地就業機會的多寡。

在下一章講解債務方面的不公平競爭優勢時，我會解釋我們是如何完全免稅地把一百萬元拿回來。這一百萬元重新回到我和金手中，並再度把這些錢投到其他不動產投資案。我們買下這四百間公寓完全沒有花一毛錢，這是因為我們利用了債務把自己的資金拿回來。

再次強調，別忘了我寫這些內容不是在自吹自擂，因為這是非常不上道的行為。我寫本書的目的是要向大家解釋什麼是財務教育，並啟發你們當中一些人去採取行動，提升自己的財務教育。順便一提，我們當初一開始完全不具備這樣子的投資能力。金和我的合夥人肯（Ken），我們一開始都是從小案子做起但胸懷大志。就像我的富爸爸一樣，我們也一直不斷地在研究、學習、賺錢。財務教育配合現實生活當中的實際經驗就是成功的關鍵。我們根本沒有停下來的想法或計畫。當我們已經擁有這種程度的財務教育時，為什麼還要停下來呢？這樣的生活實在是太有趣了。

為何不選股票、債券，或共同基金？

我們之所以會儘量避免投資股票的原因是，因為投資不動產實在太簡單了。不但如此，兩者的稅賦制度與資金槓桿作用也完全不同。另外還有一個很重要的原因（在本章稍後會提到）就是風險的因素。我對不動產上擁有更高的控制力，但是在股票上卻沒有。

這個意思是說，我就不應該投資於有價證券（例如股票、債券、共同基金，以及ＥＴＦ等）之中嗎？

答案是不對的。如果你熱愛有價證券，那麼請你成為該項目最頂尖的投資專家。富爸爸公司也提供有價證券的相關課程，因為它也是一個非常重要的資產類別。從事有價證券投資最重要的關鍵——控制要大於風險——一旦學會了如何控制風險，那麼有價證券也可以成為一個可以獲得長期穩定財富的絕佳方式。

從我個人來說，我一直以來（到現在也不間斷）的報名參加一些有價證券的投資課程。參加這些有價證券的投資課程是因為投資的原理都是一樣，這些技巧都可以運用於各式各樣的資產類別。藉著有價證券的課程，特別是關於技術分析以及選擇權交易等，我學會如何成為一個更好的生意人、更優秀的不動產投資家，以及更能掌握未來的投資人。

在美國投資有價證券的劣勢在於，資本利得（投資所得）遞延課稅的方式。多年之前，一樣原本是可以利用「一〇三一交換條款」來遞延買賣股票時獲得資本利得的稅金。但是現在有價證券稅法上這個漏洞已經被封閉了，不過仍然適用於美國不動產的投資者。

湯姆．惠萊特的專業回答

當我一九八六年在華盛頓特區國家稅務局裏，一個很大的會計機構工作時，國會決定要改變這一項稅法，只允許不動產投資者以及企業股東利用一〇三一交換模式來避稅。從此投資有價證券的投資者就沒有辦法享受到不動產投資者和事業擁有人所具有的稅賦優勢。而且有些共同基金的投資者，有時候甚至在該年度基金虧損的狀況下還得繳納一些所得稅。這就是缺乏財務教育的人，最大的劣勢和損失。

被動收入

對金和我來說，我們的目標一直是為了現金流（被動收入）而投資，這就是為什麼我們會把自己發明的遊戲稱之為現金流。對我們而言，能一輩子獲得現金流就是所謂的財務自由。擁有被動收入讓我們得以提早退休，並且過著自己想要的生活。最諷刺的是，被動收入同時也是三種所得類型當中，課稅最輕微的一種收入。

在《富爸爸，窮爸爸》一書中，重點在闡述資產與債務兩者的差別。很不幸的，很多人在財務上為什麼會困頓掙扎，是因為他們把債務（例如他們的自有住宅、汽車、遊艇、傢俱等）當成資產看待。雪上加霜的是，當他們想要進行投資時，滿腦子想的都是資本利得，這也就是為什麼他們認為身價是很重要的事情。問題在於他們的身價是根據債務來計算的，例如他們的自宅、汽車、遊艇，以及家具，退休金等。這就是為什麼富爸爸經常會說：「身價根本一文不值」。我和金都不清楚自己的身價為何，但是卻很清楚知道每個月可以收到多少的現金流。

為了要教導自己的兒子和我，富爸爸把資產的定義解釋得非常簡單：「**資產就是能把錢放到自己口袋裏的東西；而負債則是把錢從自己口袋裏拿出去的東西。**」就因為這個過度簡化的定義，我收到了來自於一些所謂受過高等教育的專家們非常嚴厲的抨擊。

但如果你從投資者以及稅法機關的眼光來看世界，你就會懂得這個簡單定義博大精深。如果你把錢存在銀行裏並投資於傳統退休金計畫，你絕大部分的現金會持續流向稅務機關。你所繳納的稅金對政府來說就是一種被動收入。為什麼不把錢投入在政府所獎勵的投資項目中，然後讓政府當把錢流到你的手中呢？對我而言，這麼做才是明智之舉。

我和金甚至還會有把這個觀念發揮到極致。既然我們擁有額外的現金流，我們就會一直不斷地進行投資，但是絕對不會停駐在儲蓄帳戶、股票、基金、共同基金，或者傳統的退休金計畫之中。對我而言，先從政府領到錢之後轉手再還給它，是很沒道理的事情。

我和金並不選擇儲蓄。既然全球政府都在發行可笑的鈔票，為什麼還要把這些假錢存起來呢？與其儲蓄存錢，我們會把黃金和白銀儲放在一個自己能自由運用的「羅斯退休帳戶」（Roth IRA），這麼一來黃金和白銀上漲之後的資本利得可在這樣的帳戶裏完全免稅。

在接下來的章節，你會知道我們是如何找到投資用的資金。就目前來說，我們不儲蓄的理由有兩個。第一個理由是：是當政府多年來一直不斷地在印鈔票，這些貨幣的價值就一直不斷地在下跌，這也被稱之為通貨膨脹。第二個理由是：儲蓄存錢所得到的利息，一樣會被當成薪資所得來課稅。

湯姆．惠萊特的專業回答

絕大部分先進國家的稅法條例高達幾千頁之譜。在這些繁瑣的法條當中，只有少數條規與募集資金相關。事實上，以美國為例，對於募集資金的規定其實只有一條。該法條基本上在說：「除非有其他法令的規定，你個人所有的收入都應該要繳稅。」而且其中有幾百頁在告訴你，要如何利用退休金計畫來進行節稅。這幾千頁的稅法，絕大部分的內容都是在陳述如何藉著事業、扣抵、信用貸款，以及特別稅法等來永久降低自己的稅賦。

▼常見問題

從稅務的眼光來看，傳統退休金計畫（例如美國的四〇一(k)計畫）有著什麼樣的問題？

▼簡單回答

美國四〇一(k)計畫是專門針對那些在退休之後，打算過著貧窮生活的人所設計。這就是為什麼財規劃師會跟你說：「當你退休之後，你的收入就會頓時減少。」這就是他們用來當作藉口，解釋為什麼客戶退休之後所有的退休金仍然還是得要以薪資所得來課稅的理由。因此他們所設計出來的退休計畫，打算在你退休之後大幅降低你的收入所得。由於你的收入減少了，所以你就會自動下滑到比較低的所得稅稅率級別之中，這種計畫完全不適用於那些打算在退休之後過著富裕生活的人。

湯姆．惠萊特的專業回答

當你把錢放入傳統的退休金計畫時，政府會先給予你免稅的優惠，一直等到你動用領出自己退休金時，才會以薪資所得的稅率來課徵所得稅。聽起來不錯對吧？大錯特錯！理由有三：第一，如果你退休之後打算過著與退休之前一樣的水準，這也就表示說屆時你的實質收入會遠比現在還來得多，因此在你退休之後很可能會晉升到更高稅率的級別，但到那時你就沒有辦法享有事業扣除額、房貸扣除額，以及扶養親屬扣除額等賦稅優惠（希望那時候你的小孩都已經長大成人，並且離開家了）。

其次，也許你會不經意的把被動收入或者是投資所得轉變成一般的薪資所得。假使你利用一般資金來投資股票，那麼從股票所賺來的資本利得就適用於比較低廉的投資所得稅率。但是，如果你是利用退休金計畫帳戶中的資金來投資股票，那麼你就必須要支付一般薪資所得較高的稅率。

第三，也是最重要的一點，當你把資金放入退休金計畫時，你就失去了許多控制金錢的機會。你被限制只能投資於少數幾種不同的投資標的（絕大部分都是共同基金），而且你必須等雇主以及政府來告訴你什麼時候才可以動用自己的退休金。

我之前跟其他稅務顧問一樣，會教人儘量把最大金額的錢投入在自己的退休金帳戶，直到我發現利用退休金一直遞延薪資所得，到最後當你退休之後還是得用薪資所得最高的稅率來替退休金繳稅，這簡直是沒道理的行為。事實上，有數千種不同的方式，可以利用B和I象限來降低自己所繳納的稅金，而且再也不用把錢還給政府。

▼常見問題

是不是只有投資不動產才能擁有稅賦上的優惠？

▼簡單回答

政府設立了許多租稅獎勵制度。金和我只會參與自己清楚瞭解的獎勵制度。

湯姆．惠萊特的專業回答

一般來說，大部分能刺激景氣的投資事業幾乎都擁有稅法的獎勵。這些事業包括石油和天然氣的開採、林業、農業、綠色能源，以及創立企業等。基本上，國家想要鼓勵你把錢投資某領域中，必定會公布相對應的租稅獎勵辦法。請花點時間瞭解稅法。

▼常見問題

你還參與了哪些具有租稅獎勵的投資案？

▼簡單回答

石油和天然氣的開採。

▼解釋

一九六六年，我當時十九歲，是美國標準石油公司的下士，並且在加州沿海地區的油輪上服務，我那時便開始對石油產生興趣。在一九七〇年那幾年當中，我協助替一位獨立投資的銀行家，包裝並販賣各種利用石油和天然氣來避稅的投資案給有錢的大客戶。直到今天，金和我仍然持續將資金投注在各種石油和天然氣的投資案之中。我們不投資於石油公司的股票，或者是石油類的共同基金（例如英國石油，或者是艾克森美孚）。我們所投資的是，探索並開採石油的鑽探公司，同時和他們在特定的投資案中形成合夥關係，大部分的投資案都位於德州、奧克拉荷馬州，以及路易西安那等州。很湊巧的是，我們大部分所擁有的出租公寓幾乎都位於這些地區。如果投資案開採成功，我們就會從販賣石油和天然氣的營收當中獲得某個百分比的投資收益，換句話說，也就是具有政府租稅獎勵的現金流。

石油和天然氣在交通、食物、能源、塑膠，以及化學肥料等領域都是非常關鍵的原料。如果你在廚房裏面環視一下，到處都會有石油的影子，甚至你所吃下去的食物裏面也都會有石油的成分。為什麼政府會給石油和天然氣開採業者提供這麼大的租稅獎勵，是因為探勘並開採石油和天然氣的業主必須承擔很高的風險，但它卻又是我們生活、經濟，以及維持日常生活水準不可或缺的重要物資。

現實生活當中的投資

▼常見問題

當你收回投資於亞利桑那州史考特爾市四百間獨立產權公寓的那十萬美元之後，你是怎麼利用這筆錢的？

簡單回答

我們把它投資於德州的某個石油和天然氣投資案。

解釋

再次解釋，我們的目標是要獲得現金流以及稅賦方面的優惠獎勵。

石油和天然氣投資案最妙的地方，就在於投資報酬率（ROI）。當我和金把十萬美元的資金投入德州的投資案時，我們在稅賦上立即獲得七〇%的扣抵額度。由於我個人現在的所得稅率是四〇%的水準，因此對我而言就相當於立即獲得二萬八千美元的現金（因為可以少繳這麼多所得稅）。

換個角度來看，這等同於在第一年內保證獲得二八%的投資報酬率，技術上來說政府硬生生把這些錢還給了我，因為他們希望我把錢投資在石油天然氣的領域之中。我為什麼要仔細解釋這十萬美元給我帶來了二八%投資報酬率，因為有太多不動產經紀人打電話給我說：「我可以為你帶來一〇%的投資報酬率。」我為什麼要承擔這麼高的市場風險，卻只能得到區區一〇%的投資報酬率呢？我寧可得到由政府出面保證，紮紮實實獲得二八%投資報酬率這類的現金流，而不是把這些錢拿去賭一把，追逐資本利得以及不確定的投資報酬率。

我這次的交易在財務報表當中看起來像是下圖：

如果我們挖到了石油（而且是「真的」挖到石油，這也就是為什麼在石油開採業當中，擁有豐富的經驗是非常重要的），那麼我的財務報表看起來就會像是下圖：

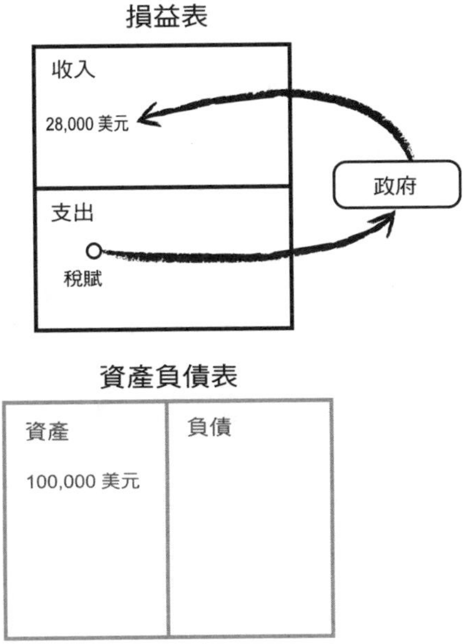

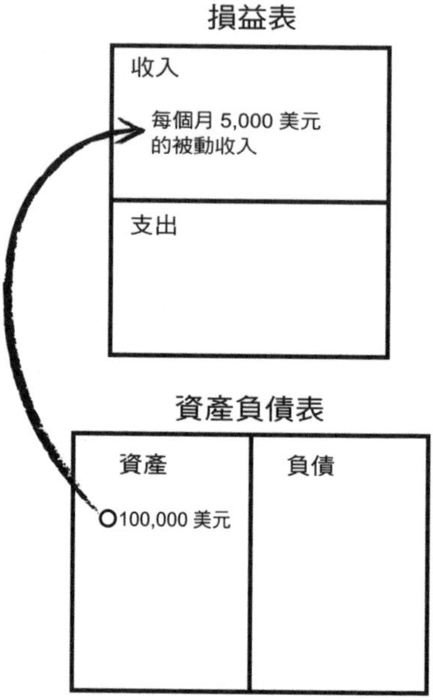

簡單打個比方，假設我從油井每個月可以獲得五千美元的收益（這筆收入會因為石油和天然氣的產量，以及當時的油價而有所變化），那麼這五千美元的收入享有二〇%的石油和天然氣稅賦優惠。這就等同於我是以四千美元來作為計算所得稅的基礎，而不是原本的五千美元。如果我是在E象限賺到這五千美元時，那麼我就必須以五千美元來作為扣繳的基準。

對我而言，這種利用稅賦獎勵的投資案件，遠比把錢放在退休金的帳戶裏擺上四十多年，投資買進並被迫長期持有，同時還要禱告等我退休之後帳戶裏還會有足夠的金錢來應付退休生活，來得有道理多了。

終極目標：金和我共同擁有下列五個目標：

1. 我們一定要把自己的錢拿回來。隨著每個月五千美元（一年就是六萬），加上兩萬八千美元的退稅，我們大概只花了一年多一點的時間，就可以把自己所投資的十萬美元收回。看看你有沒有辦法利用四〇一(k)退休基金帳戶做到同樣的事情。如果油價飆高，例如漲到每桶一四〇美元時，我們還可以用更短的時間收回自己所投資的那筆錢。
2. 我們會把賺到的錢再次投入到另外一個投資案。
3. 我們想要獲得一輩子的現金流。由於一個油井的平均壽命可能從一年到六十幾年不等，這也就是為什麼在投資之前，要審慎選擇油井以及鑽探業者是多麼重要的一件事情。
4. 我們還想要多一些油井。當我們一旦開採到石油，通常鄰近地區也一樣會有很大的機會來挖到石油。知道在到哪裏嘗試鑽探油井，可以降低白忙一場的風險（有時候的確會發生這種事情）。如果沒有找到石油，表示我們會賠一些錢，但是鑽探費用仍可以獲得政府二八%的扣抵獎勵。一旦某地區開採到石油，我們就會持續不斷地在鄰近地區努力。
5. 我們每一年都要想要獲得更高的收入。所以，年復一年無論我們是否有在工作，現金流仍會不斷地增加，但是所需要繳納的稅金卻一直在減少。

一點警告：鑽探石油是一種風險極高的行為，這也就是為什麼法律規定唯有經過審核認證的投資者，那些擁有足夠金錢和知識的人才能參與類似的投資案件。

石油本身的風險並不高，絕大部分的風險是在鑽探開採石油的業者身上。就算是最成功的石油鑽探公司，一樣也會偶爾撲空。如果你缺乏教育和資金，那麼最好不要投資於合夥鑽探開採石油的投資案之中。或許對你而言，把錢投資在上市石油公司的股票上（例如英國石油和艾克森美孚等）會相對比較安全些。你可以透過股票經紀人來買進這些石油公司的股票，投資石油公司的股票時，你可以獲得股票上漲時的資本利得，以及每年配息的現金流，但是你無在稅賦上獲得任何的獎勵優惠。

常見問題

那麼環境又怎麼辦？全球暖化現象又怎麼辦？

答案和解釋

我經常會被問到這個問題，而我的回答是：「我一樣也是很關心環境。」這也就是為什麼我會把賺來一部分的錢，投資在另類燃料或者能源的公司。我有一筆為數不小的資金是投資在一個剛起步的太陽能公司。當我還是小孩子時，親眼看過原子彈爆炸，因此我個人是非常反對核能的，因為核能廢料的污染與影響長達數百年之久。

我堅信人類會在未來五年之內，找到替代石油以及核子能源的新方法。當這件事情發生的時候，全球一定會發生劇烈的改變，就如同當年的網際網路改變全世界一樣。

無論你對於石油和環境抱持著什麼樣的看法，務必要記得：任何文明都需要能源。我們需要更廉價、乾淨環保的另類能源來讓我們的文明持續發展。如果無法研發替代的能源，那麼我們的文明就會倒退。這就是為什麼我要投資石油和另類能源。

本章總結

稅賦是一個非常重要的課題，也是你最大的一項支出。上次金融海嘯的發生勢必得逐漸提高稅賦。這也就是稅法知識占個人財務教育極為關鍵的地位。記住，稅法是依照特定的象限來制訂，而不是行業類別。這就是「好好上學，找份工作或成為醫生」這樣的建議，從稅法光來看是很不聰明的。如果想要降低自己的稅金，他們經常會更換自己的象限和增加象限數目。

比稅法更重要的一點：你必須要對自己所處的象限感到高興。換句話說，純粹只是為了降低稅賦就更換自己所處的象限並非明智之舉。如果你在E或S象限當中過得快樂又成功，那麼請繼續待在該象限，並且尋找新的方式來賺更多的錢（就算需要繳納更多的稅金也無妨）。

在接下來的幾章中，我會解釋一個人要如何維持在E和S象限，但是同時可以學習如何成為一個I象限的投資者。

在做任何有關稅賦的決定之前，永遠記得要尋求有能力的稅賦專家，瞭解專業上的建議。總而言之，稅法顧問的能力不一定都是相同。許多稅法顧問都是E或S象限的人，因此他們的思維模式就跟E或S象限中的會計人員一樣。換句話說，當你向人請教賦稅上的建議時，那怕請教對象是合法的會計師（或者是稅法律師）也務必要小心謹慎。

一個無能、懶惰、自大，甚至腐敗的律師（或者是會計師），可能會讓你損失慘重。相信我，這件事情我曾經親自體驗過。即便某人在學成績優異，還從名校畢業，但這並不表示他們在現實生活中擁有同等的能力，也不表示他們是誠實的人。

湯姆．惠萊特的專業回答

稅賦往往在我們的生命當中占相當重的份量。因此問題就變得很簡單：你是否打算利用稅法制度來減輕稅賦在自己生命當中所占的份量，還是什麼都不做繼續付出巨額的代價。藉著紮實的財務教育以及能力優秀的稅務專家，許多創業家或老闆們可以大大降低自己的稅率（從一〇％到四〇％不等）。利用節稅省下來的錢，可以拿來投資並加速累積自己的財富。因此千萬不要再拖延等待，立即採取行動，學習如何降低自己的稅賦。

最後的問題

▼▼常見問題

但是萬一所有的人都變成了B和I象限的人怎麼辦？誰要來繳稅呢？

▼▼簡單回答

雖然有這樣的可能性存在，但是幾乎可以肯定它不會發生。

▼▼解釋

繼續做一個E或S象限的人，不斷地辛苦工作、儲蓄金錢，並拿著自己的薪資所得來進行投資，繳納三種所得稅當中稅率級別最高的一種，對很多人來說還是最輕鬆不過的事情。

Chapter 3 不公平競爭優勢＃3：債務

UNFAIR ADVANTAGE#3: DEBT

尼克森總統於一九七一年取消美元的金本位制。結果：儲蓄的人成了大輸家，而債務人（借方）則大獲全勝。

▼▼常見問題

為什麼儲蓄的人成了大輸家？

▼▼簡單回答

因為從一九七一年起，美元就不再是真正的金錢。而當政府不斷地印製這麼大量可笑的鈔票時，儲蓄的價值就會一直貶損。

▼▼常見問題

美國目前到底印了多少鈔票？

▼▼簡單回答

非常多。

▼▼長一點的回答

二〇一〇年，美國國債高達十三兆美元。如果加上沒有資金來源的給付義務（unfunded debt，政府承諾將來會支出的錢），已經超過一百零七兆美元，而且還在不斷增加中。

二〇一〇年，美國政府每天平均發行近十億美元的鈔票，而且還在繼續增加中。

十億到底有多大？

假設某人工作時薪是十美元，這就表示每天工作八小時的總收入是八十美元。

我們大部分的人都知道八十美元的價值是多少，但是我們許多人都搞不清楚十億美元到底是多少。接下來的一些對照數據或許可以協助我們稍微瞭解十億美元到底有多大：

十億秒　＝　三一．七年
十億分鐘　＝　一九〇二．五年
十億小時　＝　一一四一五五年
十億天　＝　二七三九七二六年

容我再進一步解釋：

十億秒之前是在一九七九年

十億分鐘之前是在西元一〇八年

十億小時之前是在石器時代

十億天之前人類根本不存在

一兆到底有多大？

一兆秒　＝　三二〇〇〇年

一兆這個數字遠遠超過我這顆小腦袋所能理解的範圍。單單把上述「十億」的一些數據再乘上「一千」之後，你就會開始懂得「一兆」這個數字實在是超過人類的理解的範圍。我真的無法想像三萬兩千年，或者是十億秒這類數字。

▼常見問題

我們的未來會是怎麼樣？

▼簡單回答

會印更多的鈔票。

▼解釋

只要看著下圖，你就會知道未來還需要印製更

歐巴馬的赤字將會超越以往的赤字

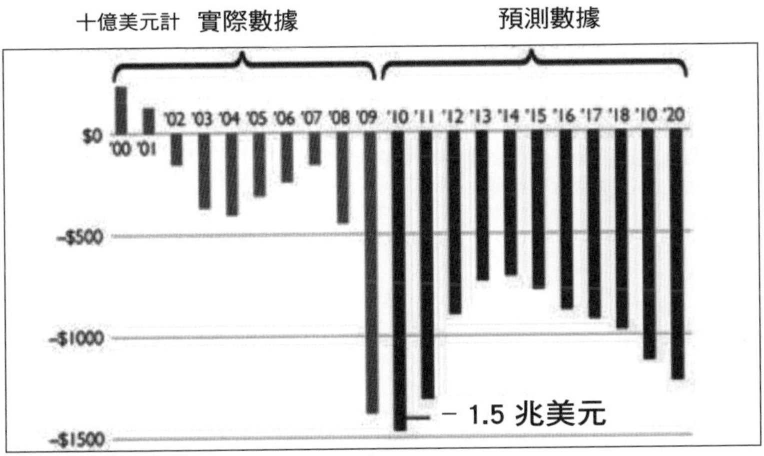

資料來源：國會預算委員會與國家預算管理委員會

多更多的鈔票。

二〇一〇年美國預算赤字：一．五兆美元

二〇一一年美國預算赤字：一．三兆美元

▼▼常見問題

這些數字代表著什麼樣的意義？

▼▼簡單回答

再印更多的鈔票。

▼▼常見問題

這對我又會有什麼樣的影響？

▼▼簡單回答

繳更多的稅以及通貨膨脹。

▼▼常見問題

美元有可能會垮掉嗎？

▼▼簡單回答

是的。美國以前就發生過多次貨幣崩潰的情況。喬治．華盛頓就曾發行過所謂的「大陸幣」（Continental），利用這個紙幣來資助美國開國革命。「聯邦貨幣」（Confederate）則是在美國內戰時期南方所發行的紙幣。而以上只是美國眾多失去價值紙幣當中的兩個例子罷了。現在的美國不斷在印鈔票來資助它在伊拉克和阿富汗的戰爭、支付政府的赤字帳單，以及買下來自中國的進口貨物。

▼▼常見問題

那麼我個人要怎麼辦？

▼▼簡單回答

我有兩個答案：

1. 如果你沒有接受過完整的財務教育，與其儲蓄貨幣，我寧可持有黃金和白銀。我會拿任何閒錢去買實體黃金和白銀，並長期持有。我個人從金價每盎司三百美元以及銀價三美元左右，就開始一直買進實體黃金和白銀。我自己是絕對不會存錢儲蓄的。
2. 如果你是老練的投資者，那就創造自己的印鈔機，開始大量發行屬於自己的鈔票。

▼▼常見問題

要怎麼樣才能創造出屬於自己的印鈔機？

▼▼簡單回答

利用債務來買進資產。

常見問題

這樣做風險不是很高嗎？這樣做合法嗎？

簡單回答

也許會有些風險存在，但是政府的確鼓勵我們這麼做，所以這樣做是合法的。

我在前一章關於稅賦所寫的內容：

1. 如果你愈是辛苦地為錢工作，那麼你所需繳交的稅金就會愈多。
2. 如果你的錢愈是辛苦地替你工作，那麼你所需繳交的稅金就會愈少。
3. 如果別人的錢愈是辛苦地替你工作，那麼你所需繳交的稅金將會更少。或許你連稅都不用繳，零元，免繳，一毛都不用。

很明顯的，想這麼做需要接受最高級的財務教育。我的富爸爸就是鼓勵我要接受這種水準的財務教育。雖然很多人聽起來可能會覺得很奇怪，事實上我們的政府不但想要讓民眾背負巨大的債務，甚至還會願意替那些背負債務的民眾，提供極為優惠的稅賦獎勵。

想要更瞭解金錢和債務兩者之間的關係，在此提供一些財務領域的歷史沿革。

財務教育的歷史

一九七一年後，美國就開始大量印鈔票，並利用這些沒有價值的紙鈔支付支出與債務。

由於美國需要大量的石油，所以油價剛剛開始上漲時，美元就開始流向沙烏地阿拉伯等國家。隨著石油價格不斷地上漲，有更多的美元拚命流向阿拉伯地區。這些被戲稱為「石油美元」（petrodollars）的資金必須要找到停泊之處，所以這些石油美元就開始流向倫敦，因為當時只有倫敦的銀行才有足夠的規模來處理並容納這些資金。當倫敦再也容納不下時，這些過剩的石油美元就需再找新的地方停泊，因此這些熱錢就開始流向那些任何願意把它們借出來用的機構或個人。當時拉丁美洲各國很高興借了這些錢，結果到一九七〇年代末和一九八〇年代初時，造成拉丁美洲各國家的泡沫經濟並且破滅之後，引發拉丁美洲各國的債務危機。接著這筆熱錢從拉丁美洲流向日本，造就一九八九年日本經濟大繁榮，而此榮景在一九八九年破滅。這筆錢接著又竄流到墨西哥，造就一九九四年墨西哥披索的危機，接著又搞出一九九七年亞洲的金融風暴，進而引爆一九九八年蘇聯的盧布危機。

美國銀行家和華爾街非常自大地嘲笑這些國家，因為他們不相信在世界各地輪流發生的經濟繁榮和泡沫危機的效應會影響到美國。

在柯林頓總統一九九三年至二〇〇一年任職期間，由於美國政府的預算收支平衡，因此美國不需要向其他國家借貸。這對於世界上需要找尋更多貸方的銀行家來說是壞消息，因為他們需要尋找能借貸數兆美元的對象。他們後來找到急於貸款的房利美（Fannie Mae）和房地美（Freddie Mac）等由政府補助半官方事業，作為放貸的對象。他們從這筆熱錢當中借出三至五兆美元，並再轉手把這些錢轉貸給任何想要買進房屋的人。美國房地產泡沫化就此開始。

當房利美和房地美的高階主管被調查約談之後，他們就再也不敢去借這筆熱錢。一九九〇年末期，柯林頓總統和聯準會主席葛林斯班等政府官員，為了高盛銀行、美國銀行，以及花旗銀行等國際大銀行更改法令規則，得以讓這些銀行接收這一筆浮爛的資金。這些銀行立即需要找到能把錢借出去的對象，就如你所知的，現金必須要不斷地流動才行。

為了協助華爾街銀行們讓這股熱錢不斷地流動，一些房貸仲介公司，例如鄉村房貸公司（Countrywide Mortgage）就開始幫忙尋找任何會想要向銀行貸款的民眾，甚至連美國最貧窮的地區也不放過。他們提供數百萬根本連工作或信用等級都沒有的民眾所謂的「忍者貸款」（NINJA loans，代表沒有收入、沒有工作或資產擔保的貸款），因此這些貧民百姓很快就可以過著「美國夢」的生活。對許多人來說，這場夢不是他們所能負擔得起。這個次級房貸的危機，迅速膨脹成一個非常巨大的泡泡。

處理這些次級房貸申請案之後，華爾街各大銀行們就把這些有毒的債務加以包裝，並且把它們當成資產來出售。這些新衍生出來的大量債務被叫作不動產貸款抵押證券（Mortgage Backed Securitie, MBS）或（Collateralized Debt Obligations, CDO），並且把這些次級房貸的衍生金融商品包裝成等級一流的投資工具。華爾街最大的幾家銀行接著就把這些有毒資產轉賣給其它的銀行、退休基金，以及投資者等。這種做法根本就好比拿著許多馬糞，把它除臭之後放到塑膠袋裏，並把它當成肥料來賣給大眾。這些有毒資產和馬糞唯一的差別在於：只要妥善加以運用，馬糞仍具備真正的利用價值。

在第一章裏頭，我寫到全世界受過最頂級財務教育的人，就是那些在這次危機當中大獲全勝的人。或許他們不是造成這次危機的罪魁禍首，但是他們的確不客氣地搭了一趟順風車。許多人賺進數百萬美元，而有少數人甚至賺到上億美元。直到現在，他們還在拚命把這一堆馬糞鏟出去賣給一般大眾，難道民眾還聞不出來嗎？而且巴菲特所擁有的穆迪信評公司，又怎麼可以給這些像馬糞般的債務產品評比為最優的ＡＡＡ等級？

隨著世界上最聰明的傢伙們將這一些金融界的馬糞散播到全球，世界各地的房價不斷地上漲，並且讓數千萬人覺得自己非常的富有。這些人之所以覺得富有，是因為他們自有住宅的房價上漲（再次提醒，他們所看重的還是資本利得）。由於房價上揚，數百萬人誤認為自己的身價暴漲。由於內心充滿興奮愉快，因此他們再度開始消費，像狂牛般拚命刷爆自己的信用卡，藉著重新調整房貸額度多出來的錢來支付信用卡帳單，最後將這個泡沫大大膨脹成一個超級熱氣球。讓我最感到噁心的，就是前聯準會主席葛林斯班，以及目前聯準會主席柏南克等專家們，一直宣稱他們根本看不到堪稱為歷史上最巨大的泡沫化危機。

以下是隨著泡沫化的開始崩潰時，柏南克所做出的一些評論：

- 二〇〇五年十月二十日：「這兩年來，房價大約上漲二五％左右。雖然某些地區確實發生投機行為，但就國家整體來看，這些房價的上漲是在反應當前經濟的基本面非常強勁。」
- 二〇〇五年十一月十五日：「在進行衍生性金融商品交易時，絕大部分都是一些資深機構以及老練的投資者在互相買賣。這些人是機構，非常清楚衍生性金融商品，而且會妥善加以運用。聯準會的責任就是要確保它管轄的這些金融機構，具備優良的交易系統以及完善的買賣程序，讓這些衍生性金融商品的投資組合被妥善管理，並且不會對這些金融機構產生任何風險。」

・二〇〇七年三月二十八日：「在這個時點下，次貸危機對大環境以及各種金融市場所造成的衝擊，已在控制之內。大部分的情況下，這些次級房貸的借貸者，以及那些擁有固定利率房貸的借貸者，都仍然持續清償債務，違約狀況出奇的少。」

・二〇〇八年一月十日：「聯準會目前並沒有預計會有經濟衰退的情形發生。」

・二〇〇九年三月十六日：「我們的看法是：經濟衰退應該會在年底前結束。」

柏南克先生是麻州理工學院的畢業生，擔任普林斯頓和史丹佛大學的教授職位，他或許也是一個非常聰明的經濟學家。但是看來他所居住的世界，好像跟你我不同。

二〇〇二年，《經濟大預言：清崎與富爸爸的趨勢對話》出版，書中預測股票市場史上最大的跌幅即將來臨。你根本不需要唸麻州理工學院、史丹佛大學，或是普林斯頓大學就能預見未來發生的事情。我在該書的前言中寫道：「你大概在二〇一〇年之前還有時間來得及準備。」

就如預期的，《經濟大預言：清崎與富爸爸的趨勢對話》一書被華爾街日報以及精明理財（Smart Money）等主流財經刊物批評的一文不值。

二〇〇七年，隨著次貸借款人無法按時繳納貸款時，整個不動產市場開始受到衝擊。接著全球各家銀行爆發了財務危機，最終將美國和整個歐洲拖垮。當美國垮掉之後：「歐豬五國」（PIIGS），亦即葡萄牙、愛爾蘭、義大利、希臘，以及西班牙等國，也因為巨大債務而垮台。

如果不是德國出面的話，或許歐元早就宣布解體了。結果這次解決危機之道，就是創造出比以往更大的鉅額負債。自從一九七一年發跡於阿拉伯各國的石油美元所造成的經濟蓬勃發展和蕭條萎縮，至今仍然持續不斷地在發生。熱錢拚命在尋找能把這些錢借出去的機構或個人，而且愈多愈好。自一九七一年後，除非大家拚命卯起來借錢，要不然世界的經濟是無法持續成長的。

當今有數兆美元（更遑論其他無數的通貨紙鈔）不斷地在尋找停泊之處，這也就是為什麼貸款利率非常低廉，而且儲蓄帳戶的存款利率也一樣接近於零。簡單來說，當前的金融界熱愛那些向他們借錢的人，同時會懲罰那些偏好儲蓄的民眾。

為什麼銀行家不喜歡儲蓄的人

想要進一步瞭解當前全球面臨的經濟危機，你只需要清楚瞭解銀行家所從事的業務就行了。下圖就是銀行家與存款人兩

銀行家

損益表

收入
支出

資產負債表

資產	負債
	100 美元

存款人

損益表

收入
支出

資產負債表

資產	負債
100 美元	

者的資產負債表。

解釋

對存款人來說，他們所儲蓄的一百美元是資產。對銀行家來說，這存款帳戶中的一百美元是一種負債。

常見問題

為什麼對銀行家是一種負債？

簡單回答

因為資產的定義就是：任何能把錢放到自己口袋裏的東西。而負債的定義是：任何從你口袋裏面把錢拿走的東西。既然銀行家必須支付儲蓄帳戶某些利息，因此這一百美元是存款人的資產，同時也是銀行家的負債。

請留意下圖中的箭頭方向，以及現金流動的方向。

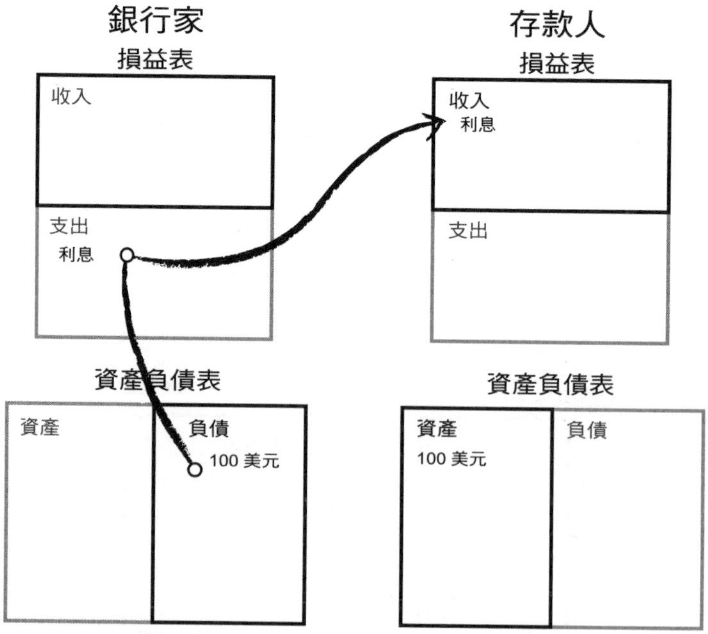

▼常見問題

銀行家是如何賺錢的？

▼簡單回答

把錢借給人們。

▼解釋

目前全球銀行體系採用的就是所謂「法定準備金制度」（Fractional Reserve System）。

簡單來說，你在銀行每儲蓄一塊錢，銀行就可以放貸出你存款的某個特定倍數的金額。讓我們假設在法定準備金制度為「十」的情況下，你儲蓄了一美元。此時銀行們就可以借出十美元給其他的人。就像魔法般的，你原本的一美元在銀行裏變成十美元，而銀行家必定會用更高的貸款利息（以信用卡最高）把這十美元借出去。以上就是銀行如何從借款人身上賺到錢，為什麼儲蓄的人會讓銀行賠錢，以及為什麼銀行愛死那些願意向他們借錢——而且借得愈多愈好——的人們。

如果政府想要增加貨幣供給，那麼政府就可以把存款準備率調高，假設調成四十，這就是美國證券交易委員會（SEC）在二〇〇四年為了挽救經濟，給予美國最大的五家銀行特別權力。由於像這樣一比四十的存款準備率，創造史上最大的一次泡沫經濟，讓現在的我們面臨全球化的債務危機，背負著一筆永遠無法償還的鉅額債務。

當借款人無法償還自己的貸款時，存款人就開始在各銀行門口排隊，想把自己的錢領回來。這種狀況被稱之為「銀行擠兌」。為什麼會發生銀行擠兌，因為法定準備金制度的關係，在此制度下，一間銀行是被允許借出（放貸）遠比所擁有存款總額還多。

如果政府想要抑制經濟的發展，美國財政部以及聯準會就會降低存款準備率，例如說「五」好了，這表示你在銀行每存一美元，銀行就可以借出五美元給別人。而能跟銀行借出來的錢變少，因此利率就會開始上揚，而促使經濟趨緩。

你們之中或許有人已經注意到了：每當你把錢存入銀行中時，由於銀行會無中生有憑空變出更多的錢來，因此銀行就是藉著法定準備金制度的方式來摧毀你個人存款的實質購買力。目前全球都是採用這樣的金融體系，而這整個體系又完全在世界銀行（World Bank）以及國際貨幣基金組織（IMF）的管轄。

在法定準備金制度為「十」的狀況下，更完整的圖形如下。

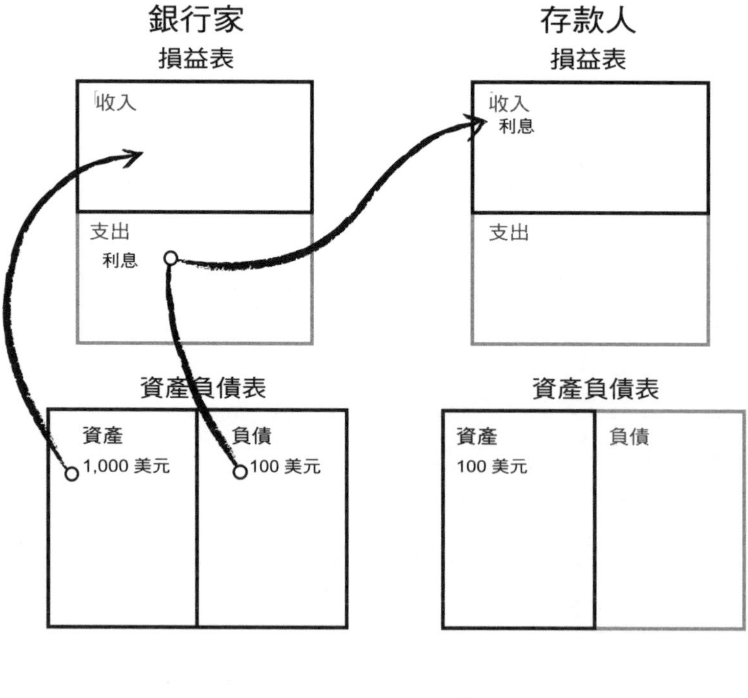

真正的魔術就在於當銀行給存款人利息（讓我們假設存款利息是二%），同時把這些藉著法定準備金制度無中生有的錢以五%至二五%的放款利率借出去的時候才會發生。

讓我們保守的計算一下：

存款人：一〇〇美元　×　二%　＝　每年二美元

借貸人：一〇〇〇美元　×　一〇%　＝　每年一〇〇美元

在這個例子當中，銀行家可以藉著存款人的一百美元來賺到一百美元，但是只需要支付二美元的代價給拿錢來存款的人。這就是為什麼銀行家愛死這些願意跟他們借錢的人了。

簡單來說

如果以上的範例太複雜，你只需要知道銀行家想要的是借貸人，而不是存款人。如果你和我不再向銀行借貸任何錢，那麼整個經濟就會開始停滯，這是因為現在所有的錢根本就是一種債務。換句話說：「現在完全靠著債務來讓全球經濟持續運作。」

稅法是在獎勵借貸人的

現在你就會知道為什麼稅務機關會藉著「免稅」方案，來獎勵敢從銀行借錢出來的人；同時又會以把存款人所獲得的利息收入當成「薪資所得」，並課以最高的稅率來懲罰那些存款的人民。

學習如何成為一個借貸人

一九七三年，當我從越南回來時，我已經離開夏威夷八年之久。在軍中服役的最後一年，我很幸運地被分發到夏威夷卡內奧赫灣（Kaneohe Bay）的海軍陸戰隊空軍基地。

我十八歲離開夏威夷的時候還是青少年，再次踏上這個島嶼的時候已經是二十六歲的青年了。我一輩子都非常尊敬並聽從長輩們的話。我得到國會獎學金之後，就到紐約聯邦軍事學院就讀，並獲得理工學士的學位。一畢業就在美國標準石油公司找到工作，並以三副的身分在油輪上任職，當年我這個二十一歲的小伙子擁有非常高的收入，幾乎是我五十歲父親收入的兩倍之多。

與其繼續在美國標準石油公司發展，並期待某天能晉升為船長，我還是辭職了。接著我加入海軍陸戰隊，並以少尉的軍階每個月獲得兩百美元的薪水，遠比之前在美國標準石油公司每個月賺四千美元少得許多。我在佛羅里達彭薩科拉（Pensacola）開始接手飛行訓練，並花兩年時間才畢業，並獲頒飛行胸章。

一九七一年，我立即被轉調至加州朋德爾頓營區（Pendleton）接受更進階的訓練，並於一九七二年派駐到前往越南的某個航空母艦上。我在那年內墜機三次，不過，我還是非常幸運能在一九七三年四肢健全地回到夏威夷。

回到家鄉的我，打算要除役，為自己的將來做打算。當時我二十六歲，決定要從事自小就一直想要做的事情。

我被新派駐的空軍基地離窮爸爸的住處只有十五分鐘車程，而離富爸爸威基基海灘邊的辦公室也只有三十分鐘車程。在軍中最後一年的期間，我分別拜訪兩位爸爸，並對我的未來徵詢他們的意見。

我的窮爸爸認為我應該跟其他飛行員一樣，加入民營航空公司擔任飛行員。當我跟他說自己已經厭倦飛行了，他就建議我回到美國標準石油公司繼續做三副的工作。他告訴我說：「薪水非常好，而且每年還有五個月的休假，表示每年你只需要工作七個月就行了。」當我對這些建議一直不斷地搖頭時，他就建議我重返校園攻讀碩士（甚至博士學位），然後找份公家機關的工作來做。我對他這樣子的建議回答說：「那我寧可回到越南打仗。」

我實在無法接受窮爸爸給我「重返校園繼續深造，並替公家機關工作」的建議。因為他自己一輩子就是按照這樣的建議去做，但是這個建議對他根本沒有產生任何令人滿意的結果。他那時已經五十四歲，並在家待業，每天靠著之前的存款過活。當他辭去夏威夷州教育局長，並以共和黨的身分角逐夏威夷副州長競選失敗後，他這輩子的生涯規劃就完全付諸東流了。因為他原本的上司代表民主黨參選、獲勝。當窮爸爸競選失敗後，他從此就被夏威夷州政府列為黑名單上的人物，終生不被錄用。

一直聽著那些對他自己都沒有幫助的建議，讓我非常困擾。他認為我應該要像個E象限的人並替政府工作。我的窮爸爸受過高等教育，並認真的工作，結果五十四歲時還在家待業，讓我看到聽從類似建議的人所面對的未來，也就是當今許多人正在面臨的狀況。

我向窮爸爸道謝之後，驅車前富爸爸的辦公室。我很清楚的知道自己應該要聽從哪一位爸爸的建議。我知道自己想要成為一個活在B和I象限的創業家。

學習如何投資債務

一九七三年，我的富爸爸對我說，如果想要跟隨他的腳步，我必須要學會三件事情才有辦法做得到。分別是：

1. **學習如何銷售**。對一位創業家來說，銷售的能力是最重要的一項技能。對創業家來說，最重要的事情就是要知道如何去籌措資金。
2. **學習如何配合市場的趨勢進行投資**。這種投資的方式現在被稱為技術面分析，藉著以往過去的軌跡來預測市場未來的趨勢。
3. **學習如何投資不動產**。學習如何管理負債，創造自己的財富。

富爸爸很清楚尼克森總統在一九七一年徹底改變金錢的遊戲規則。這就是為什麼我在一九七二年即將離開越南時，富爸爸建議我要隨時追蹤報章雜誌裏任何有關黃金的新聞，同時也叫我留意越南人是怎麼因應金錢遊戲發生的狀況。我在《富爸爸之有錢人的大陰謀》一書中有寫過，我當時要給一位賣水果的越南人五十美元的紙鈔，但是她不接受。從她身上我看見美元未來可能會發生的危機，一個即將就要來臨的危機。

當我要富爸爸進一步解釋，為什麼他要我去學習一些不動產投資課程，他回答說：「因為美元不再是金錢了。現在的美元是一種債務。如果你想變得很富有，那麼就得學會如何利用債務來致富。」

當我問他可不可親自教我，他回答說：「不行。你要先對自己的教育進行投資才行。」他根本不想把自己寶貴的時間浪費在一個對於不動產一無所知的毛頭小子身上。他鼓勵我去學習，並說：「當你上過一些課程之後，我會指點你一下。我可以當你的良師益友以及教練，但是你必須要先尋求自己所該接受的教育。」

我有點沮喪的離開。我根本不知道要到哪裏去尋求不動產投資方面的教育課程，我知道有些課程是在教你如何變成不動產業務員，但是我清楚知道這些不動產經紀人並非投資家。為什麼我會知道，是因為富爸爸經常會開這些股票和不動產經紀人的玩笑說：「他們之所以會被稱之為經紀人，是因為他們都比你還窮，只能幫你買賣他們所沒有的東西。」他更進一步解釋：「很多不動產經紀人去上課只是為了獲得買賣不動產的執照，而不是為了投資不動產。一個擁有執照的不動產經紀人，可以買賣房屋並以S象限的方式來賺錢。絕大部分的不動產經紀人根本不曉得I象限的不動產是什麼樣子。」所以當我離開他的辦公室時，我清楚瞭解自己得尋找為I象限的人所開設的不動產課程。因為我知道我不想成為S象限的不動產經紀人。

某天深夜，我在海軍陸戰隊空軍基地正準備隔天上午的飛行任務時，我在電視上看到一則廣告，拚命引誘觀眾參加一個不動產投資課程。我撥打銀幕上的電話號碼，並報名參加幾天之後即將舉辦的一場說明會。在那次免費的說明會當中，我完全聽到一直渴望獲得的資訊，並立即支付三百八十五美元準備參加幾週後即將開設的三天課程。

那時對一個月收入九百美元的海軍陸戰隊飛行官來說，是一筆很大的數目。就跟很多人一樣，我也有著房貸、車貸，以及其他生活開支要付。我簡直快要瘋了，還不斷地質疑自己到底是聰明人還是笨蛋。我也擔心自己是不是受騙上當，也許上完課程之後什麼也學不到。

結果那三百八十五美元可以說是我這一輩子最棒的一項投資。課程的內容讓我一而再、再而三的賺進數千萬美元，而且絕大部分的收入還都是免稅的。比賺錢還更重要的是這堂課程對我這輩子所產生的影響。也因為我在自己的財務教育上進行了投資，所以藉著這堂課程，我和金最後才有可能在她三十七歲，而我在四十七歲的時候獲得財務自由。

一九七三年，我完全按照不動產投資課程講師所說的去做。我花了好幾星期的時間看了許多不同的投資案件，每間不動產仲介公司裏的不動產經紀人異口同聲的告訴我同樣的話：「你在夏威夷找不到這種不動產投資案件，夏威夷的房價太貴了。」

由於有課程講師事先的警告，我對這些不動產經紀人思維封閉的回答早就有所準備，講師說：「這就是為什麼他們只是不動產經紀人，而不是不動產投資者的原因。如果他們是真正的投資者，那麼他們早就不需要從事經紀人的工作。」

接下來的幾週，我不斷搜尋並重複聽別人說：「你不能在夏威夷這麼做。你想找的東西根本不存在。」無數遍之後，我好不容易在威基基海灘附近的小巷子裏面找到一間不動產公司，並得到我一直在尋找的答案。當我跟這位經紀人說：「我想要找地段絕佳、價格低廉，可以小額甚至免頭期款，而且還要能產生正現金流的投資案件。」他笑著回答我：「我有你在找的東西。事實上，我大概有三十五間這樣子的案件。」

三天後，我飛去了茂宜島（Maui），租了一部汽車並開了四十五分鐘去看這些不動產案件。當我到達時，根本不敢相信自己的眼睛。這個不動產案件是多麼地出類拔萃。過個馬路就是一片非常美麗且隱密的沙灘，美得像很多夏威夷明信片一樣。價格為什麼會這麼低廉，是因為整個區域的不動產都面臨法拍的命運。所有東西都是特價出清。就像一個剛進入糖果屋的小孩子一般，我逛了一間又一間，拚命尋找自己心目中想要的不動產。最後我終於選定了一間，當時的房價是一萬八千美元。附帶條件是：頭期款一〇％，亦即一千八百美元，而且剩下的部分會由賣方出面貸款給我。

這並不表示說我就可以不用符合銀行的貸款資格。該不動產投資案件完全符合其他不動產經紀人口裏所說「不可能存在」的條件，而且它還位於茂宜島上，也就是所有夏威夷群島中最優美渡假島嶼上。

一旦我確定該不動產能創造正現金流之後，就算能貸到百分之百的貸款，我仍然抽出信用卡，並將一千八百美元的頭期款刷下去。我那時候完全沒有在該投資案件上投入任何一毛錢，但是我仍然還是賺到了錢。最後我一共買下三間房屋。我原本想買更多間的，但礙於信用卡額度的限制作罷。

前六個月，一切進行得非常順利，但是瞬間發生了大麻煩。該不動產案件的主要污水管破裂，結果這些污水竄流到我最優質的房屋之中，因此讓我學會到了「負現金流」以及「舉債過高」所要承受的風險。當污水管破裂造成我的房客遷出後，我的資產立即變成一種負債。我不但沒辦法每個月從這間房屋中賺到二十美元，反而還要倒貼三百美元。我當時面臨的惡夢就是許多人不願意投資不動產最主要的原因：維修以及負現金流。

我在現實生活中的財務教育才剛剛起步。感謝老天，我其他兩間房屋還是一切照常進行。我當時在學習要如何利用債務成為有錢人，同時也體會到原來負債也可能會讓自己更加的貧窮。這次的機會教育讓我學到債務的力量，這對我來說簡直是無價的。

直到今天，許多不動產經紀人還是會對金和我說：「你們不能這麼做。」就算他們後來親眼看到我們利用債務買下三百至五百間出租公寓，並且賺到數百萬美元免稅的收入，他們仍然還是拒絕改口。許多不動產經紀人無法從事我正在做的事情，是因為他們受到的是S象限的教育，而不是I象限的財務教育。

既然債務同樣具有致命的殺傷力，但是我們仍然鼓勵你從小案子做起。先做幾筆小生意，就像我和金一開始先買二十間小房屋是一樣的道理。要先學習如何管理自己的債務以及如何維修不動產。

就如你們所知道的，背負債務是件非常容易做到的事情，但能夠把債務管理好才是真本事。

為什麼現在有這麼多人面臨困難？

▼常見問題

為什麼大多數的人對債務感到煩惱？

▼簡短回答

因為他們利用債務（debt）來買進負債（liabilities）。有錢人則是利用負債來買進資產。

▼解釋

在《富爸爸，窮爸爸》一書中，我曾經說明你所買的自有住宅並不算是一項資產。為什麼家用住宅都不算是資產，是因為屋主必須要支付房貸、各種稅賦、保險，以及維護費。但是我所擁有的不動產，都是由承租人來支付這些開支，同時還包括我們的利潤。

我們舉債來購買資產，買進那些會把錢放到我們口袋裏的東西。這不限於不動產而已。舉例來說，金和我擁有一個長約五十八呎的豪華遊艇。對許多人來說，買一艘遊艇是非常大的負債，幾乎等於不斷往水裏倒錢。為什麼我們的遊艇是一項資產，因為我們開辦了一間租賃公司，由觀光客們來支付我們的貸款、保險費、維護費，以及碼頭停泊費等。我們每個月不但可以靠著它來賺錢，而且還可以任我們隨意使用。

記住，並不是因為資產的類別（例如不動產、遊艇、事業、石油、黃金等）來決定某件事物是資產還是負債。某事物是資產與否，最主要的判別方式就是現金的流向。如果現金不斷地流到你的口袋裏，那麼它就算是資產。如果現金不斷地流出你的口袋，那麼它就要算是負債。在理論上就是這麼的簡單。實際上的操作才會真正面臨挑戰。

現實生活中的不動產

▼常見問題

能不能讓我們知道你實際上一個真實的範例，讓我們看看你是怎麼做到一〇〇%的負債，同時還可以產生正的現金流？

▼▼簡單回答

當然可以。

真實的範例

我所提供的真實範例，是金和我們不動產事業上的夥伴——肯・麥克羅（Ken McElroy）的一個投資案。肯和他自己的合夥人羅斯・麥克斯特（Ross McAllister）促成這件投資案，完成所有的手續，同時負責管理這件不動產投資案的維護工作。我和金純粹只是該投資計畫中的出資合夥人而已。

- **投資案：**一百四十四間出租公寓，加上十英畝的空地。
- **地點：**亞利桑那州土桑市（Tucson）；由於亞利桑那州州立大學、軍事基地，以及美國邊境巡防局等各種公家機關位於土桑市的關係，該市擁有強勁的就業市場。由於以上的工作有許多職位需要輪調，因此該市對租屋有高度的需求。

該不動產案件出售時，根本沒有經過一般不動產仲介業的手上。該案件的業主一直聘請肯和羅斯的公司來負責維護該不動產。當業主說他想出脫這件不動產時，那麼這件不動產就直接轉手賣給了肯、羅斯、金、我，以及另外兩位投資人。

就如你們許多人所知道的，許多絕佳的不動產投資案根本來不及上市。許多最佳的投資案都是直接交給圈內專業人士。

- **價格**：七百六十萬美元（一百四十四間公寓是七百一十萬美元，空地是五十萬美元）。
- **資金來源**：以入股的方式從投資者募集兩百六十萬美元，並找銀行新開辦一筆五百萬美元的信用貸款。
- **計畫**：在十英畝空地上打造全新的一百零八間出租公寓。
- **額外的財務操作**：利用額外的五百萬美元貸款，來興建這一百零八間新的出租公寓。再利用既有建物和十英畝空地來當成擔保抵押品，另外向銀行申請五百萬美元的工程貸款。
- **出租單位總數**：興建工程完畢後將會有二百五十二間的出租單位。
- **整筆投資案**：兩百六十萬美元的期初資金＋一千萬美元的債務。
- **新的基底**：一千兩百六十萬美元。
- **不動產重新估價**：一千八百萬美元。由於整體租金的增加，使得該不動產重估價之後的總價值上揚。
- **新的資金來源**：七五％的貸款比例下，可以申請一千三百五十萬美元的總貸款（亦即新估價的一千八百萬美元，乘上七五％的貸款比例，算出來的數值就是一千三百五十萬美元）。
- **清償舊貸款**：拿這新的一千三百五十萬元的貸款，去還清原來的一千萬元貸款，結果剩下三百五十萬美元的現金。
- **投資者拿回**：三百五十萬美元。

- **淨交易額：**我和金一共投資了一百萬美元。由於投資者一共可以拿回三百五十萬美元，因此按比例我們分配到了一百四十萬美元。我們把這一百四十萬美元拿去投資位於奧克拉荷馬州，一個擁有三百五十間出租公寓的不動產投資案之中。
- **這一百四十萬美元所要繳的所得稅：**零。

直到今天，金、肯、羅斯，和我，仍然擁有位於土桑市的二百五十二間出租公寓。我們每個月都會租金收入。由於我們投入的資金是零，所以我們的投資報酬率是無限大的。

在最近七年當中，我和金，加上肯和羅斯這樣的搭檔一起投資將近二千五百間這樣子的出租公寓，而且都是利用相同的投資策略。由於現在經濟的衰退，加上目前的利率仍處於低檔，讓我們擁有更好的機會來買下更多類似的不動產案件。低利率的環境，加上不斷上漲的房租，讓我們的收入一直在增加。為什麼房租會一直不斷地上漲，因為現在能買得起自有住宅的人愈來愈少，使得他們只好租屋。

在二〇〇五年至二〇〇七年不動產泡沫化的期間，其實金、肯、羅斯，和我所擁有的房客一直不斷地在流失，這是因為房客們利用了次級房貸來買下他們原本付擔不起的自有住宅。在不動產泡沫化的期間，我們實際賺到的錢比平常還要少很多。但當泡沫一旦破裂，租屋的房客們就不斷地回流，所以現金流也跟著增加，而且雖然一般住宅房屋的價格持續下跌，但是我們所擁有的出租公寓，價值反而還一直不斷地增加。

當銀行檢視這些規模碩大、價值數千萬美元以上的不動產投資案時，他們會把焦點擺在借貸人以往的投資記錄，以及被拿來抵押的不動產案件。**銀行會不會把錢放出來，端看該不動產所產生的現金流來決定，而不是借款人本身。當人們買進自有住宅時，銀行會把焦點擺在屋主本身的收入，這是因為自有住宅是無法創造現金流收入的。**

好消息是，同樣的策略一樣可以運用在規模比較小的不動產投資案上。我當初就是利用百分之百的貸款來購買茂宜島上的出租公寓，雖然並非所有的投資案都可以利用這樣的模式來操作，但我們的目標永遠都是：我們要把頭期款收回來，我們要免費擁有這項資產，我們要免費得到現金流，同時享受稅賦上的優惠與抵減額度。金、肯、羅斯，和我，把這種無限大投資報酬率的操作方式稱之為「自己印鈔票」。

無限大的投資報酬率

▼常見問題

什麼叫作無限大的投資報酬率？

▼簡單回答

無中生有的錢。

▼解釋

如果我在某項資產中完全沒有投入一毛錢但是還可以收到一塊錢，那麼這樣的投資報酬率就稱之為無限大。這完全是無中生有的錢。只要我們把期初投入的錢完全收回來，那麼這項資產對我們來說就完全是免費的。

以下舉一個過度簡化的例子。假設一件不動產投資案價值十萬美元，而我的頭期款是兩萬美元。如果我在支付所有開支（包含房貸）之後，還可以獲得兩百美元的正現金流，那麼相對於兩萬元的期初資金，每個月所獲得的投資報酬率是一%。意思是年投資報酬率是一二%，也可以說每年可以獲得兩千四百美元的投資收益。

投資報酬率是淨收入除以期初投入資金所得到的數字。

二〇〇美元÷二〇〇〇〇美元　等於　每個月一%，或者一年一二%

我們的投資策略就是要把一開始的兩萬美元拿回來，而且每個月還要得到兩百美元的現金流。當兩萬美元完全拿回來之後，那麼我們的投資報酬率就會變得無限大。

這樣子的投資案件就是我在一九七三年上完不動產投資課程之後，一直四處在尋找的投資標的。這樣的投資標的就是許多不動產經紀人嘴裏所說的「不可能存在」情形。我和金直到今天還在努力讓這種不可能存在的事情繼續發生。

對許多人來說，每個月兩百美元這種一%的投資報酬率看起來很小兒科，一點也不讓人感到興奮。但是，如果你擁有上百間像這種「小生意」的房屋，每個月所產生的現金流是兩萬美元。如果擁有一千間，現金流就會變成二十萬美元。這筆錢比許多醫生和律師的年薪還多。

當我和金剛開始起步的時候，她設定的目標是要買下二十棟房屋。由於當時的經濟環境非常糟糕（其實跟現在的大環境頗為類似），因此她在一年半就達成目標。

一旦她擁有了二十間不動產之後，她就利用延後納稅的方式把它們全部賣出去。她拿著這筆延後納稅的資本利得，買進兩棟更大的公寓住宅（其中有一棟擁有二十九間公寓，另外一棟擁有十八間）。到今天她還是遵照著「無限大投資報酬率」的公式，她擁有將近三千間出租公寓、辦公大樓、休閒度假中心，以及五座高爾夫球場，而且每一個案子都在產生正現金流，就算市場下跌也一樣。她的目標就每年利用同一個公式（絕大部分的不動產經紀人還說這種公式是不存在的）再增加五百間出租公寓。區別S象限和I象限在不動產方面的財務教育，最大的差異是在於心態。最諷刺的是，不動產經紀人的所得都要繳稅，但是不動產投資者可以獲得稅賦上極大的抵減與優惠。

我們絕大部分的投資案根本沒有投入任何自有資金。如果我們真的非得要投入自有資金，那麼我們一定會非常努力地把這些錢拿回來。在絕大部分的狀況下，大概得花上一年多甚至五年的時間，才能夠把自己一開始投入的金錢完全收回來。

我們一旦把投入資金拿回來之後，我們就用它去買下更多的資產。這樣子的操作公式被稱之為「金錢的速度」。我曾在另外一本二〇〇四年出版的《富爸爸，誰拿走了我的錢？》（*Who Took My Money? Why slow Investors Lose and Fast Money Wins!*）一書中有更詳盡的說明。我們這條公式完全沒有任何改變，反而在當今惡劣的經濟環境下，速度還比以往加快許多。如果你有聽從我在《富爸爸，誰拿走了我的錢？》裏頭的建議，那麼或許你現在早已把自己的錢收回來了。

肯．麥克羅和我們分享如何利用債務

你有沒有懷疑過為什麼支票存款帳戶都不用最低維持金額（也沒有利息）？這是因為銀行需要你把錢放在儲蓄存款帳戶中，這樣他們才會有錢拿去借給別人。銀行要先拿到了你的錢之後他們才能開始賺別人的錢。從這個觀點來看，你其實只有兩種選擇：利用銀行的債務來讓自己富有，或者讓銀行利用你的錢使別人富有。

藉著債務來可以創造巨大的財富，而且債務也有好的債務和壞的債務之分。

如果你把錢借出來，並花在價值會一直增加的事物上，那麼這就算是好的債務。如果你把借來的錢花在不斷地貶值的事物上，那麼這就是壞的債務。你可以利用好的債務來改善自己的財務狀況，增加自己的身價。你應該要極力避免承擔任何壞的債務。

債務就是一種槓桿作用。無論是好是壞，你所做的任何事情都會被放大。如果你借錢買下一項負債（例如到最後一文不值的一輛汽車），那麼你就是在放大自己的負面支出。壞的債務必定會創造出一項負債，不斷地從你的口袋裏把錢拿走。

如果利用債務來購買資產，那麼債務的槓桿作用也可能會變成一次極正面的經驗。我所從事的事業就是在利用債務的槓桿作用，藉著購買資產（尤其是集合住宅）來替我的投資者創造財富。這些不動產每個月不但可以創造出現金流，並且還可以藉著紮實的管理維護原則，讓它們在經過一段時日之後大大增加它們本身的價值。

一個利用好債務的絕佳範例，就是當一群像是清崎夫婦的投資者，買下一棟位於奧克拉荷馬州斷箭城（Broken Arrow），擁有兩百八十八間出租公寓的投資案。該不動產地段極佳，而且我們也擁有許多可以增加租金收入、同時降低支出成本的機會。

在購買當時，該不動產的估價是一千四百萬美元。不動產的價值永遠都根據它所能創造出的現金流來決定。利用估價的結果，銀行讓我們以四．九九%的利率貸到九百七十五萬美元的一胎房貸。我們也一併申請了二胎房貸，結果銀行以六．五%的利息貸給我們一百零九十萬美元。以上就是好債務的一個範例。

銀行之所以會願意貸款給我們，是因為該不動產擁有很高的住房率，而且他們也知道，我們每個月從房客收到的租金用來繳納房貸綽綽有餘。

我們一開始從一些投資家身上募集到三百四十萬美元的資金，用來作為頭期款以及其他費用支出。

我們打從一開始的策略，要在所有的公寓裏面增添全新的洗衣機和烘乾機，因此可以讓每間公寓每個月的租金提高二十五美元，亦即每年多增加八萬千四百美元的租金收入。

不過三年半的光景，我們把該不動產的年度淨營收增加到超過三十萬美元。而且原本的房屋貸款總額也少了六十幾萬美元（這是因為在同一個時期我們一直拿住戶所繳納的租金拿去繳房貸。）

今年這間不動產重估價之後，價值變成兩千萬美元。該房價之所以會增加，是因為每一年淨現金流的總金額比原本之前還來得多很多。

藉著利用好的債務、槓桿作用，以及三百四十萬美元的頭期款，這件不動產的價值三年中增加了六百萬美元（也就是說每年增加兩百萬美元）。同時每年的淨現金流也超過三十萬美元，而這些錢都按比例分派給投資者。

我們原本的事業計畫就是要利用新的債務和槓桿作用，申請新的貸款來歸還投資者的頭期款。並打算在二〇〇一年末，利用不動產重估來申請低利而且利率固定的新貸款，來歸還原本一千萬美元的舊貸款，並將多餘的五百萬美元分給投資者。

沒有比把投資者的錢還給他們更令人快樂的事情了。以上述案子為例，如果我們新貸款多出五百萬美元，那麼我們不但可以歸還原本的三百四十萬美元，而且還有多餘的一百六十萬美元可以分。千萬別忘了，在這幾年等待的過程當中，這些投資者每個月還一直可以領到為數不少的一筆現金流！

當這些投資者完全拿回收自己期初投入的資金之後，他們投資於該不動產的資金就等於是零。投資者所拿回的「期初投入資金」和額外分到的這些錢完全是免稅的，因為這是從銀行借出來的錢。

當二〇一二年申請全新貸款的狀況下，這件不動產仍然會持續給每位投資者帶來可觀的現金流量，同時創造出無限大的報酬率。

必須要再次強調：這件投資案打從一開始就已經做好完善的計畫。投資者利用債務槓桿的優勢，可以藉著不動產重估價所增加的價值，來申請額度增加的「新貸款」而獲得極大的收益。

如果你利用好的債務來購買可以產生現金流的資產，你就會變得非常富有。

湯姆．惠萊特說明政府的愛心

稅法其實就是一系列針對企業老闆以及投資者刺激景氣的優惠獎勵措施。這對不動產投資者來說更是如此。我在這裏所講的，並不是那些翻修轉賣房屋的那一群人。這些人不算是投資者。我講的是那些會真的購買、修繕、並長期持有不動產的投資者。

為了鼓勵投資家來購買、修繕、並長期持有不動產，政府給予兩項稅賦上最重要的優惠。第一個而且是最大的優惠，就是「折舊」（depreciation）。折舊是隨著一段時間之後，無論當初你是運用自有資金還是貸款來購買的，你都可以提列該不動產成本上的損失來獲得所得稅上的抵減額。

其運作原理如下：假設你利用二十萬美元購買一個出租用的不動產，自己只投入了一○%，亦即二萬美元的頭期款，並從銀行貸得十八萬美元，九成的貸款來進行買賣。那麼你真正買到的了什麼？假設你實際上買到的，是價值四萬美元的土地，以及價值十六萬美元地面上的建築、景觀造型，以及公共設施等。

由於房子本身經過一段時間總是會有損壞，因此政府允許你對不動產進行折舊，所以你獲得所得稅上的抵減額。如果這是一個住宅用的房屋，那麼以美國為例，你每年大約可以折舊三．六四%左右（在其他國家可能會更高一些）。

這個意思就表示說你每年報稅時因為折舊的關係，你可以獲得將近六千美元的抵減額（$160,000×3.64%）。假設說你一開始投資的二萬美元於該不動產上而每個月投資報酬率是一%，那麼你每年就會擁有兩千四百美元的收益。由於你現在擁有將近六千美元的寬減額，所以在報稅時，帳面上可列舉三千六百美元的損失（$6,000 − $2,400 ）。你可以拿這三千六百美元扣抵你其他薪資所得、事業所得，或者其他任何投資收益。因此，折舊在稅法上可以保護你的現金流收入，同時也可以降低其他收入形式所要繳納的所得稅。別忘了，你計算折舊抵減額時，不單單只是用自己期初所投下去的資金來算，還可以包括銀行貸給你貸款額度也可以併入一起計算。

你同時也可以享有一種類似的稅賦優惠，叫作「攤銷」（amortization）。這是針對你從銀行貸款所要付出的成本，例如點費（points）或者是貸款手續費（loan-origination fees）等。就算銀行把錢借給你來支付這些成本，你一樣可以利用攤銷的方式來獲得所得稅上的扣抵額。

就算是房屋增值或房價上漲，你一樣可以享受這些稅賦上的優惠，因此不動產可以讓你同時享受折舊、攤銷，以及增值等好處。

除此之外，不動產投資者還可以享有其它的優惠。當賣出不動產時，你可以選擇繳稅方式。假設說你打算全部變現，那麼房價上漲之後賣出所賺到的資本利得只需要就前後價差支付低廉的資本利得所得稅。如果你打算把賣房屋之後所賺到的錢拿去，再投資另外一件不動產案件，那麼你可以一毛稅都不用繳。這種方式稱之為「同類交換」（like-kind exchange）或者是「一〇三一交換條款」（1031 Exchange）。

不僅如此，如果你賣出不動產時產生虧損，你可以認列所有的損失。這個意思就是說你可以將這筆認列的損失，拿去扣抵其他任何形式的所得。這跟賣出股票或共同基金時有著很大的差別，因為買賣有價證券產生的損失在認列上有它的限制，不能完全扣抵其他形式的所得。因此，當不動產價格上漲時，你只需要繳納極低的稅賦（甚至完全不用）；萬一不動產價格下跌，那麼你可以完全認列所有的損失。許多國家擁有類似的稅法制度，對不動產或者是創業公司等方面，擁有許多類似的稅法獎勵制度。

現在你是否開始看出為什麼稅法是怎麼獎勵不動產投資者，以及那些企業老闆？（順便一提，對美國地區而言，那些翻修轉賣房屋的人是完全享受不到前文稅賦上任何的好處。事實上他們還得要額外支付一種所謂「個人執行業務所得稅」（self-employed tax），而不動產投資者是用不著繳納這筆稅金的）。稅法制度就是政府指引你要怎樣運用自己的私有資金，來協助政府提振景氣。當你在利用債務來投資不動產，或者是創業時更是如此。

我讓羅勃特繼續分享其他一些利用債務來投資的觀念。

不同的投資報酬率

許多股票經紀人或不動產經紀人，每每講到一〇%的投資報酬，就以為是很好的投資回報。但在大多數狀況下，這一〇%投資回報是資本利得，不是現金流。這不算真正穩當的錢。再次強調，當你擁有S象限的財務教育時，就會產生這樣的問題（其實業務和經紀人也屬S象限）。身為一個投資者，我必須要清楚知道業務或經紀人在跟我講的投資報酬率到底是哪一種。這一〇％到底是現金流還是資本利得，而我又必須要負擔什麼稅賦？屆時我需要繳納懲罰性的稅賦，還是可以獲得稅賦上的獎勵優惠？更重要的問題是，我是否有辦法做到無限大的投資報酬率（亦即「無中生有的錢」，或者是「自己印鈔票」）？

如果你很清楚知道自己在做什麼，那麼債務可以變成一種非常不公平競爭優勢。

I象限的祕密

I象限的祕密就是運用別人的錢。就像你知道的：雖然很多人都會進行投資，但是他們用的都是自己的錢。

想要成為一個真正I象限的人，你必須要學會要如何利用別人的錢來進行投資。不管這些錢是來自於銀行、退休基金，或者是私下募來的錢。

一個聰明的投資者可以在任何資產類別當中，無論是股票、貴重金屬（黃金），以及原物料（石油）等，學會運用別人的錢。運用別人的就是I象限的祕密，不管是投資哪一種資產都一樣。一旦你懂這個祕密，你就可以看見到處都有人在運用它。

當金投資她最初的一棟房屋時，她用五千美元當頭期款並貸款四萬美元。當她這麼做時，她就開始變成一個真的投資者，因為她在利用別人的錢來進行投資。當我利用信用卡買下位於茂宜島上一萬八千美元的出租房屋時，我利用全額貸款的方式來進行投資。當我一旦這麼做，我就已經進入了I象限之中。

我和金拿了一百萬美元給肯和羅斯一起投資，而我們之所以會這麼做，是因為他們一開始就計畫要利用銀行把期初投資的錢收回來。如果他們當初說要把我們的一百萬元永遠投資在這件案子上頭的話，我們大概就不會願意投資了。結果我們在三年半之後就把一百萬美元拿回來了。我們每次投資都會竭盡所能的利用別人的錢，是因我們想盡早把自己的錢拿回來，同時也要擁有資產，還要額外加上現金流收入，而且我們也要擁有稅賦上的優勢。這才是I象限投資者真正在做的事情。

當我投資石油時，我會利用政府以及石油公司等所提供的資金來幫我買下油井。當我投資股票時，我也會利用選擇權以及市場的趨勢來幫我買下這些資產。

就如富爸爸經常所說的：「只有懶惰以及愚蠢的人才會用自己的錢投資。」所有內行投資者最大的祕密，就是利用別人的錢來投資。

最後的問題

▼▼常見問題

難道政府不會封堵這個稅法上的漏洞嗎？

▼▼簡單回答

任何事情都有可能會發生，但我認為這不太可能會發生。

▼▼解釋

我之前有提過，自一九七一年起，所有的金錢就變成了債務。為了維持經濟的持續成長，那麼全球經濟就需要願意借錢舉債的人。這就是為什麼政府的稅制會懲罰存款人，同時鼓勵人們不斷地去借錢，尤其是鼓勵那些能一口氣借出大筆資金的對象。如果政府封閉這條稅法上的漏洞，那麼我們的經濟立即就會停滯，全世界就會陷入一片混亂，接著民眾一定會整肅這些政治家們。如果政府真的封閉以上這些稅法上的漏洞，那麼政府同時也必定會實施一些新的辦法，來幫助那些資助他們競選經費的朋友們。

▼常見問題

對那些不懂得運用債務的人來說，這不是很殘酷的事情嗎？

▼簡單回答

非常的慘酷。當我每次看到有人中了樂透彩，或者某位年輕的職業運動員榮獲五千萬美元的廠商贊助金之後的所作所為，都會令我哭笑不得。這些人立即會做什麼樣的事情？他們都會立即衝去買下一棟豪宅或者是跑車，而且還不只是為了自己買，同時也會幫親朋好友一起買。與其利用這些錢讓自己更富有，他們反而用這些錢買進了許多的負債，而讓自己深深陷入了債務之中。用不著多久他們的錢會再次流到政府以及有錢人的手中。到頭來，愚蠢的人所擁有的，只會是一屁股的債務。

▼常見問題

萬一聯邦政府開始大量印鈔票並導致惡性通膨的時候會怎麼樣？

簡單回答

那就太棒了。我就可以藉著更不值錢的鈔票來還清自己的債務，同時提高房屋的租金來跟上通貨膨脹的速度。

常見問題

萬一你看錯行情而全球的經濟完全崩潰了，房客又繳不出房租時你又要怎麼辦？

簡單回答

沒問題。

解釋

我們絕大部分的貸款都是所謂的無追索權（non-recourse）的貸款。如果我們負擔不起房貸，我們把不動產交給銀行就可以了。無追索權的意思就是說除了這個不動產之外，銀行不能追討我所擁有的其他資產。

我的富爸爸經常會說：「如果你欠銀行兩萬美元而且沒有辦法還債時，那麼你的問題就大了。如果你欠銀行兩千萬美元而你沒有辦法還債時，那麼銀行的問題就大了。」

現在的銀行借出上百萬元的大筆資金時，都會格外地謹慎。這就是為什麼你必須先上一些不動產投資課程來學習如何成為一位投資者，而不是不動產經紀人。不動產的投資者必須清楚瞭解如何管理自己的債務以及所擁有的不動產。

不管你手頭上還剩下多少錢，務必從小額投資做起。先從投資許多「小生意」開始著手，靠著不斷地練習來獲得管理債務、不動產，以及房客等方面的寶貴經驗。一旦銀行家知道你擁有充份的經驗以及以往成功的案例，這個時候你需要借多少就可以跟銀行拿多少。

本章總結

每天有數十億的美元被憑空印製出來。每天有數兆美元在尋找停泊的地方。為什麼會有愈來愈多受過高等教育但是愈來愈貧窮的人一直在增加，因為他們從來沒學過如何接觸這數兆美元的大筆資金。許多人就站在這些像汪洋大海一般的資金旁邊，但是因為他們從來沒有學會如何在裏面游泳，所以根本不敢跳進去。

一九九七年，我在《富爸爸，窮爸爸》這本書裏頭說：「你的房子不算是一項資產。」結果我收到來自全球各地的各種恐嚇信件。

二〇〇六年時，鳳凰城有位令人厭惡的不動產經紀人一直在電視上打廣告，鼓勵民眾買進不動產，因為當時的房價不斷在上漲。四年之後，同一位不動產經紀人仍然在電視上大打特打廣告，鼓勵那些買了不動產但因為房價下跌想脫手的人，把房子交給他來處理。

再次強調，這就是S象限和I象限中兩種不動產教育的差異。

令人難過的是，二〇一〇年間利率仍然處在低檔，而且銀行們不斷地在出脫非常優質的不動產案件。像這種時候就是讓有錢人愈來愈有錢，窮人會愈來愈貧窮的年代。

就像聖經所說：「我的民因無知識而滅亡。」今天有數百萬計的人不斷地在凋零，是因為他們分不清楚資產與負債之間的差別。數百萬計的人不斷地在凋零，是因為他們仍然拚命辛苦的為紙鈔工作，但是政府同時在憑空發行數兆美元的鈔票，表示將來要面對更高的所得稅以及通貨膨脹。而同樣的也是這些人，想盡辦法省吃儉用想要存點錢，但卻一直利用壞的債務來買進自以為是資產，實為負債的事物。在財務上看來，這簡直是一種瘋狂的行為。

所以，利用債務來累積資產（尤其是可以創造出現金流和無限大投資報酬的資產），同時也瞭解到不可以儲蓄（因為現在的鈔票不再是真正的金錢）等知識，就是一種不公平競爭優勢。由於現在的錢就等同於債務，所以這就是為什麼存款的人個個都是最大的輸家。

UNFAIR advantage

Chapter 4 不公平競爭優勢＃４：風險

UNFAIR ADVANTAGE#4: RISK

▼常見問題
不動產是不是一種很好的投資？

▼回答
我不知道。你本身是不是很擅長投資不動產？

▼常見問題
股票是不是一種很好的投資？

▼回答
我不知道。你本身是不是很擅長投資股票？

▼常見問題
創業是不是一種很好的投資？

回答

我不知道。你本身是不是很擅長創業？

你應該瞭解我想表達的重點。如果缺乏財務教育，不管你投資什麼都注定要賠錢。

極高的風險

我經常會聽到有人說：「我就是不喜歡風險。我寧可保守一些。我的人生已經有太多的挑戰了。」因此在這種逃避風險的心態下，這些人反而把自己暴露在極高的風險中。

矛盾的詞彙

「矛盾」的定義是：「意義上相互衝突的文字」。例如：巨無霸的蝦米、政府的免費服務、無痛拔牙、誠實的政客，以及聖戰等。在金錢的世界，也都是一些矛盾的詞彙：

1. 有保障的工作。
2. 存錢儲蓄。
3. 安穩的投資。
4. 公平應得的一份（fair share）（譯註：此處的「份」亦可當成「股份」）。
5. 共同基金。
6. 多樣化的投資組合。

7.無債一身輕。

那些想要逃避風險的人最常用到以上這些矛盾的詞彙，讓他們的生活暴露在極大的風險中。那些擁有財務教育的人就會知道為什麼這些詞彙充滿矛盾，而對於那些缺乏財務教育的人來說，這些矛盾的詞彙聽起來卻像是充滿智慧的理財建議。容我進行解釋：

1.有保障的工作

當我從高中畢業時，有許多同學並沒有繼續升大學。他們當時不需要唸大學的原因，是因為當時就有很多高薪的工作機會在等著這些畢業生。夏威夷的鳳梨農莊或者是糖廠需要很多人，而這些高薪的職位包括重機械操作員、罐頭工廠工人，以及文書行政工作等。這些工作絕大部分都不屬於任何工會組織，不但薪水很高並享有極為優渥的福利。

而今天，農莊和糖廠幾乎不存在。我的同學們要不就是在麥當勞打工，要不然就從事「熱帶農業」（亦即大麻）。很多從事這類非法農耕的同學們，生活都過得還算不錯。很明顯的，他們不需要繳納什麼的稅金。雖然外人看起來這些人就跟領救濟金的窮人沒有兩樣，但是他們駕駛的卡車都是最新款式，而且都用現金買。

諷刺的是，由於最近的經濟危機以及科技的發達，那些持續上大學的同學反而在最近面臨財務問題。那時候在學校比我年輕幾歲，一個最漂亮、最聰明的女同學，大學還唸新英格蘭名校，現在反而失業，住在夏威夷郊區的樹林過著隱士生活。她等著領取社會福利保障金（Social

Security）以及醫療健保金（Medicare）的請領年齡。

尼克森總統打開與中國貿易的大門後，我們用美元大大幫助中國興建全新的工廠，因此美國的工作機會就一直不斷地流向海外。當中國為了自己低薪的勞工興建大量的工廠之後，高工資美國勞工就再也沒法就業了。而大學畢業生專屬的中階管理階層也開始消失了。

現在就業機會不斷地流向海外，不只是因為低薪的關係，也因為高科技的發達使得高薪資的職位一直流失。就是因為科技的發達，造成「有保障的工作」成為一種矛盾的詞彙。在一九二〇年代，有超過兩百萬的美國人從事和鐵路相關的工作。現在全美國的鐵路網只需要聘用三十幾萬位員工，就可以運作的非常有效率。愈少的員工就代表鐵路事業的擁有者將會獲得更多的利潤，例如在二〇〇九年斥資三百四十億美元買下伯林頓北聖大菲鐵路（BNSF）的華倫・巴菲特等人。科技的進步讓許多工作機會消失，而省下來的人事開支就變成業主的利潤。為什麼巴菲特寧可買下一間鐵路公司，而不是投資最熱門的高科技業呢？答案非常簡單：穩定的現金流。

美國地區的就業機會將會持續減少，是因為美國人的薪資比全世界最低廉的薪資水準高出四十多倍。這個意思是說，就業機會再也不會流回到美國本土了。就算是曾經以工資低廉聞名的中國，現在也因為勞工開始要求更高的薪水面臨挑戰。當中國勞工階級的收入逐漸提高，工作機會就會再次流向諸如菲律賓、北韓、吉爾吉斯，以及印尼等工資低廉的國家。

日新月異的科技是老闆的好消息，卻是勞工的壞消息。就算是以創新科技聞名的矽谷地區，其生產線都不在美國本土。我現在用來寫這本書的筆記型電腦雖然是在美國設計，卻是中國製造。雖然我現在正在寫這本書，但是我很清楚不消幾個月，這本書將會以電子書和傳統紙本等方式，分別以數種不同的語言行銷全球。一旦我把書寫完了，我創造的這項資產的成本比以前低廉，但是收入卻比以前多。

雖然我目前的事業遍布全球，但是總員工數卻比前幾年還要更少。日新月異的科技的確對B象限的人提供一種不公平競爭優勢，有時候也確實讓E和S象限的人處於劣勢之中。

那些堅持擁有工作保障的人將會支付愈來愈高的稅金。隨著國家債務節節上漲，政府必定會開始提高稅率。那些在稅法上幾乎沒有任何節稅空間的，就是處於E象限的上班族，以及S象限中像是醫生和律師等專業人士。二〇一〇年期間，政府放寬B和I象限所享受的稅賦優惠，但同時卻提高E和S象限的所得稅率。

不單是美國面臨的失業率高居不下的問題，這已經是一個全球性的課題，就連中國也無法倖免。長久的失業會導致社會的不安、政黨的輪替，甚至推翻整個政府。這也就是為什麼許多國家會不擇手段地從別的國家把就業機會搶過來。

在貨幣上玩花樣

為了留住就業機會來讓民眾有工作可以做，各國會在自家貨幣玩花樣。利用匯率高低差甚至大量印製鈔票的方式，創造弱勢貨幣，讓出口產品變得更加便宜。當貨幣強勢，而且愈來愈昂貴時出口的產品就會變貴，導致出口量減少，結果大量的工作機會就此消失。

我在一九六六年以學生的身分隨著美國貨船航行到日本，那時一美元可以兌換到三百六十日圓。身為一個學生，我可以用一美元購買很多東西。那時候對美國人來說，日本的東西真的好便宜。

現在一美元大概只能兌換九十日圓。這個意思是說日圓變強了，而美元卻變弱了。現在對美國人來說，日本的東西都變貴許多。

如果日本想要挽救他們自己的經濟，他們就必須讓日圓變弱，也許設法讓日圓跌落至一美元兌換一百五十日圓左右的匯率。這麼一來美國出口的產品開始變貴，因此我們的出口量就會減少，那麼許多工作就業機會也會跟著一併消失。

為確保民眾都有工作可以做，國家會在貨幣上大玩花樣。

金錢的戰爭

美國和中國現在正在進行所謂的「貨幣戰爭」。美國想要人民幣升值，這麼一來才可以提高銷往中國的出口量，同時減少來自中國進口的貨物總額。中國也很清楚知道如果人民幣一旦升值，那麼中國的失業率必定會節節攀升。

為了報復對方，美國不斷地讓美元貶值，中國也拚命讓人民幣貶得更快。而貨幣貶值就代表該國會開始發生通貨膨脹。

這就是為什麼接下來另外一個財務上的矛盾詞彙之「存錢儲蓄」，簡直就是一種莫名其妙的行為。當國家帶頭拚命讓貨幣貶值，造成鈔票愈變愈薄、讓我們在逛大賣場購物愈來愈昂貴，為什麼還要把錢存起來呢？

如果想要挽救美國的就業機會，那麼我們被迫一定得要讓美元繼續貶值不可。因為當美元貶值之後就可以提高美國出口量，提振美國產品的需求，因而創造更多的就業機會。

以下舉幾個範例來解釋為什麼有保障的工作是一個矛盾的詞彙。

財務教育的歷史

現代史中，最極權專制的獨裁者，都是趁著經濟危機崛起。

德國的希特勒、中國的毛澤東、蘇聯的列寧、塞爾維亞的米洛塞維奇等，都是趁經濟危機崛起當政的。

希特勒和美國總統羅斯福（FDR）都在一九三三年掌權。雖然羅斯福受到全民的愛戴，但是他也在任職期間成立的許多讓現在的美國面臨財務危機的金融機構，例如社會福利保障制度（Social Security）、聯邦存款保險公司（FDIC），以及聯邦住宅部門（Federal Housing Administration）。他在一九三三年也取消美國開國以來的金本位制。

許多人相信美國是靠著第二次世界大戰才能從經濟大蕭條重新振作起來。雖然第二次世界大戰提升美國的生產力，也有助於政府平衡赤字，但確切的原因是一九四四年布列頓森林系統（Bretton Woods Agreement）重新恢復金本位制，提振美元貨幣的地位，奠定美國的全球龍頭地位。但是尼克森總統在一九七一年打破布列頓森林會議的協議，讓我們再次面臨金融危機，很可能演變成一次新的經濟大蕭條。

破壞金本位制的協議被後人稱之為「尼克森的震撼」。因此，自一九七一年之後，美國是靠著債務和通貨膨脹來創造繁華的景象，而非過去是因美國貨品行銷全世界來創造。

由於沒有黃金的約束，因此聯準會開始著手實行所謂「系統化通貨膨脹」的過程。美國之所以享受好幾年的太平盛世，是因為美國的經濟完全依賴不斷增加發行量、類似玩具鈔票的貨幣系統。美國公債根本就是一個由債務和法定貨幣所構成的龐氏騙局，利用納稅人愈來愈不值錢的稅金來支付它們所欠下的鉅額債務。

只要全球繼續願意配合這樣的紙鈔騙局，那麼當前的貨幣系統就可以一直維持下去。如果有一天全世界忽然醒了過來，瞭解人們不可以用玩具鈔票來買東西時，這場騙局就會被戳穿。如果美元變成廢紙，那麼美國必定跟著垮台。

這就是我們目前所面臨的處境，就像我在二〇一一年所寫的一樣：「美國人接下來幾個世代都要承擔這筆巨大的債務。」

2.存錢儲蓄

當政府不斷地讓貨幣貶值時，我為什麼還要儲蓄呢？

就如你所知道的，在一九七一年之後，紙鈔不再是真正的錢，而是一種債務。

在一九七一年之前，美國要用實體黃金來擔保美國政府所發行的美元鈔票。但是當美國國際貿易不斷入超時，黃金開始大量流到海外。當法國要求美國用黃金結算外匯存底時，尼克森立即取消美元的金本位制。

為了創造更多的錢，美國財政部發行所謂的長期債券（T-bond）、中短期債券（T-bill），以及中長期債券（T-notes）等，而這些債券本質上就是美國納稅人所發行的借據罷了。

讓我們假設美國財政部發行一張面額一千萬美元的短期債券。

接著私人投資者、銀行，以及中國、日本、英國等國家會買下這張本質上就是一種債務的借據（IOU）。許多人喜歡買進美國公債，因為美國國債被公認是全世界所有債券最安全的一種，尤其當我們擁有隨時印鈔票來償還這些債務的特權時，更是如此。

問題就在於當全世界突然有一天不再買進我們的債務時，那麼聯準會就會被迫發行更多這類的假錢。這就會導致通貨膨脹，甚至惡性通膨（超級通膨）的發生。

量化寬鬆

如果沒有人願意購買新發行的美國公債，聯準會就會出面寫下一張支票（但是該支票帳戶裏一毛錢都沒有）來買下這個公債。當聯準會開支票買公債時，完全就是無中生有的變出鈔票來，這也是為什麼他們會把這種創造錢的方式稱之為量化寬鬆（quantitative easing）。他們把印鈔票改成量化寬鬆的原因，是聽起來比較好聽一些，就算他在財務上自殺也是一樣。

換成你和我拚命開支票，但支票戶頭卻一毛錢都沒有的話，我們是要吃牢飯的。

這就是為什麼存錢儲蓄是一種矛盾的詞彙。

財務教育的定義一

短期公債、中長期公債，以及長期公債等，都是美國財政部所發行的債務憑證。這三種債券最大的差異，只是到期日不同罷了。

- 短期公債是一年以下。
- 中長期公債有發行二、三、五年，以及十年幾種。
- 長期公債到期日都是在十年以上。

財務教育的定義二

通貨膨脹和惡性通膨（Hyperinflation，或超級通膨）：通貨膨脹簡單來說，就是太多的鈔票在追逐一定數量的貨品和服務。

雖然很多人這麼認為，但是惡性通膨（超級通膨）的發生幾乎跟貨幣發行量沒有太大的關係，貨幣供給過多或嚴重不足都有可能引發惡性通膨。簡單來說，當惡性通膨發生時，無論當時的紙鈔是否還具備任何價值，就是沒有民眾會想要使用它們。在惡性通膨的狀況下，這些紙鈔就像廁所衛生紙一樣，沒有人想要擁有它們，它們看起來就像一場笑話。

為了資助美國革命，當年的美洲大陸國會發明所謂「大陸幣」（Continental Dollar）。問題在於革命戰爭為時很久，因此國會拚命發行這種大陸幣來支付聯邦軍的薪餉，並採買各種補給品。當大陸幣的價值貶成零時，這些士兵們和補給品供應商就變得一無所有，因此美國才會產生了「連大陸幣都不如」這樣子的俗諺。

當美國爆發南北內戰時，南方聯邦開始發行所謂的「聯邦貨幣」（Confederate Dollar），結果該紙幣最後也面臨同樣的結局。

第一次世界大戰結束後，德國也做了同樣的事情，德國人後來甚至把這些馬克紙幣當成壁紙、當成柴火來燒，甚至當成衛生紙。德國經濟因此崩潰，希特勒趁機在一九三三年掌權，而羅斯福總統也在同一年宣布年取消美元的金本位制。

我在皮夾裏隨時攜帶著一張面額一百兆全新的辛巴威紙幣，用數字來表示就是$100,000,000,000,000。曾經有段時間，這張紙幣只能買到三粒雞蛋，現在這張鈔票連三粒雞蛋都買不到了。

而現在聯準會主席柏南克還在不斷地印製數兆美元的鈔票，而歐巴馬總統也在拚命揮霍數兆美元的預算。

這種假錢（只是印了一些數字的紙張）經常會挑起兩國之間的戰爭，同時引發和真正金錢（例如黃金、白銀、食物、石油，以及任何有實質價值的物品）之間的鬥爭。

3.安穩的投資

沒有所謂「安穩的投資」，只有聰明的投資者罷了。

就像在本章一開始所言，當我被人問到：「不動產是不是一種很好的投資？」或者是：「股票是不是一種很好的投資？」等問題時，我的回答永遠都是一樣：「我不知道。請問你自己本身是不是很擅長投資？」

如果你很愚蠢，那麼沒有任何投資是安全的，就算你去買黃金也一樣。就算你投資在黃金和白銀這種真正的金錢之上，你仍然有可能損失慘重。

現在，也就是二〇一一年，黃金價格一直不斷創新高，因為有太多愚蠢的人拚命擁進市場搶買黃金。隨著金價不斷上漲形成所謂的黃金熱潮，愚蠢的人們開始急急忙忙衝進市場，完全就像當年股票和房地產泡沫化的狀況。當我在寫本書時，黃金每盎司剛剛超過一千三百美元，創下歷史新高。不過如果以一九八〇年的美元價值來看（將通貨膨脹因素考慮進去），目前的金銀價格尚未創下一九八〇年代金價每盎司八百五十美元、白銀每盎司五十美元的歷史新高紀錄。如果黃金價格真正的要創下歷史新高，那麼以現在的美元價值來看，每盎司的金價還必須超過兩千四百美元才行。

我最近看到黃金的狂熱。到哪裏都可以看到「回收黃金」的招牌。你是否知道黃金回收業者只願意出三百美元來買下市價一千三百美元的黃金，專門占那些出售自己母親珠寶首飾、急於變現人們的便宜。

就算開始買進金幣，許多剛進場的新手一樣會受騙上當，買了所謂的「稀有金幣」，亦即古董硬幣。我一個朋友的朋友，因為買到屬於上次經濟大蕭條時期一種非常稀有的金幣而感到興奮不已。他付了三千美元買下一個價值一千兩百美元的金幣。

我相信在未來幾年內，黃金有可能漲到每盎司三千美元的水準，而且我也不認為七千美元是一個過度誇張的數字。這表示，你應該趕快進場買黃金嗎？我的答案是：「不」。你仍然需要接受與黃金市場相關的一些教育，尤其金價在這種價格的當口更重要。

用過度簡單化以及純理論的方式來看，黃金價格約略等於當今貨幣供給的總和。當有愈來愈多的政府拚命印鈔票並增加貨幣供給時，金價就會繼續上漲。隨著美元不斷地貶值，黃金的實質購買力將會一直增加。這就是為什麼當聯準會主席柏南克在二〇一〇年七月九日宣稱說：「我不太瞭解金價為什麼會有這樣子的表現」時，我會覺得很有趣。

就是這個傢伙自己在大量印鈔票。他是從麻州理工學院畢業，也曾經任教於史丹佛和哈佛大學，而且是研究上次經濟大蕭條的專家，現在還是全世界最具影響力的聯準會主席，他竟然說不瞭解金價為什麼會有這樣子的表現？

這點深深困擾我，但是由於他不理解，使他變成我們這些黃金投資者最要好的朋友。當柏南克主席愈是搞不懂狀況時，我就會買進更多的黃金、白銀，以及石油。

看到柏南克讓我不禁想起自己的窮爸爸，擁有博士學位的一位大學教授，基於E象限的思維來看整個世界。如果柏南克曾經在I象限歷練過，或許他會瞭解，每當他藉著貨幣寬鬆的名義印製大量鈔票時，金價會一直上漲的原因。

就是因為身為聯準會主席的你們，諸如葛林斯班、柏南克這種人，我才會在一九七七年決定買下許多金礦。我知道他們這種做法就是在摧毀美元的價值。

我和金一樣在二〇〇〇年左右竭盡所能的買進實體黃金，當時的金價每盎司還不到三百美元，而且每盎司白銀還不到三美元。

對於那些考慮儲存貴重金屬而不是紙鈔的人，我會建議他們先從白銀開始買起。以二〇一一年來看，白銀的投資價值遠比黃金來得更好。為什麼我會這麼說，是因為現在地球表面上的黃金原比白銀還要來得多。黃金同時也會被別人收藏儲放，這也是造成黃金愈來愈多的原因之一。但反觀白銀就像石油一樣是一種消耗品，這也就是為什麼白銀會比黃金還稀少的原因。

或許將來有一天，白銀會比黃金還要貴。但是請你千萬不要聽信我的片面之詞。請你好好下工夫自行研究。

多年來，各國央行一直不斷拋售黃金，買進美元。現在他們卻反過來開始拋售美元，買進實體黃金，因此造成金價上漲，同時加速讓各國貨幣迅速貶值，所以每個國家的民眾生活愈來愈辛苦。這就是受過最高等教育人們做出非常愚蠢行為的最佳典範。

我還想表達一個重點，就是買黃金一樣可能會賠錢。如果你在一九八〇年的高點買進黃金，就算黃金現在漲到了一千三百美元，你仍然算是在賠錢。目前的金價必須要漲到每盎司二千四百美元左右，你才能賺回在一九八〇年用八百五十美元買進一盎司黃金所投資的成本。如果連買黃金你都會賠錢的話，那麼你投資任何東西也都會賠錢。

這就是為什麼「安穩的投資」是一種充滿矛盾的詞彙。

4.公平應得的一份

只要講到金錢，根本沒有所謂公平這回事情。上帝也是不公平的。如果祂是公平的，那麼我的長相就應該要跟強尼．戴普（Johnny Depp）一樣帥才是。

股票市場沒有公平這件事。有些人可以遠遠拿到比自己應得還更多的股份，一般投資人只能在集中市場買進某支股票。但是只有很少數的投資人才知道，股票其實也有許多類別，而且這些不同類型的股票一點也不公平。舉例來說，普通股（common shares）就是專門給一般投資者買賣。而聰明的投資者則是偏好買進特別股（preferred shares，亦稱為「優先股」）。簡單來說，那些買進特別股的投資者，在許多情況下都能比買進一般普通股的投資者，能優先享受到特別的對待方式。絕大部分共同基金所買的股票都屬於普通股。

還有另外一種遠比特別股還更高階的股份，而此可以在現金流一〇一遊戲版上面看到。

許多身在老鼠賽跑當中的人只能投資特別股和普通股。

在快車道這種環境的投資者並不會買進股份來投資，他們投資時是以百分比來計算的。

老鼠賽跑

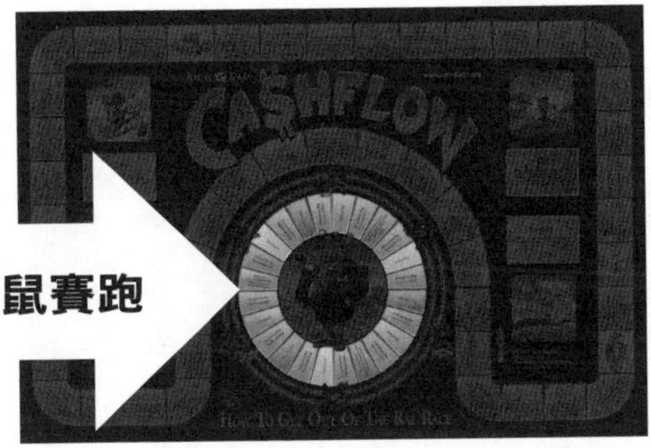

快車道

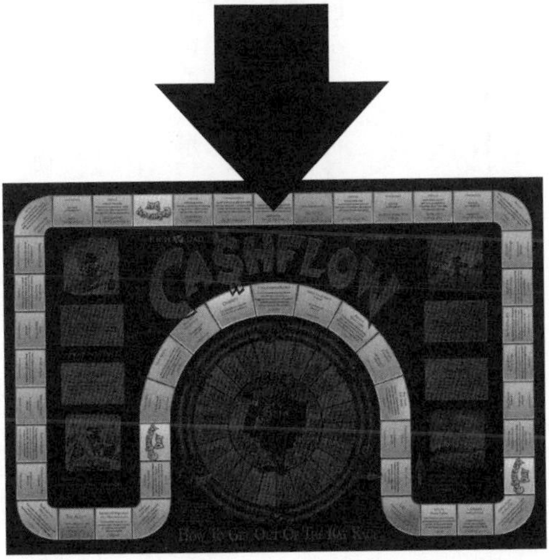

當你研究上市公司的投資公開說明書時，你就會看見一個「原始股東」（selling shareholders）項目。這就是指那些擁有大量股份的股東們，例如持有一百萬至一千萬股不等。

他們之所以被稱之為「原始股東」，因為他們出售自己公司某個百分比，而接獲到大量的股票。打造一個事業並藉著「股票首次公開發行」的方式上市上櫃這種做法，就是另外一種自己印鈔票的辦法。在這種情況下，就是自行印製股份或者是認股權證。

當我把金礦公司推出上市後，我和金就變成原始股東，而不買進股票股份的人了。

因此，原始股東、特別股，以及普通股三種股票之間有著很大的差別。

這就是為什麼公平應得的一份（股份）是一種矛盾的詞彙。

5.共同基金

對共同基金來說，根本沒有所謂「共同」這件事。其實片面基金（one-sided fund）應該會是一個更貼切的名稱。

這並不表示說我很厭惡共同基金。私底下，我非常喜歡共同基金，因為共同基金會提供我進行投資時所需要的大筆資金。

當我藉著股票首次公開發行來讓自己的金礦公司上市時，買下我公司絕大部分股票的都是一些共同基金的公司和機構。

共同基金是專門給那些對投資毫無概念的人而設立，由於基金管理員會幫他們挑選並買進普通股，讓這些人安心不少。

問題在投資者必須先出一〇〇%資金，承擔一〇〇%風險，但是卻在獲利時（如果還真的產生獲利的狀況下），只能獲得二〇%的利潤。基金公司藉著收取管理費和其他費用支出，拿走了投資者獲利金額的八〇%左右。對我而言這根本是片面好處的基金，而非共同基金。

更糟的是，稅法並沒有利於共同基金的投資。

湯姆．惠萊特的解釋

當你買共同基金時，你會被課兩種不同的稅賦。首先，當基金買賣股票時，基金必須繳納資本利得的所得稅。其次，當你自己買賣共同基金時，也會有課稅上的問題。在這種稅制下，假設某一年共同基金價值下跌了，你還是有可能必須繳納所得稅。想想看在賠錢的時候還要繳稅是什麼樣的感覺，這就是持有共同基金的人經常會發生的事。

投資共同基金還是有少許的優勢。與其讓我來討論共同基金的利弊得失，我還是讓富爸爸顧問安迪．泰納來解釋關於有價證券的內容。

安迪．泰納解釋共同基金的利弊得失

如果要談共同基金的利弊得失，我會說大部分的利益和好處都是在出售共同基金的機構這邊，包括向共同基金投資人收取各種費用的基金管理人。一般投資者要拿出所有的錢、承擔所有的風險，而不管基金的表現是好是壞，該機構與基金管理人都可以領到錢。

加上定期定額這種繳款方式，在任何時候都有現金流不斷地流向這個共同基金。就如清崎所說過的「任何硬幣都有兩面」，毫無疑問的，這些共同基金的賣方都是站在硬幣獲利較多的那一邊。

共同基金、單位信託基金、類似四〇一(k)計畫的退休金計畫，以及註冊退休儲蓄計畫（RRSPs）等為什麼會吸引投資人，是因為表面上讓一般人覺得不需要具備很多財務教育就可以進行投資。共同基金還額外給投資人一種安穩的感覺，因為基金通常會多樣化投資在各種不同的行業中。

問題在於，表象是可以騙人的。我個人無法接受利用退休基金帳戶買了許多共同基金這種做法，取代學習財務教育的方式。我個人認為，共同基金運用多樣化投資的方式是非常危險的，這種安穩只是一種假象罷了。在現實生活當中，從一般投資者的控制權來看，投資共同基金跟買一檔股票沒有什麼兩樣，風險的高低絕對和控制權大小相關。缺乏控制力就表示要承擔更高的風險，這就是為什麼祈禱、寄望不能算是一種投資策略。

市面上以共同基金為主的退休金計畫，有四種最關鍵的問題，而此可以當成你跟自己理財顧問好好研商的根據：

第一個問題是，如果面臨股市大跌或者大盤長期盤整，或者雖然股價有上漲但是長期下來仍然無法打敗通貨膨脹時，共同基金所採用的多樣化投資方式，可以說幾乎完全沒有辦法保護投資者的錢。

當有人大量買進某支股票時（例如華倫．巴菲特一口氣買進可口可樂數百萬股），那麼當然得擔心公司的股價是否下跌，而這想必是在投資者控制能力的範圍之外。同樣的道理，當多樣化投資在各種不同行業的股票時，萬一整體股市下跌時（而且這幾乎一定會發生），這事也完全是在投資者控制能力的範圍之外。我相信很多人都會同意當今全球股市的波動變得比以往更加劇烈，而且整體市場還可能比之前還更加脆弱。

我們從二〇〇〇年到二〇一〇年經歷了所謂「失落的十年」。退休金計畫原本的設計，是計畫要利用複利成長的威力來獲利，結果當那些退休在即的人發現自己的投資完全沒有獲利時，的確令人感到不安。更甚者，我們非常有可能再度面臨一次失落的十年，不幸的是，看樣子我們即將面對一次非常巨大的空頭市場（有許多基本面的資料支持這項論調，容後說明）。如果你想提升財務方面的語彙，那麼下次當你和理財專員洽談時，請他向你解釋什麼叫作「系統性風險」。許多共同基金和退休金計畫的前提假設是：股票市場長期看來必定會持續上漲，但是對於未來即將面臨退休的這些人來看，完全不保證會有這樣子的趨勢發生。

第二個問題是，能否穩定獲利。從標準普爾公司公告的資料顯示，如果有人在某年選中績效最好的幾檔基金，在接下來的五至十年間，沒有任何基金可以持續創造出同樣高的績效。換句話說，基金以往的績效「真的」完全不能保證未來的投資收益。

第三個問題是，關於管理費用。雖然目前金融界確實會把許多費用都列出來，但是我所接觸到絕大部分的投資者，根本都搞不清楚這些費用到底是什麼，而這些費用又會如何影響自己的投資收益。在我即將要出版的富爸爸顧問叢書系列《富爸爸－投資股票

ABC》（The ABC's of Investing in Stocks）一書中，我整整花了一個章節來幫助投資者瞭解這些手續費會如何錯綜複雜的影響一個人的退休金計畫。雖然還是會有很多人持續極力鼓吹退休金帳戶內要大量持有共同基金，但是請你好好想想這些人藉著目前的體制到底賺了多少錢。

第四個問題是，共同基金能否打敗大盤。現在一般投資者想要找到能模擬大盤漲跌的投資工具真的不困難。例如像ETF，就可以讓一般投資者和基金公司管理共同基金一樣，儘量亦步亦趨的跟隨大盤的漲跌。反正市場必定會有漲有跌，我為何還要額外支出大筆的手續費，來請其他人做出模仿大盤指數的投資組合呢？如果我個人的退休金帳戶（四○一(k)、四○三(b)，或IRA）基本上就只是在模仿大盤的走勢，那麼我還要專業基金經理人幹嘛？如果一個人仔細檢視自己的退休金帳戶很可能會發現：當該年度股市大漲的話，那麼他退休基金的表現良好；如果當年度股市大跌的話，那麼他的退休基金必定也是大量失血。很悲哀的是很多人都會發覺，其實投資股市賠錢連自己都可以辦得到，根本不需要額外花錢請別人來替自己做這件事情。

除了以上幾個重點之外，其實還有許多利弊得失可以進一步討論。對許多人來說，他們接下來做出的任何決定，將會大大影響他們未來的財務狀況。而我個人的意見是：以上內容絕對要和自己的理財顧問好好討論，並且認真尋求提升自己財務教育的方法。

就如安迪所解釋，共同基金、銀行，以及退休金公司的存在是非常重要的，因為他們提供B和I象限的人，進行投資時所需要的資金。

對於沒有受過財務教育的投資者來說，共同基金就是一種矛盾的詞彙。因為它們根本就是片面收益的基金，並非雙方共同獲益的投資工具。

6.多樣化的投資組合

許多人根本不算有採行所謂的多樣化投資，事實上他們做的卻是「多殃化」。

你可以在下圖的資產欄位當中看到投資領域當中最基本的四種投資類別。

那些相信自己擁有一個多樣化投資組合的人，事實上他們完全不算是進行多樣化的投資，因為他們只擁有一種資產類別——有價證券。

有價資產包括了股票、債券、共同基金、ETF、保單、各種年金（annuities），以及定存等。

再次強調，他們完全不算是多樣化的投資，而是「多殃化」。可笑的是，共同基金從定義上來看就已經運用多樣化的觀念，由許多不同的股票、債券，以及其他有價證券等構成。當一個人還多樣化的投資各種不同的共同基金時，那麼這個人就完全是過度的多樣化投資。

當股市大跌的狀況下（如同二〇〇七年一般），幾乎所有的有價證券通通一起跟著崩跌。這就是為什麼要華倫．巴菲特的共同基金「波克夏海瑟威」（Berkshire Hathaway）一樣在該年度損失慘重。

損益表

收入
支出

資產負債表

資產	負債
事業 不動產 有價證券 原物料商品	

就如巴菲特本人所言：「多樣化只是無知的保護傘。對於那些清楚知道自己在做什麼的人來說，完全是一件沒有道理的事。」

吉姆．克瑞莫（Jim Cramer）是美國股市一個非常聰明的投資專家，在他的電視節目中有一個「我有多樣化嗎？」的單元。在這個單元裏頭，許多觀眾會打電話來訴說自己投資組合裏面所持有的股票。舉例來說，一個觀眾可能來電說：「我擁有艾克森美孚石油公司、奇異電子公司、IBM、P&G、美國銀行等股票。我也同時擁有貨幣市場基金、黃金ETF、債券共同基金、不動產證券化基金，以及標準普爾五百指數型基金等。我最近還買了大型公司指數型基金。不知道我這樣子算不算是多樣化？」

接著吉姆．克瑞莫就會開始評估這位觀眾的投資組合是否算是多樣化。

從我個人的觀點來看，上述的投資組合

根本不算有多樣化的投資，卻很多殃化。雖然這種投資方式比單單只押上一種金融產品好那麼一點點，但是根本不算是多樣化的投資。這是因為該投資組合當中只包含一種資產類別，亦即有價證券而已。如果股市大跌的話（而且必定會發生這種事），那麼這種多樣化仍然無法保護這個人的資產。

如果股市面臨像是一九二九年和二〇〇七年類似的跌勢，那麼股市可能需要好幾年的時間才能恢復，再次摧毀想要獲得資本利得那些投資人的夢想。

當今世界上共同基金的總數量，遠遠超過全球股市上市上櫃的總公司數。當前強調多樣化已經到了一種瘋狂的程度。

當二〇〇七年股市開始下跌時，每個有價證券也通通跟著下跌，就連不動產都遭受池魚之殃。那種多樣化的投資組合，並沒有保護那些數百萬缺乏財務教育民眾。

對許多人來說，多樣化的投資組合是一種矛盾的詞彙。雖然這種投資組合稍微比把雞蛋放在同一個籃子裏稍微好一些，但是完全沒有讓風險變少。

為什麼投資者會賠得這麼慘？

▼▼常見問題

為什麼沒有受過財務教育的投資者會賠得這麼慘？

▼▼簡單回答

因為他們投資時並沒有運用保險。

▼解釋

你絕對不會沒有保意外險而去駕駛一部汽車。你也絕對不會買下一件不動產之後，不給它做任何的保險。但是許多投資者在進行投資時完全都不會利用保險。當股票市場大跌時，他們因為沒有做保險的動作而損失慘重。

當我買進不動產時，必定會對不動產做保險。如果房子不幸發生火災，我可以彌補自己財產的損失，甚至連租金收入的損失都可以獲得理賠。

在上次股市大跌時賠得最慘的，莫過於那些完全沒有進行任何保險，而把畢生積蓄通通放在自己退休金計畫帳戶裏的那些美國民眾。這麼做實在是太冒險了，根本就是一種愚蠢的行為。

我們都清楚知道市場將來必定會再次下跌，但是有許多投資者仍然不會進行任何保險而繼續冒然投資。

▼常見問題

上次的經濟大蕭條歷時一共幾年？

▼簡單回答

二十五年。

▼解釋

一九二九年，道瓊指數以三八一點創下歷史新高。要一直等到一九五四年，也就是整整二十五年之後，道瓊指數才再度站上三八一點。

這就是為了資本利得而進行投資時面臨最大的問題之一。也是為什麼在一九八〇年最後衝進市場搶著買每盎司八百五十美元黃金的人，到現在還沒有回本。同時也是那些一直在自己退休金帳戶投資組合裏塞滿各種多樣化的有價證券，並且堅信自有住宅的價格必定會永遠上漲（資本利得）來安排自己退休生活的戰後嬰兒潮世代目前所面臨的困境。

道瓊指數於二〇〇七年十月九日再次創下一四一六四點的歷史新高。而在二〇〇九年三月九日當天，道瓊又回跌到六五四七點。數百萬投資者損失上兆美元的財富。請問這些原本想要賺資本利得的投資者，需要多久的時間才能把自己的錢再賺回來？

現在有數千萬民眾拚命抱著希望，期待道瓊指數繼續攀升。這不叫作投資，這根本是在賭博。把你未來的好壞完全交給市場漲跌來決定，真的是一種非常、非常高風險的做法。

我以前被教導的多樣化投資是很不一樣的。我擁有各種不同類型的資產，而不單單只有價證券一種而已。舉例來說，我的確有投資石油，但是我並沒有買進石油公司的股票。我會投資在不動產，但是我買不動產證券化基金，這是一種投資於不動產的共同基金。我熱愛現金流、無限大的報酬率，以及稅賦上的抵減優惠，這也就是為什麼我個人都儘量避免投資有價證券。

債券也是一種有價證券。我個人是不投資債券的，但我反倒會趁利率低檔時，借出由債券所創造出來的錢來買下出租公寓住宅等各種資產。

當聯準會和各國中央銀行不斷印鈔票時，我會蓄積實體黃金和白銀，而不是把鈔票存起來。如果銀行們停止印鈔票，那麼我才會把黃金和白銀賣出，並持有現金。

簡單來說，我是利用買進不同比例的不同資產來進行多樣化的投資，而不是把有價證券（股票、債券、共同基金、ETF）來當成不同的資產類別來看待。

就像華倫．巴菲特所說的：「多樣化只是無知的保護傘。」

問題在於：「是誰的無知？是你自己的無知，還是不斷推銷你買進『多殃化』投資組合的股票經紀人或者是理財專員？還是不斷告訴你說自用住宅是一項資產，而且不動產的價格長期來看必定會上漲（資本利得）的不動產經紀人？」

財務教育的定義

共同基金本身就已經是多樣化投資商品了。一般來說，共同基金是由股票、債券，或者類似資產等多樣化的組合所構成。當人們的投資組合中包括多樣化的共同基金時，他們非常有可能在這些共同基金當中，重複買到了一模一樣的股票。這不是多樣化的投資，這反而應該叫作集中化的投資。

7. 無債一身輕

每當有人告訴我說：「我現在是無債一身輕。我已經完全還清車貸以及房貸，而且我每個月都會結清信用卡的應繳餘額。」我都會對此竊笑不已。

與其打斷他們的美夢，我會回答說：「那麼恭喜你了」然後就走開。當這些人繼續活在自己的矛盾之中。

我在這裏想要說的是：「你到底知不知道當前國債金額有多大？如果你和我一樣都住在美國，都必須負起償還七十五兆美元國債的本利和時，你怎麼會說出自己無債一身輕這種話呢？你怎麼可以這麼天真呢？當然，你也可以想想你的國家有多少負債？」

二〇一〇年，就美國而言，每位國民平均負擔的國債高達十七萬四千美元，而每戶家庭平均要負擔高達六十六萬五千美元。

民眾造成的崩潰

二〇〇七年之所以會發生次貸危機的原因，是因為這些背負著巨額次貸債務的民眾拿不出錢來繳房貸所致的。

國家造成的崩潰

下次危機爆發的原因，必定是因為背負著巨額債務的次級國家所導致。目前全球都還能資助規模較小國家，例如歐豬五國等，免於爆發債務危機。

如果不是德國對希臘進行紓困，那麼當時歐洲的危機早就蔓延開來了。先進國家當中第一個會垮台的，很可能會是日本。

為什麼日本會爆發問題？答案就是債務。在全世界先進國家中，負債占國內生產毛額（GDP）比率最高的就是日本。諷刺的是，日本這個國家的人民都普遍受過高等教育、辛勤的工作、民族同質性很高，並且擁有全球數一數二的儲蓄比率。就算具備紮實的工作倫理和儲蓄美德，他們的政府仍然把經濟搞砸了。

美國政治領袖宣導：「美國人可以藉著辛勤的工作並從事生產，就可以以擺脫這些鉅額的債務，所以美國民眾需要更辛勤的工作、儲蓄更多的錢。」這完全是一種錯誤觀念。這就是為什麼歐巴馬總統會說：「美國勞工是全世界最有效率的生產者。」看起來他好像打算要讓美國工人來挽救美國經濟，事實上，問題真正的根源是因為政治界和財經界領袖們的無能所造成。最需要財務教育的人是——我們現在的政經領袖們。

認為辛勤工作以及節儉的生活就可以挽救美國的經濟，這就跟一個時薪只有十美元的人，堅信自己可以藉著辛勤地工作來還清他已經買下的兩百萬美元豪宅、一部賓士汽車貸款、一部保時捷、幾個孩子唸私立學校的教育費，同時每個月還會有剩下來的錢可以存起來，以便提早退休，是那麼不切實際。

但是美國、日本、英國，和歐洲等數百萬的民眾以及政府領袖們，通通都活在這種不切實際的夢幻之中。如果日本被自己鉅額的債務壓垮了，那麼全世界也會跟著應聲而倒。

財務上的瘋狂行為

日本和美國都在採取同樣的辦法，就是打算利用大量的舉債來刺激經濟。這跟普通上班族利用一張信用卡，來償還其他信用卡循環利息的做法一模一樣。在不動產泡沫化的期間，數百萬民眾給自己的房子申請二胎房貸來清償信用卡債務，但同時仍然繼續用別的信用卡消費。當他們的運作模式崩潰後，這些民眾就開始失去自己的房子。

最瘋狂的是西方各國領袖們，正在重複做著一樣的事情，就是利用舉債來解決一個由於負債過多所引起的危機。

如果日本真的垮台了（應該是二〇一五年左右，甚至可能會更早些），那麼英國、歐洲、美國，和中國都必定會連帶跟進。讓我們祈禱這件事請千萬不要發生。

嬰兒朝世代的破滅

以美國而言，將近有七千八百萬的民眾，也就是戰後嬰兒潮世代的人民，正打算開始要領取社會福利保障制度金（Social Security），以及醫療健保制度金（Medicare）。日本、英國、法國，和德國也都面臨同樣的問題：政府無法兌現當初承諾要給這些戰後嬰兒潮世代們的各項福利和津貼。

如果美國這些戰後嬰兒潮世代的民眾每個月只領一千美元的社會福利以及醫療健保的津貼，那麼政府每個月的支出就會立即增加七十五億美元。很明顯的，政府的印鈔機將要二十四小時不停的運作，拚命印刷這些津貼支票，但是政府的支票存款戶頭裏面卻是一毛錢都沒有。

這就是為什麼無債一身輕是一種矛盾的詞彙，就算你已經還清個人所有的債務也一樣。

▼常見問題

我們還有多久的時間可以準備？

▼簡單回答

我希望它永遠不會發生。但是萬一全球主要的國家被巨額債務壓垮的話，那麼還有誰能挽救這個世界呢？如果日本垮台了，那麼這次的危機必定會蔓延全球。

▼解釋

二〇一〇年，日本國債占國內生產毛額的兩倍。美國目前比率將近五八．九％，而且還在持續增加當中。英國則是七一％，而且也在繼續擴大。

財務教育的定義

國債占國內生產毛額的比率（debt-to-GDP ratio）是一個國家總負債和整體國家生產總價值來比較，這個數字代表一個國家將來清償這些債務的能力。

舉例來說，以日本為例，他們的國內生產毛額大約是五兆美元，是全球第四高的國家；而日本的國債按照官方數據顯示是十兆美元，每位日本民眾平均要負擔七萬五千美元的債務。

日本目前國債占國內生產毛額比率，就好比像是一位年薪五萬美元的上班族，卻背負著十萬美元卡債一樣。更糟的是，這位上班族是在利用其它信用卡來支付原先十萬美元卡債利息，因此這種行為只會讓債務持續擴大罷了。

簡單來說，國債占國內生產毛額的比率就是一個國家的信用狀況。

▼▼常見問題

為什麼國債會一直不斷地增加？

▼▼簡單回答

國家跟民眾做一樣的事情：他們的消費金額比自己所能賺到的收入還高，同時還會做出許多自己無法兌現的承諾。

▼▼解釋

美國國債增加的主要因素，就是社會福利保障制度以及醫療健保制度，亦即政府原先答應民眾，但是現在卻負擔不起的承諾。

▼▼常見問題

到底是誰做出這些承諾的，民主黨還是共和黨？

▼▼簡單回答

兩個都有。

▼▼解釋

社會福利保障制度是在上次經濟大蕭條期間，由民主黨的羅斯福總統所成立的；醫療健保制度則是由民主黨的詹森總統所成立的；醫療健保制度被分成A、B、C三個階段。醫療健保制度C階段是國債當中最大的一個債務，而這個制度是由共和黨總統小布希所成立的。這個制度根本就是給醫藥體系一個數百億美元的大紅包。

常見問題

這些問題都要怪政治界嗎？

簡單回答

不是的。要怪就怪民眾。

解釋

改善為了要當選，什麼話都講的出來，而且還做出一大堆競選承諾。一旦任期到了，這些政治人物還可以領取終身俸，並且享受醫療健保的福利；但是選民所擁有的，只是一些自己永遠負擔不起、無法兌現的競選承諾。

常見問題

這樣子的情形還能持續多久？

簡單回答

大概為時不久了。

解釋

歷史上，法定通貨到最後都會一文不值，無一倖免。四十幾年來，光是美元就貶掉九〇％的實質購買力，大概用不著多久，最後的一〇％也會消失。全球金融體系所能承受的債務必定有其上限。

該是採取行動的時候了

▼常見問題

那麼我可以做些什麼？

▼簡單回答

降低風險。

▼常見問題

那我要如何降低風險？

▼簡單回答

重新掌控。

▼解釋

與風險相對的就是控制。舉例來說，如果你汽車的煞車系統壞了，那麼你控制汽車的能力就會大幅降低，因此風險就會大大提高。

▼常見問題

那我要控制些什麼呢？

▼簡單回答

你所接受的教育。

▼解釋

當我們還在求學的階段，我們對於自己所學的內容以及師資幾乎沒有任何控制的權力。

舉例來說，當我在紐約唸軍事學校時，我被要求修習三年的微積分。當我每一次問老師：「我為什麼要研讀微積分？」他的回答是：「因為微積分是必修課程，這樣你才能畢業。」當我再問：「那麼我學這三年的微積分，將來要如何應用在生活上？」結果他的回答是：「我不知道。」

畢業後的四十年間，我一次也沒有用到微積分。最基本的數學，也就是加減乘除，足夠讓我打造並控制所有財富。

如果你將來想要成為火箭專家，那麼你就得把微積分學好。如果你只想要發財致富，那麼小學的數學就夠用了。稍早我有提過，如果我想要跟隨富爸爸的腳步，他建議我要學習三件事情。分別是：

1. 學習如何銷售（控制收入）。
2. 學習如何投資不動產（控制債務）。
3. 學習如何配合市場的趨勢進行投資（控制市場）。

以上三種課程對於一個想要成為B和I象限的人來說非常重要。這三項課程可以讓我在B

和I象限中降低自己的風險，同時也能增加自己的控制能力。

常見問題

我瞭解如果想要成為一位創業家銷售能力是很重要的能力，我也知道如果想要投資不動產，利用債務來獲得長期的現金流也同樣重要。但是為什麼要去學投資用的技術分析呢？

簡單回答

為了看清楚過去、現在、未來。

解釋

運用技術分析的投資者會利用各種由實際數據構成的圖形來瞭解過去，掌握現在，並寄望能預測未來。下圖是近十年來黃金價格的走勢圖。就你所見，黃金已經走了十年的多頭行情。而下頁圖形是自二〇一〇年四月到十月的金價走勢圖。就我從下頁上圖金價圖來看，金價還會持續上漲。這就好像一位登山家正準備要攻頂一樣，最陡峭的一段尚未來臨，

金價 10 年圖

Reprint with permission

黃金走勢圖（2010/4 ～ 2010/10）

Reprinted with permission

美元走勢圖（2010/4 ～ 2010/10）

Reprinted with permission

而這張圖表就是在告訴我這些事情。那些不喜歡黃金的人看到同樣的圖形，可能就會說黃金即將泡沫化，而且金價將會大跌。

這就是為什麼我個人比較偏好投資白銀的原因。白銀目前的價格仍然在沉睡中，而且每個人都還可以負擔得起，就算再窮的人也一樣。

在我寫本書時，黃金每盎司已經接近一千四百美元左右，而白銀的價格剛剛超過三十美元。人們會囤積黃金，但是白銀卻是一種消耗品。白銀的價格仍然在沉睡，但是你務必要自己做功課研究，並形成對白銀的看法。

未來到底會怎麼樣？我個人都是這麼說的，請看看這張美元的走勢圖（上頁下圖），因此我決定繼續買進並持有實體黃金和白銀。很明顯的，隨著經濟改變，圖形自然有所變化，這就是為什麼學習技術分析很重要。

圖型可以讓你檢視過去和現在，以及讓你有好的機會預測未來。趨勢圖可以降低風險，同時也有機會增加自己的投資報酬率。這就是為什麼富爸爸會建議我要去上技術分析的課程來研判圖形，因為這些圖形是基於實際數據繪製而成，並非主觀意見。

聚焦不同

我的富爸爸建議我學習如何銷售，學習如何投資不動產，並且學會技術分析等，是因為我正在為進入B和I象限作準備。

檢視財務報表時，你就能看出E／S以及B／I之間的差別。他們各自專注於財務報表當中特定區塊，因此這也就是為什麼必須接受不同的財務教育才行（見下圖）。

到底什麼才算是有風險？

E和S象限的人之所以會認為投資風險很高，是因為他們沒有受過資產欄位裏資產類別的財務教育。投資本身並不是風險很高的一種行為，但是缺乏財務教育的風險卻是非常高。

B和I象限的人會聚焦在那些會教他們如何管理資產並降低風險的各種資產類別上。

四種資產類別

當我還是小孩子時，富爸爸就教過關於資產欄位裏面不同資

E和S聚焦於「收入」之上

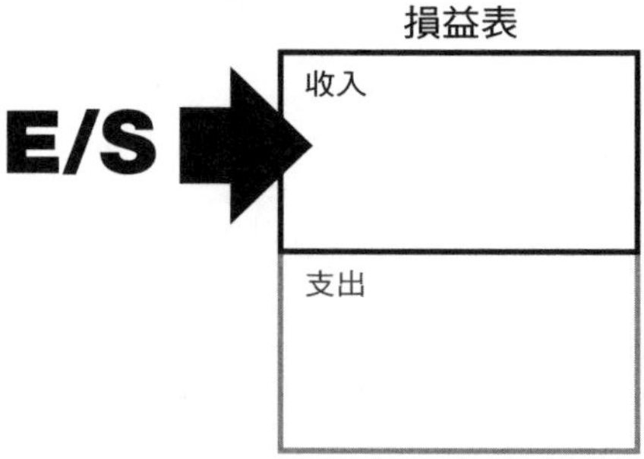

B和I聚焦於「資產」之上

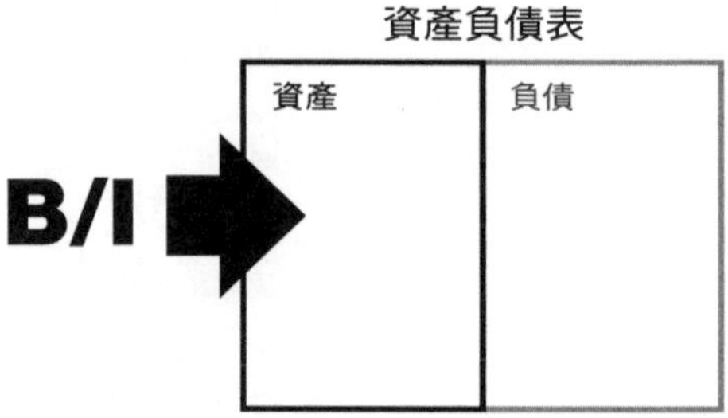

產類別的事情。他說：「當你懂得愈多資產類別，那麼你的控制能力就會提升，同時大大降低自己所承擔的風險。」

下圖顯示資產欄位裏面四種最基本的資產類別。有關於銷售、管理債務、分析市場走勢等，對四種資產類別來說都是極為關鍵的能力。

資產負債表

資產	負債
事業	
不動產	
有價證券	
原物料商品	

資產類別：事業

全世界最有錢的人都是一些創業家，例如比爾・蓋茲、賈伯斯、理查・布蘭森、賽吉・布林等。

對創業家來說，銷售的能力最關鍵。為什麼一般的事業經常會失敗，最主要的原因就是創業家缺乏足夠的銷售能力。在一九七四年ＩＢＭ和全錄公司（Xerox）擁有全市場當中最優質的銷售訓練。而我被全錄公司錄取後，被派駐到維吉尼亞州的里斯堡（Leesburg）接受密集的訓練。我整整花了四年的時間，我的業績才從最後一名晉升到第一名。

在求學期間，我的英文成績一直很不好，因為我的寫作能力很差。我到現在文章也是寫不好。但是就如我在《富爸爸，窮爸爸》一書當中所及，我並非是「文筆最佳」的作者，而是一位「暢銷書」作者。

富爸爸經常會說：「銷售等於收入。」如果你想獲得更高的收入，那麼就請你開始學習如何銷售。

資產類別：不動產

管理不動產需要擁有管理債務、管理不動產本身，以及管理房客們的能力。

我在一九七三年上了第一堂不動產課程。而今天我和金背負著數千萬美元的債務，這些債務替我們創造上百萬美元的免稅收入。去年各家銀行調降利率，因此我們要繳納的房貸也因此而變少了，所以獲利就增加了。不動產之所以是這麼好的投資標的，是因為債務和稅法會讓不動產投資者致富。

資產類別：有價證券

金和我很少投資有價證券，因為有價證券給了我們最少的控制。當你檢視股票、債券，或是共同基金時，你會發現投資者對於這些投資工具的收入、支出、資產和負債等，完全沒有任何的控制權。

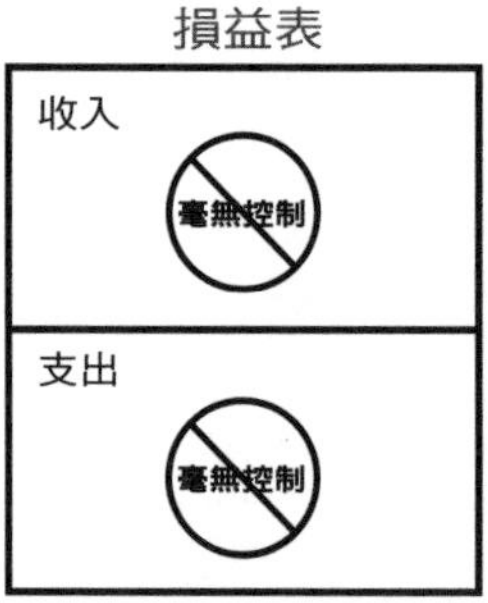

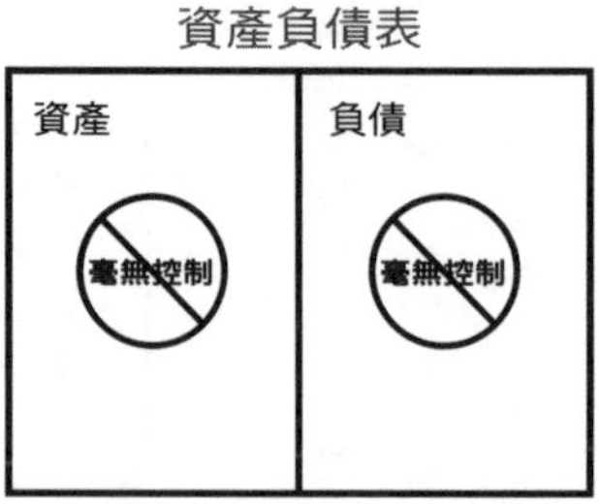

資產類別：原物料商品

買進並持有黃金和白銀最不需要財務教育，但是你仍然得對該資產有一些瞭解。金價和銀價一樣會有漲有跌，同時在貴金屬行業當中也有許多不肖份子，尤其是當金銀價格不斷上漲的時候更是如此。

哪一種資產類別最適合你？

▼▼常見問題

那一種資產類別最適合我？

▼▼簡單回答

只要你感興趣的就是。

▼▼解釋

務必要記得，雖然極度富有的人都是藉著創業致富，但是創業需要接受最高水準的財務教育。投資不動產需要接受次一級的財務教育，人們非常容易進場投資有價證券，但是它們的風險也最高。黃金和白銀等原物料商品是最不需要接受財務教育的資產類別，但是它們也並非完全沒有風險。

▼▼常見問題

哪一種資產類別是最多人投資的？

▼▼簡單回答

有價證券。

▼▼解釋

有價證券的流通性最佳，意思就說它們是最容易買賣的一種。買進有價證券根本不需要任何財務教育，也不需要什麼樣的銷售技巧，更別提任何管理方面的能力。唯一要做的是，上網下單或者打電話給股票經紀人說：「我要買進甲公司一百股的股票，我要賣出乙公司一百股的股票」就可以了。你甚至可以訓練一隻猴子來買賣有價證券。

▼▼常見問題

你為什麼不投資有價證券呢？

▼▼簡單回答

因為控制不足。

▼▼解釋

身為一位創業家，我會想要控制財務報表上面的收入、支出、資產，以及負債四個欄位。

假設我投資微軟的股票，那麼比爾．蓋茲是絕對不會接聽我的電話。他也不在乎我個人對微軟今年支出多寡所抱持的看法。但是我是很關心支出的。

當我投資石油時，我可以直接打電話給石油鑽探公司的總裁，而且他一定會接聽我的電話。當我投資於不動產時，我可以打電話給肯．麥克羅或者是該不動產的管理員。當我經營自己的事業時，我可以打電話給全球辦事處的夥伴討論。這才是我所說「控制」的意思。我並不是說有價證券是一種不良的投資。有價證券可以讓極少數的人致富，但是由於政府法令的關係，數百萬不擅長投資的民眾，受到退休金計畫的影響而被迫進入股市，因此有價證券讓這些人賠上數兆美元的財富。

財務教育的歷史

美國政府在一九七四年通過「受雇人員退休所得保障法案」（ERISA）。該法案最後就形成目前的四〇一(k)法案。簡單來說，企業再也不願意給員工所謂的終身俸。由於人事成本過高，所以造成美國無法和工資低廉的國家進行競爭。

由於缺乏財務教育，全世界眾多勞工和上班族（因為此一法案）被迫成為投資者。當這件事情發生之後，理財專員的數量也就跟著大大增加。這就好像把一群肥羊丟到一群獅子裏一樣。

許多學校老師、護士、收銀員、保險業務員等，都跳槽變成理財專員。但是問題在於，許多理財專員接受的是S象限中如何銷售金融產品的教育，而不是真正I象限的財務教育。

但是講話要公平，我的確有遇到一些非常卓越、絕頂聰明，又非常敬業的理財專員。但是問題是多年來我遇到像這樣子優質的理財專員屈指可數。絕大部分的理財專員最主要的工作就是賺錢，他們很清楚知道如何推銷自己的產品，而且這些產品絕大部分都是有價證券。事實上，幾乎所有的理財專員都受到限制，只能推銷自己公司所擁有的金融產品。由於出售其他資產是賺不到任何錢的，而且這些人同時對不動產、石油、稅法、債務、技術分析，以及金價不斷上漲的歷史原因等也都不是很清楚。

唯有具備良好財務教育的，才能區分理財建議的良窳。

如果理財專員害你賠錢，換做是我就不會責怪這位專員。我會好好檢討，並且反問自己是不是願意藉著提高財務教育來降低投資風險，就如同你正在看本書一樣。

現實世界裏的確存在著非常惡質、並且愚蠢的理財專員。但是，如果你自己能區分投資建議的好壞，那麼任何投資建議，你都可以聽聽無妨。

▼▼常見問題

一個人要如何利用有價證券賺錢，並且降低風險？

▼▼簡單回答

從游泳池最淺的地方開始學習。先上一些課程，並且練習，亦即從事帳面上的模擬交易。

▼▼廣告訊息

富爸爸建議你玩一玩現金流二〇二，這款極為有趣，而且也是學習如何利用有價證券來降低自己的風險，同時又可以增加報酬率的絕佳方式。但是你必須要先會玩現金流一〇一之後，才有辦法玩現金流二〇二。

解釋

在投資的世界裏，永遠都存在所謂的專業人士和業餘投資者。對專業人士來說，股市是一個絕佳的投資環境，因為許多業餘投資者被迫游到游泳池最深處，也就是一堆鯊魚在等他們的地方。

我個人不擅長投資有價證券，因此最好是再把棒子交給安迪，並從他的觀點來解釋這些問題。他是投資有價證券的專家，同時也是一位非常優秀的老師。以下就是安迪的解釋。

安迪・泰納的解釋

當講到有價證券時，我認為業餘和專業投資者最大的差別是：一、他們尋找創造收入的方式；二、它們是如何管理風險。而前者較容易進行探討。

在不動產界最常聽見的口號就是「地段、地段、地段」。但是在證券業裏最常聽到的口號卻是「多樣化、多樣化、多樣化」。從我個人的觀點來看，無論是不動產還是有價證券，真正的口號永遠是「現金流、現金流、現金流」。不是很專精的投資者，經常會被説服利用目前市面上多樣化的投資方式來管理自己的風險。但是這種多樣化的投資方式只是在寄望上漲的股票數量多過下跌的股票數量，藉此來達到打敗通貨膨脹的目的，同時也希望不會因為將來税制的改變而影響投資報酬率。但是職業投資者會經常利用買進合約的方式來管理自己的風險。雖然買進這些合約需要付出成本，但是它們會給予投資者重新握有控制權的機會。雖然我無法避免或者控制卡崔娜颶風（Katrina）的發生，但是購買洪水險的確可以為這樣子的意外提供風險控管。

舉例來說，某位投資者可能很簡單地把一筆錢拿來買進許多不同的股票，期待長期持有後上漲的股票數量多過於下跌的。另外一位投資者或許會買進一口契約，讓他擁有權力在既定的價格隨時賣出他所持有的股票，無論該股票當時市價跌得多麼慘也一樣。一口選擇權的賣權就是類似的一種簡單的保險機制。

現在就讓我們開始談談要如何利用有價證券來創造收入。當投資者玩現金流二〇二遊戲時，有個非常重要的學習重點，就是玩家們進行投資時要有兩種不同的目標：其一是創造現金流；另一則是創造資本利得。從我的觀點來看，業餘投資者的收入比較傾向依賴資本利得，而真正的投資專家則是謀求現金流。

一言以蔽之，業餘投資者經常會利用有價證券來獲得資本利得，並藉著多樣化的投資來管理自己的風險。投資專家則經常利用現金流策略來賺錢，利用各種契約來管理自己的風險。

替有價證券保險

安迪說得非常好。當我在二〇〇七年看到股市下跌時，我感到非常難過，因為我知道數百萬投資者的下場非常不樂觀，而且就是這些人堅信股市長期以來必定會持續上漲，而且他們認為自己所採取的多樣化投資可以讓它們沒有損失。

而且更慘的是，二〇一〇年，這些沒有替自己投資進行保險的投資者又再度重新進場，並滿心期待股價會繼續上漲（資本利得）。

職業投資者進行投資時必定會利用保險，就算是投資股票市場也一樣。

容我再次讓安迪解釋要如何利用保險來保護有價證券的投資。

安迪．泰納的解釋

有樣東西是我會定期買進——租金的保險。我做這件事情的目的，是為了避免房客不小心毀損我的不動產（例如火災），請你試想利用多樣化的方式來避免上述的風險。對我來說，買進一大堆房屋，並且期待有些房子可以長期保持良好，這種做法簡直是完全沒有道理。

我個人非常喜歡這種想法：只要支付少許的成本，就可以擁有一只保護自己資產的契約。我們絕大多數人會把這種契約稱之為「保險」。當人們不幸出車禍時，通常第一個會問的問題就是：「你有沒有保險？」或者是：「你有沒有保第三人責任險？」

在股票市場當中，我們用的不是「保險」這個詞彙，而是用一個叫作「避險」（hedge）的名詞來代表。

就如同保險一樣，我們可以藉著一筆小錢來買進一只契約（就像是稍早所提到的選權賣權一樣），來保護自己所投資的金錢。許多專業投資人特別會在市場充滿不確定性，或者面臨自己無法控制的局勢時（例如公司準備公布營收，或者是聯準會準備發表聲明時），拿出一些錢來買選擇權的賣權來保護自己所投資的金錢。若市場當時的風險愈高，這類的契約就會愈貴。事實上，單憑這些契約買賣的價格，就可以讓專業投資者判斷目前市場的風險高低。

以上內容有個絕佳的範例，就是希臘、葡萄牙、愛爾蘭，以及西班牙等國家的信用違約交換（Credit Default Swaps）契約。那些貸款給這些國家的人，絕對不可能把錢借給這些國家之後，期待未來某些國家會（有些則是不會）把錢還給他們。這些人必定會想要買一些合約來保護自己，避免這些國家倒帳。最近這種契約的價格不斷地飆高，這就告訴我目前歐洲的金融局勢愈來愈不安定。

你不需要身為千萬富翁才有資格運用類似的避險動作。只要少許的一些財務教育，任何人都可以學習如何利用選擇權賣權來保護自己避免投資的損失。

很諷刺的是，許多人把選擇權市場貼上高風險的標籤。實際上，許多選擇權的買方是在降低自己的投資風險，他們把選擇權拿來當作避險用，而不是投機炒作。當我每次買進選擇權時，我心中都打定主意，這些買選擇權用的錢都是一去不回的。對我而言，這種想法跟我替不動產買保險是一樣的道理。出租不動產的租金就可以拿來支付這些保險費，同樣的，我也會用有價證券所賺來的錢，來支付利用選擇權避險所付出的成本。

利用有價證券印鈔票

▼▼常見問題

可不可以利用有價證券來自己印鈔票？可不可以同時創造出無限大的報酬率？

▼▼簡單回答

可以。

▼▼解釋

既然這是安迪的專業領域，那麼就讓他來解釋。

安迪．泰納的解釋

我們知道投資個股若想要達到理論上無窮大的報酬率是不可能的。但是，我們在股市裏的確可能會做出讓自己暴露於無限大風險的買賣，放空股票就是其中一例。當我們放空某支股票時，隨著股票的上漲就會開始賠錢，既然股價上漲並沒有所謂的最高上限，因此放空股票就會被當成擁有無限大風險的一種情形。因此，雖然股價永遠都不可能漲到無限大，但是我們在考慮賺賠的同時，還必須瞭解「無限」這種概念。

另外一種無限的觀念是，如果我們投入某種投資案的自有資金趨近於零時，那麼我們在該投資項目上的收益就會愈接近無限大。因此，如果我們能找到完全不需要頭期款的不動產，那麼我們就在應用無限大報酬率的概念。這就是為什麼在不動產的領域中，債務可以讓自己致富的原因。

講到有價證券時，我們甚至完全不需要利用債務，一樣就可以做到這件事情。沒錯：零債務。而且有價證券還有一種優勢，就是可以按資金規模作「分級投資」（scale），這種方法對任何願意接受財務教育的人而言，都是可以學會的一種本事。容我再次強調，一個人不需要成為千萬富翁後，才有資格運用這些投資方式。

當清崎要我對本章做出一些貢獻，給各位讀者示範如何利用有價證券「自己印鈔票」的方法，我想最簡單的例子莫過利用一筆金額非常小的投資（例如買進一千股股票），並且計畫要賺到五百至六百美元的現金流的範例。雖然這種方法也被各種規模高達數億美元的避險基金所採用，但是我們一樣可以縮小資金需求的規模，做同樣的事情，讓一般上班族除了薪水之外，還可以額外賺個幾百美元的收入。我會利用一些簡單的圖形來解釋我們稍早在本章所提到避險的概念。

在有價證券的世界裏，一個投資者可以選擇成為一口契約的買方，支付費用，或者成為這些契約的賣方，來收取權利金。這其實是一個非常簡單的基本概念：買方永遠要花錢，而賣方永遠在收錢。

清崎經常會強調上技術分析課程的重要性。我們就是要利用技術分析來研判市場未來的漲跌。你可以藉著玩現金流二〇二開始熟悉這樣的概念。

下頁圖就是標準普爾五百指數的漲跌圖形。既然指數在一〇〇〇多點有著強勁支撐，因此一位投資者可以藉著賣出九四五點左右（只是隨口用這個數字舉例）價外的選擇權賣

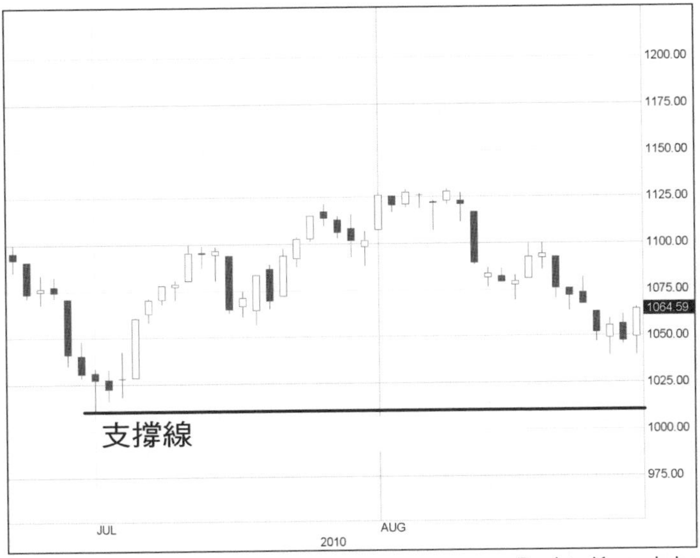

Reprint with permission

權來「印一些鈔票」。但是我們的行話不會說「印一些鈔票」，而是說「賣出賣權」。

簡單來說，就是購買這口選擇權賣權的買方，萬一面臨標準普爾五百指數跌到九四五點以下時，只要在選擇權契約到期日之前都已經進行所謂的投保動作（有所保障）。

在財務報表上，我們可以畫出一張「在我們口袋裏放錢」的圖形看起來像是下頁圖。

有意思的是，許多人批評清崎是因為他說過「你購買的房屋不算是一項資產」這句話，這是因為房子不會把錢放到自己的口袋之中。我大概可以想像得到，由於我會把放空的股票，或者賣出賣權等擺在資產欄位裏的做法，也可能會引起類似的批評。

在我們的口袋裏放錢圖形

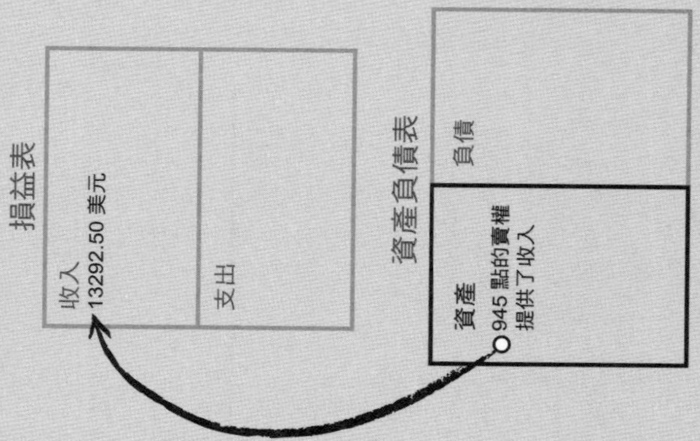

隨他們去說。事實上，這些東西的確會創造出收入。

你的交易對帳單有可能會看起來像下頁圖形的模樣。請注意圖中「調整成本」（adjusted cost）為零，因此當選擇權到期之後造成「調整後收益」（adjusted gains）等於無限大（或者「不詳」）。

SECURITY	TRANS TYPE	QTY	OPEN	ADJ COST PER SHARE	ADJ COST	CLOSE	ADJ PROCEEDS PER SHARE	ADJ PROCEEDS	ADJ GAIN ($)	ADJ GAIN (%)
SPX Oct 16 2010 945 Put	Exp Short	1,000	8/25/10	$0.00	$0.00	10/18/10	$13.29	$13,292.50	$13,292.50	-

Reprinted with permission

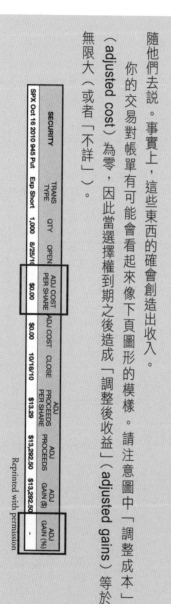

由於預測市場的走勢非常不容易，因此從我的觀點來看，約略掌握大盤在短期內的漲跌或盤整，是比較容易做到的一件事情。

下圖就是上述例子選擇權到期日之前的走勢。

當我們是保險買方時，想必會覺得保險所費不貲，而且除非是房屋被焚毀了，要不然保險買方的我們是拿不到任何一毛錢的。因此，以上賣出選擇權的範例也是同樣的道理。所以做選擇權的賣方，也是老練投資者極為普遍的一種賺錢方式。

其實這就跟華倫．巴菲特長久以來在市場當中賺錢的方法很像，就如《華爾街日報》所報導的內容。

由於華倫．巴菲特因為說過：「衍生性金融商品是具有大規模毀滅性的武器」這句話，所以會有人錯誤地認為巴菲特必定是反對使用類似的金融商品契約。若對於那些沒有受過教

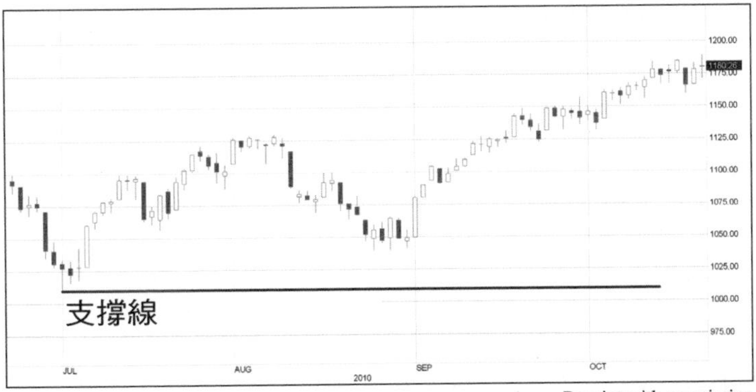

Reprint with permission

育的人而言，的確是這樣子沒錯。但事實上，巴菲特本人因為出售這類的契約賺進數百億美元。由於投資有價證券時幾乎沒有什麼控制權，因此有價證券的風險自然就高很多。這也就是為什麼說投資者會願意出大筆的錢來進行避險的動作。

而我們一樣可以利用賣出選擇權時所收到的權利金，用來替自己的投資組合買保險來控制風險，同時還可以收到一筆正

THE WALL STREET JOURNAL. | MARKETS

Buffett Scores With Derivatives

by Karen Richardson

Billionaire insurance salesman Warren Buffett has been selling more derivatives recently.

This year, Berkshire Hathaway Inc., the Omaha, Neb., holding company headed by Mr. Buffett, has collected premiums of about $2.5 billion from selling insurance on stock indexes and bonds in the form of derivative contracts, which guarantee payment to the buyer in the event of a specific loss in an underlying entity of the contracts.

華爾街日報 | 市場

巴菲特利用衍生性金融商品再下一城

撰文／凱倫・理查森

身為億萬富翁的保險業務員華倫・巴菲特，最近出售更多衍生性金融商品。

巴菲特的波克夏海瑟威公司，賣出許多以股價指數及債券作為標的物的衍生性金融商品，給其他投資人當作保險之用，因此獲得將近二十五億美元權利金收益。這些保險保證投資人如果在標的物產生損失時，將可以獲得一定的理賠金額。

現金流。這看起來就會像是這樣：

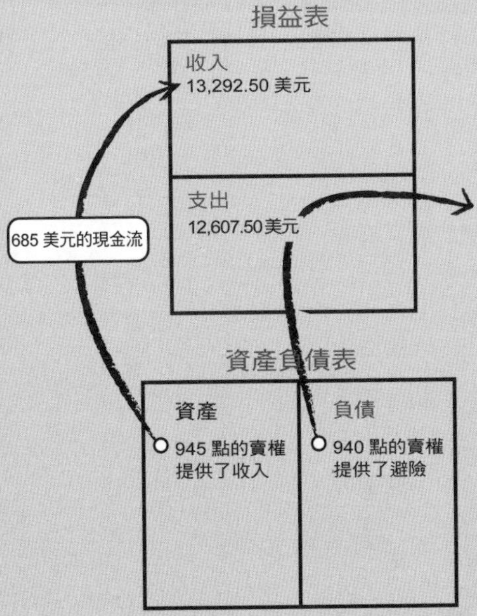

請留意在上面的投資報表中，我們在賣出的選擇權上獲得無限大的投資報酬率，而我們在買進的賣權上則是百分之百的全賠光了。這完全就像是替自己的不動產買火險是一樣的意思。

對於一個初次接觸類似交易的人來說，可能會覺得要學的東西實在是太多了。的確是這樣，但是只要持續堅持在財務教育下工夫，我相信任何人都可以把它學會。

現在讓我把接力棒交回給清崎。

SECURITY	TRANS TYPE	QTY	OPEN	ADJ COST PER SHARE	ADJ COST	CLOSE	ADJ PROCEEDS PER SHARE	ADJ PROCEEDS	ADJ GAIN ($)	ADJ GAIN (%)
SPX Oct 16 2010 945 Put	Exp Short	1,000	8/25/10	$0.00	$0.00	10/18/10	$13.29	$13,292.50	$13,292.50	-
SPX Oct 16 2010 940 Put	Exp Long	1,000	8/25/10	$12.61	$12,607.50	10/18/10	$0.00	$0.00	-$12,607.50	-100.00

Reprinted with permission

羅賓漢的庇護

當我還是小孩子時，我非常愛聽羅賓漢的故事。長大之後，我瞭解羅賓漢原來只是一個小偷罷了。他藉著誹謗皇室貴族，並且以「我是在劫富濟貧」的說法來為自己的行為正當化，而現在有數百萬計的人認為劫富是應該的，並且還想把這些錢拿來救濟自己。

隨著經濟的惡化以及貧窮人口的增加，會有愈來愈多像羅賓漢的人出現。有些人可能會變成罪犯：闖空門、偷車劫車、綁架勒贖，甚至搶劫銀行等。還有另外一些人會借著法律體系來掠奪你的資產。

我最近有個案子要出庭應訊。有位在二〇〇五年曾經和我合作過的人，主張他應該擁有我全部財富的六〇%。雖然他的案子根本不成立，但是我們仍然步上法院。

二〇〇七年時，他意氣風發，而現在的他卻宣告破產，並且謀求另類的方式來賺錢，因此他披上了羅賓漢的外衣，並且到法院和我打官司。當法官告訴他案子根本不成立之後，他反倒願意以十美元來和解。到目前為止，雙方還沒有結案。

▼常見問題

你要如何保護自己，免於受到羅賓漢這種人的影響？

▼簡單回答

利用有錢人的法律。

▼解釋

保護財產的方法有很多，例如安裝保全系統、買保險、買一把槍，或者買一條狗等。

數百年來，富有的人會藉著像是「公司」的法人實體來保護自己的財富。關於如是的方法，讓我的法律顧問蓋瑞特．索頓（Garrett Sutton）接棒來做進一步的解釋。

蓋瑞特．索頓的解釋

不需要在法律做太深入的探討，就應該懂得投資會伴隨風險。當某些投資具有無限大的風險，也就是一旦由盈轉虧就可能會賠光自己身家時，就不會有很多人想要進行類似的投資。但是當你可以為自己的賭注避險，來保護自己部分的資產，那麼將會有更多人願意把錢拿出來做進一步的運用。

當英國皇室於一五〇〇年頒發第一張法人特許狀時，一切就開始了。那些有錢或者關係良好的人，就可以開始承擔別人所擔負不起的風險，因此英國的經濟就因此蓬勃發展。一段時日後，各國政府開始理解到，「有限責任」的法人實體也應該要受到機會均等保護[1]。由於法人權利的日益普及，造成稅基的擴大，進而讓政府的稅收大幅增加，因此在這種良性循環之下，不難讓政府做出更多類似的決定。

現在，美國的內華達州、懷俄明，以及德拉瓦等州，由於擁有利於創業家進行避險的法律以及合理的規費，因此替州政府的財政局創造大量的稅收。而且州政府還讓投資者合法利用州政府所特許的有限責任法人實體來規避風險，因而促使該州經濟蓬勃發展創造出雙贏局面。只要自利他的觀點來看，就能解釋許多這類法律相關的事情。

諷刺的是，雖然政府提供大眾許多可以採用的優質法人實體，但是政府同時也提供許多不良的法人實體，而且不會教你要選哪一種比較好。雖然當今有諸多抱怨，說政府就像一位溫和的保母一樣管得太多了，但是在做出法人實體正確的選擇這個部分，倒還沒有這樣子的情形發生。政府完全不會教你或者警告你關於這幾種法人實體之間的差別[2]，而且還會默許你做出錯誤的決定。

所謂不良的法人實體選擇，也就是完全不提供任何債主索賠的保障，同時也沒有降低風險作用，就是獨資企業（sole proprietorships）以及一般合夥企業（general partnerships）。採用這種類型的法人實體是無法進入商業界的，同時也完全無法保護自己的財富。有錢人在很久之前就已經學到這個教訓。如果你的顧問建議你成立獨資企業或者是一般合夥企業，那麼請學學那些有錢人的做法：提升到更高的水準。尋找另一個確實知道如何保護你的顧問。

內華達州在資產保護信託方面擁有最佳的法律保障。在信託超過兩年以上的資產完全不受債權人索賠的影響，就算有法院的判決書也一樣無法索賠。下頁圖就是這個架構的簡單概念。

有限責任公司讓你管理並保護不動產，而這樣的資產保護信託可以幫助你建立一道更堅固的圍牆，免受於到債主的索賠。

當我在替客戶們擬定資產保護計畫時，我經常會被問到這個問題：「難道政府和國稅局不會對此有所懷疑嗎？」

我每次回答都會包括之前稍早所提及的相關的歷史淵源。政府的確是鼓勵人進行資產保護規劃，而這要從政府頒發許可證、頒布法律，以及制訂稅法的內容來看。政府要有錢人（以及所有其他的人）進行投資並承擔風險，這麼一來政府才會獲得巨額的稅收。因此，就**好好做政府想要你做的事情：就是好好保護自己的資產。**

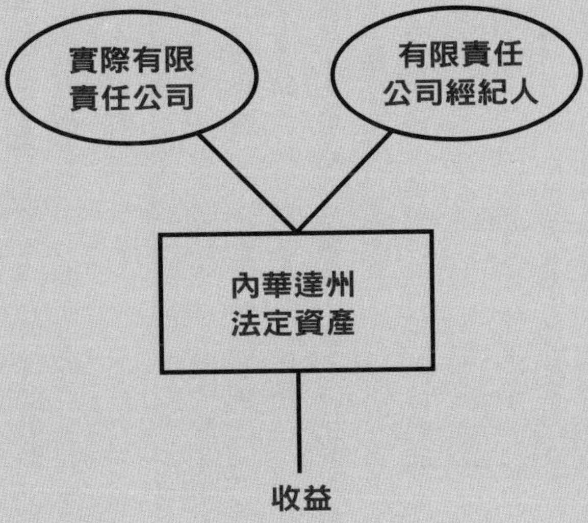

本章總結

謝謝你，蓋瑞特。本章之所以這麼冗長，是因為風險的確是一個非常廣泛的課題。

降低風險最佳的辦法並不是逃避風險，更不是運用那些實際在增加風險的矛盾行為。降低風險最佳的辦法就是重新掌控一切，而這就要從自己的財務教育著手。當你懂得愈多，那麼你就對自己人生和財務擁有更佳的控制權。

風險是實際上存在的東西。意外、錯誤，以及犯罪每天都會發生。有錢人之所以愈來愈有錢的一個原因，就是他們會掌控自己的財務教育，而不是一味的逃避風險，更不會相信「有保障的工作」、「存錢儲蓄」、「安穩的投資」、「公平應得的一份」、「共同基金」、「多樣化的投資組合」，以及「無債一身輕」等這些實際上會增加風險程度的矛盾詞彙。

風險一直不斷增加，而且緊緊和不確定性有所關聯。由於恐怖攻擊、不確定的經濟因素、中國的崛起，以及西方的沒落等不確定性因素提高，風險必定會持續增加。

唯有真正的財務教育才能讓你確實掌控自己所承受的風險。擁有控制自己風險的能力，的確就是一種不公平競爭優勢。

註解：1. 向皇室祈求頒發一張特許經營狀不但曠日費時而且很不得體，更何況為數不少的君主根本不關心所謂的「事業」這回事。但是他們的攝政宰相卻很懂這件事情的因果關係。

2. 也許我們近期內還看不到下列的事情發生：政府警告我們說：⑴根據美國司法部規定，採用獨自企業將會暴露你個人所有的財產在立即損失的風險裏。⑵採用獨資企業將會削弱自己已建構商業信用的能力，可能會阻礙你將來經濟上的一些商機。

Chapter 5
不公平競爭優勢＃5：補償
UNFAIR ADVANTAGE#5: COMPENSATION

有錢人從不為錢工作

在《富爸爸，窮爸爸》這本書裏，開頭第一個教訓就是：「有錢人從不為錢工作」。

當一九九七年《富爸爸，窮爸爸》出版時，這句話的確困擾許多人（其實到現在還是一樣），特別是那些抱持「有錢人個個都是貪財愛錢的傢伙」想法的讀者。不過，的確有些有錢人是這樣沒錯。

但是，那些在金融危機期間只會為錢工作的人，才是變成真正貪財愛錢的傢伙們。

▼▼常見問題

為什麼不要在為錢工作？

▼▼簡單回答

因為現在的錢不再是真正的金錢。

解釋

在舊經濟環境下，的確有可能藉由辛勤工作和儲蓄足夠金錢享受美好的人生。人一旦退休後，就可以靠著戶頭所產生的利息過著舒適生活。

但是在金融危機爆發後，全球處於新經濟環境裏，不僅利率處於低檔，政府還不斷地發行數兆美元的假錢。在這種狀況下，勞動成果和存款的實質購買力就會被摧毀殆盡。

新經濟最讓人害怕的莫過於數兆美元債務的複利效果，我不知道這樣的狀況要如何維持下去。如果利率像一九八〇年代一樣開始上升，那麼當美國納稅人說：「對不起啦！我們這個月繳不起國債的最低繳款金額」時，全球的經濟將會立即崩潰。如果這件事情真的發生了，那麼真正的金融危機才會浮上檯面。

國債是如何影響一國經濟，早在日本、拉丁美洲、墨西哥、蘇俄、愛爾蘭、希臘、西班牙、義大利、葡萄牙，以及愛爾蘭等國可以顯見。美國、英國、歐洲也很快就會跟進。歡迎大家來到這個新經濟時代。

三隻腳的板凳

在舊經濟裏，財務顧問經常會用「三隻腳的板凳」這個譬喻來解釋退休的理財觀念。板凳其中一隻腳就是你個人的存款，第二隻腳是公司給予的退休金，第三隻腳是社會福利保障津貼。這三隻腳的板凳確實支持二次世界大戰那個世代的人，但是對於美國為數眾多的戰後嬰兒潮世代而言，這張板凳卻是一隻腳都不剩。

常見問題

我若是為錢工作會發生什麼事情？

簡單回答

當你賺的錢愈多，你就會損失更多的錢。

解釋

那些為了錢工作的人會面臨到兩件事：

他們會陷入辛苦的工作，並且擔負更高的稅、債務、通貨膨脹等惡性循環。他們看起來就像是寵物店裏面的土撥鼠，拚命在滾輪上轉圈圈，一點進展都沒有。

他們不再工作了。許多人乾脆說：「我何必要辛苦的工作？當我賺到更多的錢，政府就會拿走更多。如果生活無法變得更好，做那麼多有什麼用？」

這就是為什麼有錢人從不為錢工作的原因。

在新經濟下，一個人必須要知道如何用最迅速以及最安穩的方式，把自己的假錢兌換成真正的金錢。

想要這麼做就需要擁有財務教育，而且這種教育可以支持你從事政府想要你去做的事情，例如：擁有一個可以聘雇他人的事業（而不是當別人的員工），提供住宅房屋（而不是購買自用住宅），開採石油（而不是消耗石油），生產糧食（而不是消耗糧食）等。放眼世界各地的政府，都是會獎勵生產者，並懲罰那些只會為錢工作的消費者。

更多的錢不會讓你變得富有

還記得一九五〇年代時，我的窮爸爸每個月收入是四百美元（年薪三千六百美元），勉強可以提供一家六口生活。雖然他非常認真的工作，但錢永遠都不夠用，家庭的開支永遠超過他的收入，因此我們一直過得很辛苦。由於狀況一直沒有改善，因此他再次重返校園去爭取更高的學位，希冀能賺到更多的錢。

一九六〇年，他的事業有所發展，受到拔擢。八年後，他成為夏威夷州教育局長，年薪來到六萬五千美元（以當時來說，是相當一大筆錢）。問題在於，就算賺到更多錢，我的窮爸爸仍然一貧如洗。他買下一間位於高級住宅區的新房子、一輛新車，同時還要負擔小孩子讀大學的費用。雖然他的收入增加，但是生活開支也水漲船高。他除了銀行帳戶裏的一小筆存款外，根本沒有任何資產。

一九六〇年代初期，他競選副州長失利。五十多歲的他失業在家，而且比之前還要貧窮，要不是靠著社會福利保障津貼以及他微薄的退休金，很可能被迫流浪街頭。

一九七一年，美國取消金本位制，啟動人類歷史上最熱絡的一次經濟大繁榮，但是我的窮爸爸並沒有躬逢其盛。雖然他擁有博士學位，但是他所受的教育並沒有讓他為現實的生活做好準備。他以E和S象限的眼光看世界，對於B和I象限的事情一無所知。

隨著他的朋友愈來愈有錢，我的爸爸卻是愈來愈憤怒和悲苦。隨著情緒高漲，讓他更是相信有錢人都是非常貪婪的。現在，有數百萬計的人面臨和當年窮爸爸一樣的窘境，其中不乏受過高等教育、工作認真，但是他們生活卻是每下愈況，因為這些人都是在為錢工作，並且儲蓄。

恭喜你！你變成了一位兆萬富翁！

我們都知道全球政府都在印鈔票。無論經濟是好是壞，世界各國會一直不斷地印鈔票。因此問我們都知道全球政府都在印鈔票。無論經濟是好是壞，世界各國會一直不斷地印鈔票。問題來了：到底印了多少錢？

如果美國已經印了數兆美元，那麼其他國家又是印了多少錢？或許更好的問題是，這些數兆被印出來的錢，會對你造成什麼影響？這被印出來的數兆美元會讓你更富有，還是更貧窮？

如果前幾年混亂的經濟導致我們邁入惡性通膨（超通膨），那麼很快的就會產生更多的百萬富翁、億萬富翁，甚至兆萬富翁。或許你有機會成為其中一個也說不定。

諷刺的是，在這個美麗新世界裏早已經有許多的兆萬富翁，但是他們卻是一貧如洗。舉例來說，如果你今天來到辛巴威，你可以藉著辛巴威的貨幣成為一個兆萬富翁。事實上，如果你想成為兆萬億兆富翁，你只需上網購買一張面額一兆元辛巴威幣，然後你就可以到處跟朋友誇耀說：「我是一位兆萬富翁」。

你的確是一位兆萬富翁，但是你仍舊一貧如洗。再次歡迎來到這個新世界。

我在皮夾裏隨身攜帶一張面額一百兆辛巴威幣。以數字來表示就是 100,000,000,000,000。之所以隨身攜帶的原因是要時時提醒自己，雖然一百兆辛巴威幣可以讓我在辛巴威這個國家買到一顆雞蛋，但是還得要有人賣雞蛋才行。

新經濟最大的陷阱，就是錢太多了。雖然美國的經濟有數兆美元到處流竄，但是數百萬計的美國民眾將（要不是早就已經）一貧如洗。

▼▼常見問題

如果有錢人都不為錢工作，那他們到底為什麼而工作呢？

▼▼簡單回答

他們是為了那些無論經濟好壞，都能持續創造現金流的資產工作。

▼▼解釋

與其把錢儲蓄在銀行裏，或者擁有一個充滿有價證券的退休金計畫等，把這些錢兌換成真正的資產──那些真正能保有價值，創造現金流，並且提供稅賦優惠的資產等──是一件非常重要的事情。

▼▼常見問題

你怎麼知道自己所擁有的資產都是穩當的呢？

▼▼簡單回答

因為無論經濟好壞，它們都能創造現金流，並且還擁有稅賦上的優惠。

▼▼解釋

綜觀歷史，紙鈔都是起起落落的。在美國開國革命時有所謂的「大陸幣」，而在美國內戰期間又有所謂的「聯邦貨幣」等。

雖然兩種紙幣到最後仍然垮台，也變得一文不值，但是經濟仍然繼續存在，人們還是不斷地工作、消費、推銷、買賣交易等。換句話說，雖然貨幣變得一文不值，但是經濟仍然持續照常進行。

許多人在財務崩潰時變得非常富有，因為許多的絕佳資產幾乎用不著多少錢就可以買得到。問題在於，那些像我窮爸爸一樣，被訓練成要找工作賺薪水的人，他們是分不清楚資產和負債的差異。

我專門投資那些對我們現在經濟來說，屬於至關重要的資產。我之所以會投資於公寓大廈，是因為人都需要有個遮風避雨的地方。許多人寧願更辛苦的工作來支付房租，而不願意住在橋底下。政府同樣也會對低收入者提供房租補貼，如果經濟不幸崩潰，政府還很可能會印鈔票並大量的撒錢（就算這些紙鈔愈來愈不值錢也一樣），來讓民眾有錢繳房租。利用這些被政府貶值的鈔票，我就可以利用這些假錢來清償數百萬美元的債務。萬一經濟徹底崩潰，政府一樣會幫助我繼續持有這些資產，是因為政府絕對不會想要讓數百萬計的民眾流落街頭。

我之所以會投資石油，是因為全球都需要靠著石油才能運作、吃飽，並且保持溫暖。我之所以會投資實體黃金和白銀，是因為當政府大量印鈔票時，黃金和白銀可以持續保持它們本身的價值。

還有許多對我們經濟來說至為關鍵的資產，也請諸位自行尋找那些讓你感到興趣的部分。

常見問題

你怎麼知道什麼對經濟來說是很重要的？

簡單回答

看看財務報表，特別是支出欄位就會知道。

解釋

損益表

損益表
收入
支出 稅金：免得坐牢 遮蔽處：有房屋可住 食物：沒有食物之後只能吃人肉 燃料：我們需要移動並且保持溫暖 衣物：大部分的人穿衣服會比較好看 溝通通訊：手機 交通：人類必須要上班 娛樂：休閒、電影和電視 教育：為了要在這種經濟下存活

我的資產欄位像是這樣：

資產負債表

資產	負債
教育公司 公寓住宅 渡假中心和五座高爾夫球場 商辦大樓 石油 智慧財產權 黃金和白銀 太陽能事業	

當你檢視一個人的財務報表時（如果有的話），你就能看出對他們而言什麼才是最重要的，以及他們的經濟情況。他們經濟情況是指會把錢花在什麼地方。以下列舉一些範例：

常見問題

藉著檢視一個人的財務報表，是否能看出這個人是貧窮還是富有？

簡單回答

可以。

解釋

這就是為什麼銀行家會要求你拿出財務報表，而不是學校成績單。當你檢視一個人的財務報表時，就能看出來哪些事情對這個人是重要的。你同時也可以預測這個人的未來。

窮人只會聚焦在「支出欄位」。他們賺到的錢只夠日常所需：有遮風避雨的地

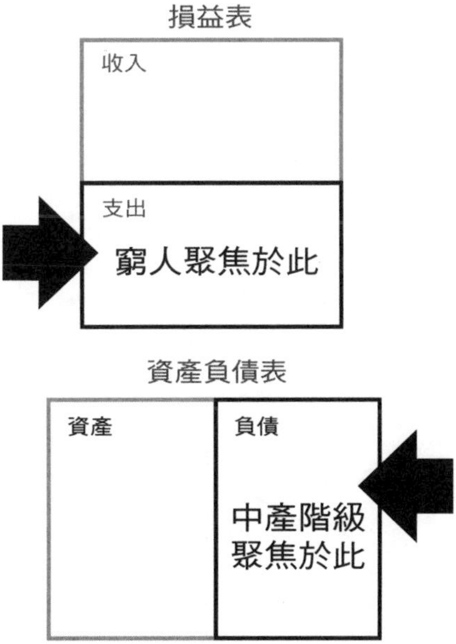

方、三餐有食物可吃、汽車有汽油可用，以及身上有衣服可穿。這跟他們實際賺到的金額多寡無關，重點在於，他們認為哪些事物是非要不可。有許多很會賺錢的人，但是他們把錢通通花在支出欄位，就算收入很高，卻過著「月光族」的生活。他們完全沒有未來可言，因為對他們來說，活出美好的今天是更重要的事情。

中產階級聚焦於「負債欄位」。他們渴望提升生活品質，所以負債。對他們來說，看起來過得很富有遠比成為真正的有錢人來得重要。他們想要更大的房子、汽車、美食、渡假、教育，喜愛享受奢華，完全靠著負債來過生活。他們的花費遠比自己賺到的多，並且在債務裏愈陷愈深。與其買一間公寓來住，他們硬是要在高級社區裏買間更大的房屋，住比較好的學區。如果他們要投資，會把錢交給理財專員，因

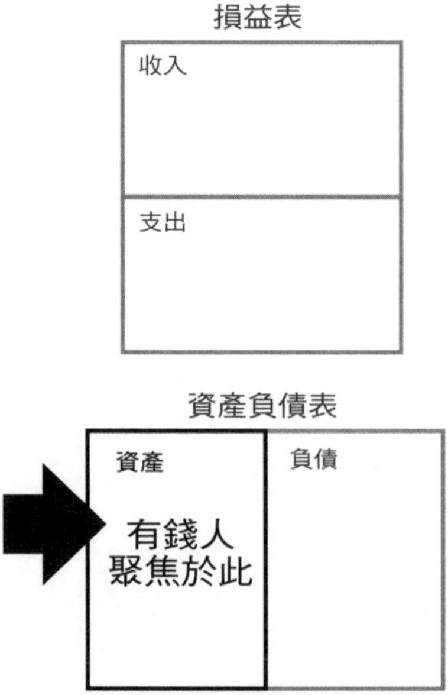

為他們寧可好好享受生活，而不願意學習如何管理自己的財富。**有錢人聚焦在「資產欄位」**。他們清楚知道，如果先聚焦於資產之上，那麼支出和負債的問題就會迎刃而解。

在新經濟裏，如果你不是靠著資產欄位來賺錢，並把錢兌換成能產生現金流的資產，你可能一輩子都要為錢辛苦工作。

我們絕對不量入為出

許多理財專員建議我們要量入為出，這對窮人和中產階級來說，算是不錯的理財建議。但是，對於那些想要變成富有的人來說，就不是很好的建議。金和我並不接受量入為出這種觀念，因為這樣會讓自己的意志消沉。

與其量入為出，我們投資於教育和資產上。舉例來說，當我們在打造富爸爸公司時，每個周末幾乎都在上課，拚命學習任何與創業以及新經濟有關的知識。我們對於不動產、技術分析、原物料商品等，也都這麼做。

現在，每當我們想要擁有一項新的負債（也許一輛新車或度假別墅），我們只要買下或者自行開發一項資產，那麼這項資產就會來負擔這個支出。

一年前，就在金融危機爆發的高峰期，我想要買一部法拉利。當我跟金分享這個念頭時，她並沒有說：「你不可以賣一台法拉利，我們負擔不起。」也沒有說：「你為什麼還要買法拉利？你已經擁有藍寶堅尼、保時捷、賓利、福特越野休旅車。」更沒有說：「你想打算賣出哪輛車？」

她完全不會說以上的這些話，因為她知道這樣的新負債會讓我們更富有。與其不斷提醒我已經擁有多少輛車，她只說：「那麼你打算要投資些什麼？」她的意思若換句話說，你打算買下什麼資產，來支付你這項負債？

我早已找到一個全新鑽探油井的投資案。當開採到石油時，從這些油井產生的利潤，就足以支付這台法拉利的費用。這些油井預計擁有二十年開採期，因此在這些油井完全枯竭前，絕對可以付清法拉利的錢。

金非常高興，是因為她擁有一項新的資產；而我也因擁有一台全新的法拉利興奮不已。

我們的規則很簡單：用資產來購買負債。與其節儉的過生活，我們會藉著拓展自己的資產欄位來開闢財源。多年來，我寫了很多書、買下一間迷你倉儲公司，並使用將把大片土地分割成小單位等方式，買進許多負債。以前的負債（例如跑車之類的）早就不復存在，但是這些資產到現在還在為我創造現金流。我們的負債會激勵我們要變得更有錢。

我們也嚴禁彼此說一些類似：「我負擔不起」或者「你不可以買這個，你不可以買那個」等諸如此類的話。我們知道只要先買下資產，就可以負擔得起任何事物。知道如何創造並且擁有資產，就是有錢人不需要為錢工作的祕密。

▼▼常見問題

如果你是為了現金流而買進資產，難道就不算是為錢工作嗎？

▼▼簡單回答

的確是，但這存在著差別。即有錢人無視經濟好壞，都會變得愈來愈有錢的理由。

▼▼解釋

與其為錢工作，有錢人都會遵從「補償定律」（Laws of Compensation）來行事。

補償的定律

接下來的部分內容是解釋補償定律三種不同的變化。如果想要獲得更佳的補償，就必須遵從這些定律。

補償的定律之一：對等互惠：先要能捨，才會有所得

很久之前，我在主日學裏學到這個教訓。雖然這句話的意思很明顯，但是只要一旦扯上金錢，許多人好像就會忘記這條定律。個個都想要有所得，但卻不願意先捨，要不然也只願意在有得之後，再拿出來施捨。

許多人都想要獲得更高的收入，同時減少工作的份量，我的窮爸爸就是這種人之一。身為夏威夷教師工會會長，他為老師爭取更高的薪水以及更少的工作量。我還記得他曾經與人發生爭執，要求降低每位老師所教的學生人數，同時提高薪資，而且還要享有更多的休假以及更優渥的福利。對我的窮爸爸而言，以上這些做法極為有道理。

對我的富爸爸而言，窮爸爸這種思維正是違背補償定律的其中一條。我的富爸爸相信如果

你想要獲得更多，那麼就得先做出更大的付出。

我一直覺得很奇怪，因為有很多人認為我的富爸爸非常貪婪；但對於我的窮爸爸會為老師爭取更高的薪水以及更少的工作量，給予掌聲，甚至覺得他才是對的。

當我從紐約金士頓海軍陸戰隊商船學院畢業時，我加入美國標準石油，一個沒有工會組織的公司，是因為我不想要加入「海事工會」（Masters, Mates & Pilots）。身為一個工會組織的成員是有可能讓我獲得更高的薪資，但是由於我經常處於窮爸爸以及教師工會的朋友們中，我實在是無法認同該工會的哲理。從我個人的觀點來看，那種想要減少工作量卻又想提高薪資的思維，無論能賺到多少薪水，終究會導致每個人都變得更加貧窮。

當今美國運輸商船的總數，以及在這些船上工作的機會兩者，之所以會大量減少的原因，在於工會組織所制訂的薪資水準迫使運輸公司把業務移往海外薪資比較低廉的國家。美國通用汽車為什麼現在面臨困境，就是因為汽車工會組織遠比公司的領導階層更具影響力。因此，美國汽車工業的工會組織付出的代價，就是上百萬個工作機會流失、工廠遷往海外，以及一個欲振乏力的經濟。

這並不表示我反對工會組織的存在。工會組織的確為工人們做出很大的貢獻，保護他們免於受到殘忍而且貪婪業主的剝削。而且也是工會組織的關係，才讓我們享有週休二日。我尊重每個人的信念，以及是否選擇加入社會團體的權利。當年從學校畢業時，我選擇不要加入工會組織，之所以做出這樣的決定，是因為我寧可把焦點擺在如何付出更多來獲得更多，而不是愈少的工作量以及更高的薪資。

金愈來愈富有，因為她的產出不斷提高。一九八九年，她從一間小小的出租公寓起步，現在已擁有超過三千間出租單位。她現在的收入比之前高，是因為她提供別人更多住宿上的選擇。十年後，或許她可以擁有兩萬間公寓，屆時必定會賺到更多錢，因為她遵循了補償定律。我知道有些人會說當金很貪婪，我想我的窮爸爸就會這麼說。

從富爸爸的觀點來看，金是一個非常慷慨的人，這是因為她遵循了補償定律的第一條：先要有捨才會有所得。

該定律的作用也是可逆的。如果你欺了騙別人，那麼別人一樣也會用同樣的方式對待你。這就是馬多夫的下場，他騙走別人的錢，因此入監服刑，這是他應得的報應。很不幸的，當今許多最大的惡棍還沒有被逮到，有些甚至還在掌管我們的經濟。

補償的定律之二：學習如何能給付出更多

許多人上學是要學習如何賺錢，但是他們心中想的卻只是自己和家人。很少人上學是為了學習如何提高自己的產出，服務更多的人。

許多人上學是要成為E和S象限的人。位於現金流象限左邊的問題，就是我所能服務的總人數是有上限的。舉例來說，當我從金士頓學院畢業後，我只能替一間公司，也就是我的雇主美國標準石油公司服務。許多位於S象限的人（例如醫生），每次也只能服務一個病人。

我之所以決定追隨富爸爸的腳步進入B和I象限，是因為如果我成功就能服務更多的人。當我能服務更多的人時，就能獲得更高的收入。

當一個人能成功的服務更多人時，稅法以及債務立即就會變得對他有利。這就是為什麼要債務和稅法能讓象限B和I這邊的人變得更富有的原因。

如果你的焦點只是為了自己，或者為了提高家人的生活品質，那麼稅法和債務就會開始跟你作對。

為什麼會有這麼多人在財務上受到侷限，是因為他們上學之後學會如何以E和S象限的方式工作、賺錢，而不是學習如何像B和I象限的人服務更多人群。

補償的定律之三：充分利用財務教育複利的威力

當你學到關於B和I象限更多的事情時，就會賺到更多收入。一段時日後，隨著你的教育不斷地產生複利效果，回報也會跟著增加。

換句話說，你的收入會愈來愈高，但投入卻是愈來愈少。這才是財務教育真正的威力。

想要進一步瞭解第三條補償定律，就必須先瞭解教育真正的威力並不存在於教室、研討會、書籍、成績單，或者是學位。

簡單來說：「你可以教導一個人如何釣魚，但你無法強迫一個人去學習如何釣魚。」這句話有兩個重點：當你從學校畢業後、上完課程或研討會後，或者閱讀一本書並開始運用後，才是教育發揮威力的時候。

這就是為什麼醫生必須先讀七年的醫學院，然後接下來的四到八年還得經歷實習醫生、住院醫生等關卡。在成為真正的醫生之前，他們必須藉著這樣的過程來累積實務經驗。

我先得從學院畢業之後，才有辦法變成商船上的航海士官。而且我得先唸完兩年的航空學校之後，才能成為一位飛機駕駛員。直到我在越南服役六個月之後，我才變成一位稱職的戰鬥飛行員。不稱職的戰鬥飛行員，通常熬不過兩個月就會陣亡。

沒有接受過財務教育的人經常會失敗。他們以為上過一些創業或投資相關課程後，就動手買賣股票、房地產、創業。一段時間後，他們然後開始懷疑自己為什麼會失敗，或者怎麼沒有達到先前期待的結果。很多人在失敗後選擇放棄，並將自己的失敗歸咎給他人或是某事件。

或許你還記得我在上一章所說的，一九七三年我不再從事飛行工作時，我報名一個不動產課程，並參加全錄公司的銷售訓練。

現在會有很多人對我說：「我可以請你吃頓午餐嗎？我想要從你這裏學會如何投資不動產。」當一個人對於真正的財務教育是這麼無知時，會令我感到非常厭惡。你是沒有辦法藉著一頓飯的時間，就變成一個受過財務教育的人。

我也會遇到一些財務白痴，他們跟我說：「我買賣過許多自用住宅，很清楚要如何投資不動產。」

購買一間房屋，跟買下一棟擁有三百間出租單位的公寓大廈，有著極大的差異。成敗完全取決於財務教育的威力。當時上的三天課程，奠定我在不動產投資的基礎，成為懂得如何利用債務來累積財富的投資家。

雖然對我來說，投資一間房屋或者三百間出租單位的原理一樣，但是獲利能力卻完全取決於財務教育以及多年累積的經驗。

我的窮爸爸在他第一次嘗試創業（也是唯一的一次），就是投資冰淇淋加盟連鎖店失敗了。在他的認知裏，是加盟總公司欺騙了他，但就我個人來看，他是因為缺乏創業家的教育以及沒有這方面的經驗，才讓他付出兩年的光陰以及畢生積蓄作為代價。

特別是那些在學校成績優異的人（就像我的窮爸爸一樣）而言，有一種奇特的現象：也就是他們非常推崇傳統學術教育，但是完全不尊重財務教育。他們認為自己因為擁有一個博士學位，或者從事律師或醫生工作，創業、投資對他們來說應該是再也簡單不過的事情。在我看來，這是學術派的自大心理作祟，而這種自大的代價都極為昂貴。

學習一樣也會產生複利效果。花不完的錢必須在發揮財務教育複利效應之後才會產生。換句話說，當你學會更多有關B和I象限的事情後，你就能賺到更多的錢。

教育的失敗

下圖是「學習金字塔」（Cone of Learning）。是一九六九年由艾格・戴爾（Edgar Dale）提出。主要是藉由學習的最終吸收效果，來研判各種學習方式的成效。

「學習金字塔」是藉著最終學習成果來研判各種學習方式的成效。

或許你已經注意到位於金字塔的頂端，最具衝擊的學習方式是「實際操作以及模擬真實的體驗」；而位於金字塔底部，最沒有意義的學習方式是「閱讀和演講」。

在航空學校裏，駕駛員必須在模擬飛行器中接受密集訓練，一旦我們在模擬器上展現足以勝任的能力後，才開始駕駛真的飛機。金和我所創造的現金流遊戲就算是模擬器的一種，藉由這個遊戲能讓玩家利用玩具鈔票（而不是現實生活中真正的錢）來嘗試眾多的投資錯誤。

全世界到處都有教導並支持人們成為創業家或投資家的現金流俱樂部，就像軍方會利用各種模擬器來訓練駕駛員一樣。

好心提醒各位，很多人只玩了一、兩次現金流遊戲之後，就認為自己已經投資的老手。再次強調，這是一種自大的行為。

現金流俱樂部可以讓你習慣把焦點擺在四

學習金字塔

兩週後大概還會記得	事件	自然而然的投入程度
90%自己所說過的話以及動手做過的事	實際操作（玩真的）	主動的
	模擬真實的體驗	
	從事戲劇化的講演	
70%自己所說過的話	發表談話	
	參與討論	
50%自己所聽到的和看到的事	觀看他人實地演練操作	被動的
	目睹別人的示範	
	目睹展覽會中別人的示範	
	看影片	
30%自己所看到的	看圖畫	
20%自己所聽到的	聆聽別人說的話	
10%自己所閱覽的	閱讀	

資料來源：Cone of Learning adapted from Dale, 1969

種資產類別中的其中一項，亦即從商創業、不動產、有價證券、原物料商品。我們強烈建議你持續接受教育，在現實生活中聘請一位教練輔導你。在投資事業或創業之前，先投資一點時間和金錢，成為一個更有能力的投資者或創業家，將會大大提高成功的機會。

當事情（投資案）愈重大且風險愈高時，平日是如何準備和模擬，將會變得非常的重要。這就是為什麼職業運動員平日練習的時間遠遠超過上場比賽的時間，演員彩排的次數遠遠超過他們上台表演的時間，而醫生和律師為什麼會利用「執業」來稱呼自己的工作，也就是這個道理。

教育複利的威力真的讓人無法置信。我們之中有許多人都聽過金錢複利的威力，現在也已經有很多人知道共同基金是利用收取費用的複利威力來獲利。而我們絕大部分的人都知道美國國債所產生的複利威力。

學習的力量

想要更進一步解釋學習的複利效應，我暫時以高爾夫球這個運動來做比喻。當一個人開始學習高爾夫球時，整個過程可能會產生痛苦、難看，充滿挫折感。高爾夫球新手雖然投入大量的時間和精力，但是所得到的回報卻少得可憐。很多人會在第一次上完課後就決定放棄。

但是只要他們堅持學習的過程——持續上課、聘請教練、經常練習、每週下場三到四次打十八洞、周末參加各種比賽等，那麼這個人幾年之後很可能會打敗許多比他更有天賦的高爾夫球選手。

想要真正開發出自己的天賦，那麼就必須提升自己加強練習的決心。

在高爾夫球職業選手的世界裏，收入最高的二十位頂尖選手以及排名前一百二十五位選手之間的差異，僅僅就只有兩桿而已。換句話說，排名前二十的選手的收入都是上百萬美元，而接下來的一百位選手收入和生活只能算是還過得去。

任何競賽都是一樣的道理。其中的差別絕對不只是因為天賦的不同，完全是因為決心的大小，那種決心要不斷學習成為最頂尖人才的意念。這就是補償定律第三點的絕佳範例：教育複利的威力。

教育並不是上一堂課、參加一個課程，或者是修幾個學分而已。真正的教育是一種過程，有時會是相當痛苦的過程，尤其是剛起步、認真投入但回報卻很少的時候愈是如此。

雖然老虎伍茲因為不忠貞所以不能算是兩性婚姻的最佳楷模，但是他絕對是高爾夫球界成功的最佳典範。他在二十歲年紀從史丹福大學休學，並成為一位高爾夫球職業選手。當他一轉為職業選手時，他立即就和耐吉（Nike）簽下四千萬美元，以及Titleist兩千萬美元的廣告代言。對一個大學中輟生來說，應該是不錯的開始。

也許很多人會說他天生就是打高爾夫球的料，並且是一夕成名的榜樣。或許老虎伍茲的確天生是打高爾夫球的好手，但是他絕對不是一夕獲得成功。事實上，他投入大量的時間、決心，以及各種犧牲，來開發他的天賦才華。比他幾歲成為職業選手更重要的是，他是幾歲開始打高爾夫球的。

當老虎伍茲還是嬰兒時，他的父親在自家車庫利用一張地毯和網子，做出一個發球練習區。在老虎伍茲學走路之前，就坐在高腳椅上看著他的父親練習揮桿。九個月大時，他父親把一個成人用的高爾夫球桿鋸斷，好讓他可以揮桿把球打進網子。十八個月大時，他已經開始跟父親到球場的開球練習區，打好幾個籃子的球。三歲時，在加州海軍高爾夫球俱樂部九洞球場中，打出了四十八桿的成績。四歲時，父親為他聘請一位職業教練。六歲時，開始參加少年盃的高爾夫球比賽。一九八四年，當他八歲的時候，贏得世界盃九至十歲分齡組的冠軍。

你應該知道我在說什麼。

想要獲得成功，就必須付出時間、決心，以及犧牲，這才是真正的教育。它是一種過程，對許多成功的人士來說，根本沒有所謂「一夕成名」這回事。

就如我的富爸爸經常說：「成功需要有所犧牲。」他也說：「許多人沒有錢，是因為他們不願意為金錢做出任何犧牲。」

為什麼會有這麼多人無法進入B和I象限那一邊，因為繼續待在E和S象限這一邊的生活輕鬆多了（至少一開始感覺起來是如此）。位於E和S象限的人在當前新經濟環境下，隨著年齡愈大，生活會愈來愈不好過。而想要獲得長期的成功，同時也需要具備守法、合乎倫理道德堅定的人格特質才有辦法；而老虎伍茲卻是在這方面付出慘痛（以及昂貴）的代價。

無限大的投資報酬率

無限大的投資報酬率，是因為遵從補償定律第三點所獲得的結果。

當金於一九八九年首次買下兩房一廳的小屋時，她非常辛勤的工作才創造每個月二十五美元的正現金流。二十年後的今天，她工作得更少卻能賺到遠比之前還多的錢（經常是無限大的投資報酬率），亦即可以算是不勞而獲的錢。就算在當今經濟危機下，她的財富仍迅速成長，以更少的工作賺到更多的錢，這是因為無限大的投資報酬率就是補償定律的第三項原則。

更睿智、更優秀的朋友

補償定律第三點的另一面就是更睿智、更優秀的朋友。當你提高財務ＩＱ後，你就會開始接觸更睿智的人。當你認識他們後，就會被邀請參予所謂「圈內人」的投資案件。這類的投資案從來就不曾出現在市場上，因為它們總是這麼搶手，根本不需要做任何行銷或者找業務員。只要打一通電話，這件投資案就立即成交。

我和金所買下的度假休閒中心和高爾夫球場，就是屬於這種圈內人的投資案件。當這件不動產確定要查封拍賣時，銀行只撥了四通電話，這件不動產就被人買走了。

這也是財務教育複利威力的另一個例子。如果金和我是不誠實、沒有道德標準，或者遊走法律邊緣的人，那麼這筆生意不會自己找上門，也不會有人邀情我們加入這種內部合夥關係。因此，擁有好的聲譽也是一種不公平競爭優勢。

財務教育的力量

遵從補償定律讓金可以在三十七歲，而我在四十七歲退休。遵從這些定律得以讓我們獲得財務自由，而這在新經濟體制下的美麗新世界中，愈來愈少的人做到這件事。

我和金是在達到財務自由後，才成立富爸爸公司。當在跟別人分享財務自由之前，我們先給自己的財務自由進行壓力測試，趁此機會知道自己的財務教育是否是真的，是否能經得起市場多空的考驗。

我會認為我們的財務自由之所以經得起考驗，是因為我們遵從補償定律。我們不會忘記如果自己想要獲得更多，必須先做出更大的付出。我們持續不斷地學習如何從B和I象限做出更多的貢獻。我們也清楚知道，必須持續學習、練習，隨時提升我們在B和I象限的技能。

常見問題

你的富爸爸難道沒有幫助你踏出成功的第一步？難道這不算是你擁有的不公平競爭優勢？

簡單回答

對與不對。

解釋

我的富爸爸是什麼都沒有給我，他純粹只是幫我指出方向。在我九歲時，因為玩了大富翁遊戲，讓我理解到資產和負債的差異。但我仍然得上課、學習，逐漸把自己的教育轉化成真正的資產。

我真正所獲得的不公平競爭優勢是財務教育，並且把它實際運用到現實生活之中的能力。

我和金擁有最大的不公平競爭優勢，就是我們絕對不會停止學習。我們會一直上課並且運用所學。我們清楚知道如果想要獲得更多，就得學習怎樣才能做出更大的付出。當我們付出愈多，就能獲得更高的稅賦優惠以及更低的貸款利率。我們知道如果自己能幫助別人的生命變得更美好，自己也會得到更好的生活。

常見問題

很多人參加理財課程不就是為了讓自己賺大錢？

簡單回答

對與不對。

解釋

學會如何先照顧自己也是一件非常重要的事。有太多的人急著想要挽救世界，但卻無法把自己照顧好。如果連自己都沒辦法救助，那麼你在這個世界上的影響力自然就不大。在我年輕時學到：「天助自助人」這個觀念。太多的學生從學校畢業就想幫助別人，但卻沒有能力先幫助自己。如果你真的想要拯救世界，那麼請先學會如何幫助自己，這樣你才有辦法挽救世界。

該是換職業的時候了

一九八一年某個週末，我有幸在加州山區參加已故巴克敏斯特．富勒博士（Dr. R. Buckminster Fuller）一個週末的課程。對於那些不熟悉富勒博士的人，他經常被人讚譽為「本星球最友善的巨人」。由三角形平面形成球型屋頂（geodesic dome）的發明者，並擁有上百個發明專利，而且每項發明都是為了讓這個世界變得更美好。

一次演講中，他說了一些從此改變我生命的話。我那時身無分文，第一次創業又完全失敗（就是我的尼龍錢包事業）。我知道應該要做些什麼，但內心又非常的掙扎，感覺自己人生有什麼不對勁但又不出所以然。當我聽著世界上最聰明、最有才華的人之一說話，忽然理解到自己到底遺忘什麼，聽他一席話後，我發現自己一直在違反補償定律。

那天早上富勒博士對大家說：「我並不是為錢工作，我將自己的生命完全奉獻出來為別人服務。」在介紹這個世界的基本運作原理時，他說：「當能服務更多人時，我整個人就會變得更有效率。」

他這番簡單的話語就像雷擊中我的心。我忽然了解自己，以及我的公司為什麼一直處於困頓，因為我滿腦子想的都是如何為自己賺錢。頓時，我發現自己應該更換職業。

幾個月後，我開始接受訓練，要成為一位專門教人如何創業的老師，一位會遵從富勒博士所講的——有關於補償定律法則的老師。

要下決心成為一位老師讓我躊躇很久，因為我根本不喜歡求學期間所接觸過的老師，而且我也知道許多老師都非常的貧窮。最後，我決定遵從補償定律，並且致力於服務愈來愈多的人（而不是為了自己賺錢），才讓我做出這個決定。

跟其他老師相比，我所擁有的不公平競爭優勢是我本身是一位創業家，我知道自己可以在傳統教育體制外，打造一個專門教育創業家的事業。

兩年後，也就是一九八四年，在經歷過許多的教學演練，並且經常舉辦一些沒有人報名的課程後，我出售尼龍錢包生意，勇敢地踏出第一步。當我下了堅定決心並做出行動後，我就認識了金。在我跟她解釋自己打算做的事後，她說想要加入，跟我一起踏上這個嶄新的旅程。

雖然當時的我們身無分文，我們還是手牽著手，一起勇敢地跨出第一步。如果不是金的關係，我永遠都不可能獲得現在的成功。

在我前幾本著作裏，曾提及我和金在學習要成為老師的期間，一度無家可歸，睡在車裏，或者住在朋友家的地下室等情形。

整整五年的時間，我們的信念不斷地受到考驗。整整五年的時間，努力為自己所舉辦的課程出售足夠的門票來達到損益平衡，同時還可以剩餘的錢當作生活費，就是一項無比艱鉅的挑戰。五年之後，我們的事業逐漸起色，並開始拓展到全美各地、澳洲、加拿大、新加坡，以及紐西蘭等國家。

在下定決心整整十年後，也就是一九九四年，我和金終於獲得財務自由。

由於不斷地遵從補償定律，我和金在一九九六年創造現金流這款遊戲，創造該遊戲的目的，即是要藉著遊戲來傳授富爸爸教給我的智慧，讓我們可以服務更多的人。

《富爸爸，窮爸爸》一書在一九九七年出版，對我來說是一項巨大的工程，因為我本人根本不喜歡寫作，還記得我高中作文被當掉兩次。但是我還是選擇寫了這本書，就是要遵從補償定律：把重點放在服務更多人，而不僅僅是為了賺錢而已。

二〇〇〇年時，《富爸爸，窮爸爸》榮登《紐約時報》暢銷書排行榜。這本書當時也是榜上唯一是由作者本人自己所發行的書籍（而非出版社）。

同年，歐普拉來電，在參加這位女士——一位受到全世界尊重以及信任的人——一個小時的節目後，我轉眼從一個默默無名的小子，走向世界舞台。

我和金只是在遵從補償定律，服務更多人群的觀念。雖然我們已經擁有花不完的錢，但是我們仍然會繼續工作，而從資產獲得的收入也一直不斷地增加。我們很清楚知道這完全是因為遵從補償定律，而這也是我們所擁有的不公平競爭優勢。

本章總結

我寫這本書的目的在於，當今世界充斥著太多貪婪。想要徹底終結這次的金融危機，我們需要更多慷慨的人。

我寫這本書就是想要鼓勵像你這樣的人，希望你成為財務教育的學生，先把自己的財務狀況顧好，然後發揮你的天賦、才華做出慷慨的貢獻。

就如富勒博士在一九八一年提醒我的一樣，唯有慷慨付出，我們才能真正找到自己的天賦、才華，以及無限智慧。

【結論】

資本主義的論點

爆發金融危機的期間，資本主義遭受到各界嚴厲的抨擊。許多人相信資本家都非常的貪婪、腐敗，邪惡。事實上，這樣子的人還不少。

但是，如果你仔細檢視「真正」的資本家在做些什麼，那麼「真正」的資本家只有在讓大眾生命變得更美好、節省更多的時間和金錢時才會獲利。舉例來說，雖然人類第一次飛行是由萊特兄弟完成，但還是得靠資本家來成立航空公司、讓飛行變得更加安全，讓人人都負擔得起機票。要不是資本家的關係，我們可能都還是得用走的，現在的我非常樂意向航空公司付錢買機票，因為用飛的遠比走路更容易、更迅速，而且更省力。

手機也是同樣的道理。我藉著手機可以在全球任何角落做生意，就算是渡假也一樣。我很樂意為了使用手機而支付帳單，因為它能讓我的生活更方便，也讓我變得更加富有。

愛迪生所創立的奇異公司，不但提供電力讓生活變得更舒適，同時也藉著醫療科技來延長人的性命。我很樂意為這些能延長自己生命的產品支付金錢。

萬一我沒有蘋果電腦又會怎麼樣？要不是賈伯斯讓電腦變得如此簡單，讓我這種科技白癡都可以使用電腦，或許我連《富爸爸，窮爸爸》這本書都寫不出來。我花在電腦設備上的小錢，讓我每年賺進數百萬美元。

而至於我的法拉利、賓利、福特，以及保時捷等汽車，如果不是政府會課徵機動車輛的稅金來鋪設並修補馬路的話，這些車子也無法發揮功能。

我相信你應該知道我想表達的重點。雖然確實有貪婪、腐敗，以及懶惰的人都在濫用當今資本主義的體系，但這些人不能算是真正的資本家。他們純粹只是貪婪、腐敗、懶惰的人。

這次金融危機爆發的原因，是因為政府以及商業界最高層的人士腐化所造成的。就像癌症一般，經過合法化的腐敗就會開始侵蝕世界原本健康的倫理脈絡。那些掌權的男男女女渴望獲得更多權力，並且為了滿足自我而出賣自己的靈魂，還一手摧毀許多人的生活，同時不斷地榨取他們原本應當要服務的群眾的財富。

放眼全球的政界來看，我們實在是擁有太多「職業」的政客們。許多任職於公家機關的「公僕們」完全沒有商業界的實務經驗，但卻在經營全世界最大的事業——政府部門這個體系。怪不得政界充滿腐敗。

除了腐敗和無能的政界領袖們重創經濟之外，我相信還有另外一個造成當今金融危機的主要理由，就是我們不合時宜的教育體制。以美國為例，當我們在教育界投入更多經費時，這個體系就變得更加的劣化。

當今教育體系失敗的原因，是因為無法著重於真正的資本主義上。就因為如此，我們才會有腐敗的資本主義以及腐敗的政府在掌管著全世界。而當今在在校園裏面隱約地在存在著社會主義的思維，暗地裏隱晦地暗示人們「有錢人都是貪婪的」。

根據馬克思理論：「無產階級」是在資本主義社會當中對於生產所需的事物（生產工具和生產資本等）完全不具有所有權的人而言。他們唯一能做的是，為了工資或者是薪資來出賣自己的勞力。無產階級就是被訓練成（就像帕夫洛夫的狗一樣）為錢工作的薪資階級。

而我們當今的學校體系就是在製造資本主義社會的無產階級，也就是專門賺取工資薪資的人，在離開學校之後就必須要找一份工作的人。這些人絕大部分一輩子都無法擁有任何真正具有價值的東西，而且會有更多的人在死去的時候一貧如洗。這是因為我們的園校雖然暗地裏在排斥著富有的人，但是教育體制仍然繼續製造它們所主張一直被有錢人壓榨的勞工。

一份工作不是一項資產。你不可能真正擁有一份工作，也不可能把工作傳給下一代。

金錢也不是一項資產。現在的金錢根本就是一種債務，還因為國債的關係正迅速貶值。

你的自用住宅也不是一項資產。你本人才是真正的資產，因為是屋主才會每個月不斷地把金錢上繳給銀行、國稅局、保險公司，以及水電等公營事業。

你的退休金計畫不是一項資產。它根本是政府一個沒有資金來源的給付承諾。你所存下來的退休金通通是被有錢人拿來買進他們想要的資產，而且是一些真正的資產。

那些從學校畢業就想謀求高薪工作的學生們，很快的就會被資本主義所佈下的天羅地網給綁住，但並不能因為這樣就是說資本主義是邪惡的，而是我們當今的教育體系無法讓學生為真實的世界做好準備。在缺乏財務教育的狀況下，學生被訓練成資本家利用的工具。結果學校體系所相信「有錢人都是貪婪的」因此而變成一種自我實現的預言。

就如我經常所強調，真正的資本家都非常地慷慨。他們生產眾多的事物，並接收大量的報酬。或許是我們的學校體系才是真正貪婪的一方？

馬克思預見無產階級會和中產階級以及資本階級進行鬥爭，是因為工人自然的會想要讓自己的薪水愈高愈好，而中產階級以及資本家卻反倒是希望薪資水平愈低愈好。

在美麗新世界裏的新經濟，提高薪資所得以及壓低薪資水準的鬥爭早就持續多年，而目前資本階級逐漸獲勝，因為把生產線移往低所得國家變成一件很容易的事情。科技的進步也同時減少一個事業運營所需的人力，當生產效率提高，則人事費用就不斷下降的情況下，資本家就會獲勝。

整個世界正在迅速改變，但是我們學校的體制卻跟不上時代。學校體制仍然在把人教導成無產階級，要他們在離開學校之後謀求一份高薪工作。這在財務上根本就是一種自殺行為。

永遠不要忘記：一份工作不是一項資產，金錢同樣也不是一項資產，而且自用住宅更不是一項資產。上班族在退休金計畫帳戶裏面所儲蓄的金錢，純粹只是給真正資本家當作一種資金的來源。當市場崩跌時（而且這必定會發生），這些上班族再次受到重挫，而資本家卻是大獲全勝。

記住，從馬克思理論來說，無產階級是在資本主義社會當中對於生產所需的事物（生產工具和生產資本等）完全不具有所有權的人。在當前的新經濟，也就是錢不再是真正的金錢的世界裏，這些上班階級其實什麼也得不到，他們完全沒有任何資產。

身為一個雇主，我經常得面試員工。很不幸的，絕大部分人的注意力都只會擺薪資所得以及福利上：「你會付我多少薪水？」「我擁有什麼樣的福利？」「我每天要工作幾小時？」「我每年有多少年假？」「我多快可以獲得晉升？」

從來沒有人問我：「請問這間公司的使命是什麼？」「這間公司專門是在解決社會上什麼樣的問題？」「我在這裏工作可以學到什麼？」

與其問和社會義務有關的問題，這些人只會問關於自己收入以及工作環境等事情。他們所問的問題都是根據自己無產階級的心態所產生。

從小當父母跟他們說：「好好上學，用功唸書，爭取一份高薪的工作」，或者「好好上學然後成為一位律師、醫生，或是高科技人才。如果你具備專業的技能，那麼你永遠都給自己留了一條後路」時，就開始為這種上班族心態奠定基礎了。

千萬別忘了富爸爸所教的第一條規則：有錢人從不為錢工作。

真正的無產階級就是從家庭開始培養的。本身就是上班族的父母希望小孩能成為受過更高等教育的上班階級，這種人終究還是替有錢人工作。

當小孩進入學校後，老師們（同樣也是資本主義社會下的無產階級，一群完全不擁有任何生產資源的人）持續灌輸學生：「如果你聽話照做，獲得好成績，那麼你就可以打敗同學，爭取到高薪工作。」

當這學生經過激烈的競爭打敗其他同學進入大學後，教授就會持續灌輸這種上班階級的教條，跟學生說：「如果你能獲得碩士或者是博士學位，你的履歷會看起來更加出眾。當你擁有高學位，獲得高薪工作的機會就會比別人大一些。」

帕夫洛夫只要搖一搖鈴鐺，就可以讓他的狗開始流口水；而我們的教育體系一直在校園敲鐘，和諧一致地灌輸獲得高薪工作的承諾。只要人們高喊「這裏有一份薪水很高的職缺」的話語，那麼馬上就會有人大排長龍。

如果有人打敗其他眾多應徵者脫穎而出：「爭取」到這份工作，他們是多麼興高采烈，因此同意在自己還沒領到薪水之前，就先讓政府從薪水扣除自己應繳的所得稅——政府可以比這位上班族更早領到錢。

當政府可以確保拿得到它的錢後，這位新上任的上班族也同意把自己部分薪資先繳給共同基金，來為自己的退休金進行投資，這意味著有錢人是體系中第二個拿到錢的。

在美國，如果上班族拒絕加入公司安排——一個由共同基金所構成的退休金計畫時——則是等於自願放棄雇主原本應提撥給他的退休金。換句話說：「如果你不願意先把錢交給華爾街的銀行們，那麼我們一毛錢都不需要給你。」

許多上班族還天真的以為另一半的退休金真的是雇主幫他出的。他們並不知道雇主所提撥的錢，原本就是雇主打算給他的薪資。如果員工拒絕加入退休金預扣計畫時，那麼雇主就可以節省開支。

這就是華爾街影響並主導政府以及勞工法的權勢，而這樣的法律還受到各種勞工工會支持、背書。這真的是腐敗到極點。

一旦這位仁兄開始上班，這位職場新手就會開始存錢，想辦法買下自己夢想中的自用住宅，因為他知道：「你的自用住宅是一項資產，同時也是這輩子最大的投資。」

鮮少有人知道房貸本身，以及繳納房貸的屋主，這兩個才是真正的資產。

這位剛加入職場的新鮮人即刻就成了假手資本家的代理人——亦即銀行家、不動產經紀人、股票經紀人、理財專員，以及政客們等——把自己的財富不斷送到這些中產階級的口袋。中產階級就是靠著當今的教育體系，來和無產階級劃清界線。換句話說，教育界口中那些「貪婪的有錢人」就在利用我們當今的教育體制，來訓練他們所需要的代理人。

這也就是為什麼當今學校體系，完全不會有真正財務教育的原因。

脫離大型農莊

我的窮爸爸之所以會成為一位老師，就是因為他是夏威夷大型農莊（譯註：plantation，像以前美國南方由奴役勞動的農場）體系下的產品。我的祖父當年搭船從日本來到夏威夷，是為了要在當地糖廠與鳳梨田工作。

後來祖父在此結婚。祖母的整個家族早就在一八〇〇年左右，就已經移民到夏威夷，當我祖母嫁給祖父時，祖母的雙親仍在鳳梨田工作。

但祖父根本不想一輩子都待在鳳梨田，因此當他下船就著手開了一家照相館。原來他是一位創業家。

祖父做得非常成功。當時其他日本移民每天工資只有一美元，並住在大型農莊提供的宿舍，但是他卻擁有一間房子跟一輛汽車。沒多久，祖父就開始投資股票並且在茂宜島海灘買了一棟房子，也就是我父親從小生長的地方。

一九二九年股票崩盤了，引發經濟大蕭條。祖父的事業迅速萎縮，一下子他就失去自己的房屋、汽車，以及海灘旁的房子。

當經濟大蕭條發生時，我父親才十歲大，那個年代深深影響他這輩子對人生的看法。

他親眼看見日本移民像奴隸一樣在大型農莊替有錢人工作，也親眼看見自己脫離大型農莊的親生父親，因為股市崩盤以及經濟大蕭條而變得身無分文。

因此，在我父親腦袋裏，認為唯一能安全地擺脫大型農莊的方法就是要接受教育。與其上醫學院，他選擇成為一位老師，希望能藉著良好的教育給這些移民後代擺脫大型農莊的機會，他認為受教育是脫離有錢人奴役的方法，是擺脫大型農莊箝制的途徑。

因此我父親把一輩子都奉獻在教育。他從夏威夷大學畢業後，迅速晉升為某個學校校長，創下夏威夷最年輕校長的紀錄。雖然他在學校裏擔任全職工作，但仍利用晚上進修，爭取更高學位。他榮獲前往史丹福大學、西北大學、芝加哥大學等進修的榮耀。他不但辛苦工作，並且更認真、用功，因此迅速的在教育體系中爬升，直到他成為夏威夷州教育局長為止。

他經常會告訴我們幾個小孩子說：「有錢人從國外引進移民，讓他們在大型農莊工作。當這些移民到達時，馬上被迫住進大型農莊的宿舍，還被迫在大型農莊的雜貨店開設預支帳戶。當發薪日來臨時，這些移民發現他們的薪水還要先扣除宿舍費，以及在雜貨店的消費支出。因此每個月底，絕大多數的工人都沒剩下什麼錢。有一些人還倒欠大型農莊主人一些錢，因為他們在雜貨店買了太多東西。許多移民從來就拿不到任何錢，他們根本就是免費替莊主工作。」

最後他就會用這句話作為結束：「這就是為什麼你一定要用功讀書，只有這樣你才有辦法在大型農莊之外找到一份工作。」

父親這邊的家族非常重視教育，許多親戚都擁有非常高的學位。大部分的親戚都是碩士學位，還有幾位擁有博士學位，我是極少數只有學士學位的人。

問題在於，我許多親戚到現在還在替政府工作——也就是規模最大的大型農莊。少數高學位的親戚，則是替像可口可樂、美國航空、美國銀行、IBM等這些現代的大型農莊工作。

所以我的親戚，就算接受過高等教育，仍然沒有擺脫大型農莊的枷鎖。

製造無產階級

馬克思對無產階級的定義是：「在資本主義社會中，對於生產所需的事物（生產工具和生產資本等）完全不具有所有權的人。」這些人唯一能做的是，出賣自己的勞力來換取工資。

這根本就是當今教育體系正在做的事情。我們的學校不斷地製造當今資本主義社會的無產階級，但它卻不會教人如何成為資本家。

現在的上班族雖然想要爭取更高薪資，但是真正的資本家卻是把生產線，也就是工作機會，移往海外薪資比較低廉的國家，這才是真正的危機。當工作機會缺乏，而且薪資低廉時，經濟怎麼可能恢復呢？

由於缺乏財務教育的關係，就算受過高等教育的上班族，他們的財富就會因為金融界的負債、管理他們退休金的投資機構、課徵所得稅的稅法機構，以及通貨膨脹等侵蝕的一乾二淨。就算他們擁有某間公司的股票，持有的也只是普通股，專門給一般人投資用的股票。

古老的大型農莊體系到了今天的資訊時代不但還存在著，而且還活得很好。

大型農莊的體制

二〇一一年，學生照常上學，但學不到任何有關於金錢的事情。
二〇一一年，學生從學校畢業就得開始找工作，急急忙忙地想結婚、買房子、養家庭。
二〇一一年，美國國債已經失去控制，數百萬計民眾的房屋被查封、拍賣。
二〇一一年，財富因所得稅提高而被掠奪，稅金被拿去償債，到頭來還是交給有錢人。
二〇一一年，找到工作的年輕人因太高興，同意在領到薪水前，政府可先扣除所得稅。
二〇一一年，有工作的年輕人因太高興，同意先扣部分薪水進行投資，幻想會致富。
二〇一一年，現在政府正在制訂新法規，打算在你去世時，合法攫取高比例的遺產稅。

以上這些問題都是因為當今教育體制是由一群E和S象限的人，不斷地訓練年輕人成為E和S象限的人。這些問題也是因為當前的體制是由E和S象限出身的政治領袖，在領導著由B和I象限所控制的資本體系。

當為E和S象限的人分不清楚資產和負債兩者的差異時，就會發生這種事情。他們一輩子辛苦的工作拚命累積負債，還自己以為買到的是資產。他們上學唸書想要找一份工作，但根本不知道原來一份工作並不算是一項資產。他們為了錢而工作，但是他們卻不知道現在的錢已經不再是真正的金錢。他們會買下一間自用住宅，但不知道原來自用住宅根本不算是一項資產。他們為了退休生活而努力存錢，但不清楚原來股票和共同基金不算是一種資產。當他們的就業機會一直被移往海外，也只會重返校園進修，希望能找到一份新工作。

而且，這些人還會不斷告誡下一代，要做同樣的事情。

一個提案

想要徹底解決當今的金融危機，唯有先改變我們的教育體制。由於教師工會挾持當今的教育體系，因此與其想改變既有教育體制，創造一個與現行教育體制平行的新教育系統，才是比較可行的辦法。

我的提議是：創立全新的教育系統，來教導年輕人如何成為真正的資本家。那些想要孩子成為創業家而不是上班族的父母，可以選擇把自己的孩子送往這些培養資本家的學校體系之中。

我們也要為這個新教育系統下最優秀的人才，創造出一些特別的學院，就如同陸軍的西點軍校、海軍的安納波里斯學院、空軍的航空學院、海岸巡防隊的倫敦學院，以及海軍陸戰商船隊的金士頓學院等專業學院。與其以軍事為導向的培訓，這個新學院將以培育創業家的技能為主，因此命名為「創業學院」。

既然唯有創業家才能創造出真正的就業機會，因此創業學院就可以解決當今失業率居高不下的問題。

想要獲得在創業學院擔任教職，這些指導員必須是真正的創業家，得先接受教學訓練，而且還得願意不支領薪資。如果他們是真正的創業家，那麼他們原本就會有自由的時間，也不稀罕這份薪水。

在這個完全自由化企業的環境中，配合科技的創新就有可能打造出嶄新的工業。由於事先經過睿智的計畫，因此有錢的投資家就會更願意承擔一些風險，把錢拿出來投資在這些嶄新的投資案。

在這個完全自由化企業的環境下，我們目前面臨的許多問題（例如全球暖化、環境污染、濫墾濫伐、飢荒等）都可獲得解決。與其依賴政府的經費來解決這些問題，創業家可以把這些問題轉變成利潤，這也就是真正創業家在做的事情。

我們既然都為了律師設立法學院，也為了培養醫師而成立醫學院，怎麼不成立一個專門培育創業家和資本家的教育體系呢？

與其訓練學生在離開學校後謀求一份高薪工作，這些創業學院的學生在離開學校之後就會尋找創業機會，同時創造出許多高薪職位。與其讓學生畢業後，滿腦子只想要找到輕鬆的工作以及獲得更高的薪水，這些從創業學院畢業的學生，就會尋找能提高生產力，並且賺到更多錢的各種商機。與其培養學生一離開學校，就拚命尋求有保障和鐵飯碗的工作，這些從創業學院畢業的學生，會有能力自己開闢出各種穩定收入的來源。與其畢業之後還相信「有錢人是非常貪婪的」，這些從創業學院畢業的學生，會想要成為一個極為慷慨的有錢人。

不公平的投資報酬率

絕大部分的理財專員、保險業務員、股票營業員，以及不動產經紀人等，都會告訴你每年獲得八%至一二%的投資報酬率是相當不錯的。

他們這種銷售的話術完全是根據過去的年代——完全沒有展望未來的趨勢。

從西元二〇〇〇年至二〇一〇年被人稱之為「失落的十年」。對數百萬計業餘的股市投資者來說，他們得到的投資報酬率比二%還要低，如果再考慮通貨膨脹的話，有的投資報酬率幾乎成了零。

從不動產市場來看，有數百萬計的民眾失去一切；有一部分的人還比原來更慘，因為他們為了挽救原本就不是真正屬於他們的不動產而負債累累。也有一些職業的投資者賠光了一切。但是對於一些股票市場以及不動產業界，少數真正專業的投資者來說，這「失落的十年」則是他們這一輩子「最好的十年」。

擁有財務教育的另一個不公平競爭優勢，利用自己擁有的錢，承擔更少的風險，創造出更高的投資報酬率，而且（在多數的情況下配合一位優秀的會計師）根本無須繳納任何稅金。

舉例來說，在本書中你已經看過有錢人是如何藉著財務教育，在第一年至少可以獲得二八%的現金投資報酬率，而且這個報酬率是還是由美國政府出面做擔保。

這個意思是說，如果你在某個投資案投資十萬美元，你會從政府收到二萬八千美元的現金補償，而且這筆現金你有權運用在任何地方。一般來說，我都是拿來作為節稅之用。除此之外，如果該投資案獲得成功，每個月就會給你一筆投資所得，這是一種稅賦較低的所得類別。

現在當有人打電話來想遊說我進行投資，如果他（她）所提議的投資案沒有辦法保證第一年獲得二八％投資報酬率，立即能把這些現金放回自己口袋的話，我是會立即婉拒這件投資案。當政府保證我可以獲得二八％現金投資報酬率時，為什麼我還要拿自己的錢去冒險呢？

我會考慮投資案最低的投資報酬率必定要有二八％水準。我許多的投資案就算是有一〇〇％，甚至二五〇％投資報酬率都嫌少，我想要獲得的是，無限大的投資報酬率。

「無限大的投資報酬率」意思是說，我想要把我投資進去的金錢全部拿回來。舉例來說，如果我投資十萬美元，我希望能在三年（或者更短）時間內，把這十萬美元通通拿回來。不只如此，我還要保有這份資產，同時還要擁有每個月的正現金流，而且我的收入以及原本的十萬美元都要以完全免稅的方式拿回來。

金額大小不重要。這個投資案可以是十萬美元，或是一千萬美元都沒有差別。唯一的差別是，財務教育的程度。

簡單來說，擁有無限大的投資報酬率，就是自己印鈔票的一種方式。你每個月可以平白無故收到一張支票，完全是免費的錢，就跟聯準會做的事情一樣。

「險峻海峽」（Dire Straits）這個樂團多年前有一首榮登排行榜的流行歌曲，其中有一段歌詞是「（你可以擁有）不勞而獲的錢以及免費的辣妹」（Money for nothing and chicks for free.）。我無法保證可以得到免費辣妹，但我絕對有辦法為自己爭取到不勞而獲的錢。如果你擁有紮實的財務教育，並且跟一群聰明睿智、行事合法、服膺倫理道德，而且擁有紮實財務教育的人一起進行投資，那麼你一樣可以獲得這種不勞而獲的金錢。

「不勞而獲的金錢」才是你投資於自己財務教育上時，真正所獲得的投資報酬率。雖然金錢世界裏永遠沒有所謂「保障」這回事，但是合法的財務教育可以讓你接觸投資世界裏擁有最高報酬率的投資案件，這些投資案擁有最低的風險，而且所需繳納的稅賦最低（有時甚至是零）。因此你第一個最重要的投資，就是投資在自己的財務教育上。

哪有這麼好的事？不可能是真的！

許多理財專員、股票營業員、不動產經紀人、保險業務員都會說：「如果有這麼好的事情，很可能不是真的。」

那些出售各種投資產品的人，經常藉著打壓、貶低，甚至貼上「風險高」的標籤等方式來把其他投資產品比下去，以凸顯自己打算推銷的金融產品。

對很多人來說，以上我所講的內容聽起來會讓人有「哪有這麼好的事？不可能是真的！」——對那些缺乏財務教育的人而言，的確是這樣子沒錯。

替笨蛋投資

當我聽到有人認為存錢是件聰明的想法，或者把錢交給理財專員來幫你買進各種共同基金是一種明智的抉擇時，都會讓我感到不可思議。

存錢是件完全不需要智商都可做到的事。把自己的錢交給理財專員來幫你進行投資的做法，完全不需要任何財務教育或者是任何財務IQ也都可以辦到。

一位馴獸師可以把猴子訓練懂得存錢，並且投資共同基金。就這麼簡單：如果猴子把錢拿到銀行擺著，馴獸師就給猴子一根香蕉吃，摸摸頭說：「好聰明的猴子」。要訓練一隻猴子來投資共同基金更加簡單，唯一要做的是，就是在領到薪水前，允許別人先領走（扣除）所得稅以及退休金帳戶規定要投入的金錢即可，反正猴子原本就看不到這些錢。

或許你已發現，猴子（monkey）和金錢（money）兩個字唯一的差別是「k」這個英文字母，而這個「k」代表「知識」（knowledge）。在缺乏知識的狀況下，一個擁有金錢的猴子，以及一隻沒有金錢的猴子，兩者之間是沒有什麼差別的。

現在有很多人都沒有什麼錢，但是當他們賺到一些錢之後，還是會繼續把錢拿到銀行存起來；而在他們在領到任何薪水之前，都會先讓退休金計畫的共同基金先對自己薪水做扣除的動作。

容我再次強調：存錢完全不需要任何財務教育就可以辦到。在當今環境下，存錢是一種愚笨的行為，尤其在各國央行都在憑空發行數兆美元的紙鈔下更是如此。存錢就好比像是在投資

「畢卡索的名畫」時，拿到的卻是印刷廠大量印製出來的仿製品。（鈔票和名畫）在這講的是同一件事：都是仿製品，完全不是真貨。

打敗這些央行們的最好辦法，就是印製自己真正的鈔票。多年來我一直在印製屬於自己的真正鈔票——完全合法、合乎倫理道德，同時還受到政府的祝福與幫助。

你一樣可以做同樣的事情，但是你必須先投資在自己的財務教育——因為唯有靠著自己的財務教育，才是獲得無限大投資報酬率的不公平競爭優勢。

最後，我的富爸爸經常說：「你的腦袋是自己最重要的一項資產。你的腦袋也可能是你這一輩子最大的負債。」

我寫這本書的目的是，希望你把自己的腦袋轉化成這輩子最偉大的一項資產，讓你因此而獲得不公平競爭優勢。

如果你無法將自己的腦袋轉化成一項資產也不需太擔心，你永遠可以繼續做一隻猴子。這就像你已經知道的，反正猴子也分不清楚香蕉以及真正的金錢有什麼不同。對牠們而言，什麼事情看起來都是一樣。

UNFAIR
advantage

【後記】

「我痛恨上學，但是熱愛學習。」

「我痛恨上學，但是熱愛學習。」

教育的目的

教育真正的目的是，讓人擁有把知識轉化成意義的能力。資訊時代所面臨的挑戰，就是具有排山倒海般的財務資訊，但卻嚴重缺乏真正的財務教育。

缺乏財務教育的狀況下，數百萬計的人就跟帕夫洛夫訓練的狗沒有什麼兩樣，完全按著牠們被訓練的模式去做。搖搖學校體制的鈴鐺，上班族就會拚命謀求一份工作，並把自己賺來的錢轉交給政府、銀行，以及華爾街的手上。

我要怎麼做？

幾天前，我去了一趟有機生鮮超市。在該店工作的一位收銀員擁有極為豐富的知識，他具有農業碩士學位，曾經經營過農場。不幸的是，三年的大旱災以及欠稅的狀況，讓他失去自己的農場。結果他在這個有機生鮮超市找到一份工作，並成為這間店的生機產品專家。他是一個認真工作的員工，已經管理這家商店超過二十年。

結帳時，他開口說：「你知不知道聯準會這家銀行根本不在聯邦體制下？」

我點頭說：「知道。」

「你知不知道聯準會和美國財政部，都在憑空印製上兆的美元？」

我再次點頭回應。

「你有沒有注意到食品的價格一直不斷上漲，政府還說根本沒有通貨膨脹？」

我回答：「是的，我有注意到食品的價格一直上漲。」

「那麼，政府怎麼可以宣稱沒有通貨膨脹這回事？」

「我自己也是經常這麼懷疑。」

當他把食品放到紙袋子時，又開口問：「我可不可以問你一個問題？」

「當然可以。」

「我們是不是有麻煩了？」

我回答：「對有人來說是的。」

他說：「我什麼都沒有，我的帳戶只有少許的錢。我一輩子都只能租房子住，因為我的信用非常糟。這次股票大跌讓我的退休金泡湯，我把錢提早領出來，結果還遭受到懲罰性罰款。」

我只是靜靜地搖著頭。

「我要怎麼辦？現在從頭來會不會太晚？我是不是太老了？」

「您現在多大年紀？」我問。

「五十二歲。」

我回答：「你還有很多時間，桑德士上校在六十六歲時創辦了肯德基。」

「他在六十六歲還從頭來過？」

「是的。由於新的高速公路沒有經過他原本擁有的炸雞店，因此他被迫宣布破產。一旦他看到自己能領到的社會福利保障津貼這麼少後，知道自己有了大麻煩。所以他就開始走遍全美，兜售自己炸雞的配方以及開餐廳的權利。在面對上千次的拒絕後，好不容易有人開口答應他的要求。接著，他就開始打造自己的連鎖事業，後來把事業公開上市發行股票，成為一個富有且家喻戶曉的人物。今天你可以在全球都看到肯德基，他也讓許多人變得很有錢。」

「有機食品業正在蓬勃發展。你認為我可以做同樣的事情嗎？」

「或許可以。」

「我是不是應該重返校園進修？」

我回答：「教育的確是很重要，但或許你應該尋找不太一樣的學校。」

關於教育的最後一點想法

當我還是小孩子時，我痛恨學校，但我卻熱愛學習。當時的我並不瞭解，現在回頭看，知道當時的學校教育拚命訓練我成為上班族，但我卻想要成為創業家。這是兩個不同的世界。

多年來，我已經學會要尊重教育的威力，同時也瞭解原來教育有許多不同的種類，也看到許多愈來愈老而且愈來愈悲苦的人，只因為他們拒絕學習新的事物，或者改變他們自己原本的想法。我們大概都認識一些像這樣子的人。

UNFAIR
advantage

【特別補充】

投資者的五種等級

我的窮爸爸經常說：「投資的風險很大。」

我的富爸爸卻常說：「身為財務文盲的風險很大。」

今天所有的人都知道自己必須要進行投資。但絕大多數人所面臨的問題，就跟我的窮爸爸一樣，都堅信從事投資的風險非常大。如果你本身缺乏財務教育、實際經驗，以及別人的指引等，那麼投資的風險的確很大。

學習投資是一件非常重要的事，因為投資就是達到財務自由的關鍵。對於那些不懂得投資，或者投資能力拙劣的人來說，會發生以下五種情形：

1. 他們一輩子都得辛苦工作。
2. 他們一輩子都得擔心錢的問題。
3. 他們會依賴他人，例如：家庭、公司退休金，或由政府來照顧等。
4. 他們生活的一切都受到金錢的侷限。
5. 他們無法體會什麼才是真正的自由。

我的富爸爸經常說：「除非達到財務上的自由，要不然你永遠都不會懂得什麼才叫作真正的自由。」這些話的意思是：學習投資遠比學習成為一位專業人士還來得重要許多。他說：「當你學習一種技能（例如醫生），你是在學習如何為錢工作。而學習投資則是學習如何讓錢為自己工作，一旦你的錢在為自己工作，你就擁有通往財務自由的門票。」他也說：「如果你是一位真正的投資者，當你有愈多的錢為自己工作時，繳的稅也就會愈來愈少。」

學習投資

我的富爸爸在我九歲時，利用大富翁遊戲當成教具，為我將來進入I象限打下根基。你可以在大富翁遊戲裏，找到最偉大的致富公式。永遠要記得這個公式：四個綠色房屋，一幢紅色旅館。

這遊戲的目的就是「現金流」。舉例來說，如果你在自己擁有不動產權狀的格子蓋了一棟綠色的房子後，就可以收到十美元，也就是每個月十美元的現金流。兩棟綠色房屋就是二十美元，三棟房屋就是三十美元，一幢紅色旅館就是五十美元。擁有更多的綠色房屋和紅色的旅館，就代表著更多的現金流、更少的工作、更少的稅金，以及更多的自由。

這款遊戲非常簡單，但是它所傳遞的教訓卻極為重要。

我的富爸爸在現實生活玩大富翁遊戲，他經常會帶著他兒子和我一起參觀他那些綠色房屋，也就是他後來把這些房屋換成一幢紅色旅館，一座位於威基基海灘的真正大旅館。

在長大的過程中，眼看富爸爸在現實生活中玩大富翁，讓我學到許多關於投資非常寶貴的教訓，分別是：

1. 投資的風險並不大。
2. 投資是很好玩的事。
3. 投資可以讓你變得非常、非常、非常的富有。
4. 更重要的是：投資可以讓你獲得自由，不需要為了糊口而困頓掙扎，再也不需要為了錢煩惱等。

換句話說，如果你夠聰明，就可創造出一個無論當時經濟的好壞或者市場的多空，不斷能為你產生現金流的管道，而這些現金流將會隨著通貨膨脹自動地做出調整，還能讓你繳納愈來愈少的稅金。

我的意思並不是說，不動產是唯一值得投資的對象。我利用大富翁遊戲，只是單純的想讓你們瞭解有錢人之所以會變得愈來愈有錢的原因。任何人都可以藉著股票的股利、債券的利息，或者是石油、出書，或者權利金等方式來獲得收入。

換句話說，條條道路都會通往財務自由。

財經「專家」

很不幸的，由於一般學校缺乏財務教育，許多人盲目地把錢交給他們心目中認為的財務專家：例如銀行家、理財專員、股票經紀人等人手中。這些「專家們」絕大部分都不是I象限的人，很多只是E象限中領薪水的上班族，或者是S象限中從事理財顧問的自由業者，專門賺取佣金或者手續費。這些「專家」有許多人都是不能停止上班的，因為他們並沒有擁有能幫助他們一直賺到錢的投資標的。

巴菲特曾說：「唯有華爾街這個地方，才會看到坐著勞斯萊斯的人向乘坐地鐵上班的人請教要如何投資。」

如果人們缺乏紮實的財務教育，將會無法分辨眼前這位理財專員到底是業務員還是騙子，是白癡還是天才。別忘了，所有的騙子看起來必定非常的斯文、客氣，他們一定會講你愛聽的話，語氣也一定會很客氣，要不然你根本都不想理他。

從事業務的工作並沒有不對。我們每個人都有東西需要銷售，但巴菲特也說：「千萬不要請教保險業務員自己是否需要投保。」凡是只要跟錢扯上關係，很多人會為了賺到你的錢在情急之下什麼話都講得出來，或者把任何東西賣給你。

有趣的是，絕大部分的投資者永遠都看不見把他們錢拿走的那個人。目前西方許多國家的員工，這些錢都是直接從他們的薪水當中預先扣除，連政府課稅也都採用這種方式。美國有許多上班族會讓他們的雇主直接把錢從薪水當中預作扣除，並把這些錢投資在四〇一(k)退休金計畫之中；這種退休金計畫是所有為退休預作準備而進行投資的方式中，最糟糕的一種。（四〇一(k)退休金計畫在不同的國家裏擁有不同的名稱：在澳洲稱之為超級年金計畫（**superannuation plans**），在日本也被稱之為四〇一(k)，而在加拿大則是被稱之為**RRSP's**）。

我之所以會說四〇一(k)是所有為退休預作準備而進行投資的方式中最糟糕的一種，是基於以下幾個理由：

1.《時代雜誌》（*TIME*）是支持我這種論調的。《時代雜誌》多年來有一系列報導，文中對於為什麼要讓這麼多人的退休金暴露在高風險之下的做法提出質疑。《時代雜誌》預計會有數百萬計的人們退休後，會面臨資金不足的窘境，是因為他們不斷把自己一輩子辛苦賺來的錢交給陌生人管理。一般傳統四〇一(k)退休金計畫會拿走八〇%的利潤；幸運的話，投資者或許還可以拿到剩餘二〇%的利潤。但是投資者要拿出一〇〇%的資金，並承擔一〇〇%的風險；而四〇一(k)退休金計畫則是一毛錢都不用出，完全不需要承擔任何的風險。就算在你賠的狀況下，退休基金仍然可以領到錢。

2.稅制是不利於任何擁有四〇一(k)的人。長期投資的資本利得所需要繳納的稅率比較低，大約是一五%左右。但是四〇一(k)把任何投資獲利都當成一般薪資所得加以課稅。一般薪資所得是稅率最高的，有時甚至高達三五%的水準。如果你想要提早把自己的錢領出來，還得再額外負擔一〇%的懲罰性稅率。

3.萬一股市大跌，你是沒有任何保障的。想要駕駛汽車，我必須為了意外而事先投保。投資不動產時，我會保火險或其他的意外損害險。但是四〇一(k)的投資者，對於股市的崩跌是完全無法事先進行任何避險的。

4.那些擁有四〇一(k)的人，是打算在退休之後過著貧困的生活。這就是為什麼許多理財專家經常會說：「當你退休之後，你的所得稅率會降低。」他們假設你在退休之後因為收入減少的關係，你會自動進入較低的所得級別。但是，萬一你在退休的時候非常富有，同時還擁有四〇一(k)退休金計畫，那麼你可能在退休後還要繳納比原本上班工作時還更多的稅。聰明的投資者在進行投資前，都會事先把稅制弄清楚。

5. 任何從四〇一(k)提領的收入，都要被視為以「一般薪資」來課稅，亦即下列三種稅率當中最高的一種：

- 一般薪資所得。
- 投資所得。
- 被動所得。

悲哀的是，許多理財專員，以及退休金的基金管理人根本就不是投資家，這些人很多只是E象限的上班族。目前，許多政府退休金以及工會退休金之所以會面臨這麼多的問題，就是因為這些員工並沒有接受過如何成為一個投資者的訓練。很多人根本不具備現實生活的財務教育。

雪上加霜的是，許多財務「專家」會建議這些沒有受過財務教育的人，要「長期投資於由股票、債券、共同基金等所構成的多樣化投資組合之中」。

為什麼這些所謂財務的「專家們」，也就是E象限的上班族或S象限的業務，他們偽裝成I象限的投資家為你你提出投資建議？這是因為他們能領到多少錢並不是取決於他們幫助你賺到多少，而是要看長期下來，你一共把多少錢交給他們來決定。如果你把錢擺在他們那愈久，他們就可以拿到更多的錢。

現實裏，真正的投資家是不會讓他們的錢長期停泊在一個地方。他們會不斷地移動自己的現金，這種策略被稱之為「金錢的速度」（velocity of money）。真正投資家的錢會一直不斷移動，買進新資產後移動，再買進更多資產。只有業餘的投資者才會把錢停泊在一個地方。

我並不是說四〇一(k)退休金計畫是無用的，但是我個人是絕對不會去申請的。對我而言，它們過於昂貴、風險太高、稅制又非常不利，而且對投資者來說非常不公平。

我只是想要表達：有許多更好的投資方式，不過都需要具備財務教育才行。

什麼才是最好的投資？

一般的投資者是分不清楚是為現金流投資，或是為資本利得投資。許多投資者進行投資都是為了獲得資本利得，不斷希望並且祈禱所擁有的股票或是房屋等價格會一直上漲。只要流入的現金流量大於所流出的現金流量，那麼你所投資的就是一個非常優質的投資案件。

務必記得：資產類別是無法讓一個人貧窮或者是富有的。舉例來說，當一個人問：「不動產是不是一種很好的投資？」我會回答：「我不知道。你本身是不是很擅長投資不動產？」或當他們問：「股票是不是一種很好的投資？」我的回答還是：「我不知道。你本身是不是很擅長投資股票？」

我想表達的重點是，投資標的或者資產類別絕對不是關鍵。是成是敗、是貧是富，完全取決於投資者本身的聰明程度。一個聰明的投資者可以在股市上賺到數百萬財富，而業餘投資人則是會賠掉數百萬的資金。

很不幸的，很多人都不認為學習如何投資是一件很重要的事情。這就是為什麼很多人會覺得說投資的風險很高，因此把自己的錢交給所謂的「專家們」，但這些專家們很多都不是真正的投資者，只是一些業務員罷了。無論投資者是賺是賠，他們一樣都有錢賺。

I象限的投資者一共分成五種類別（或者是等級）。

投資者的五種等級

第一級：財務智商為零

美國這個全世界數一數二有錢的國家，有超過一半的人口都位於I象限的最底層。簡單來說，這些人根本沒有任何錢可以拿來做投資。

許多很會賺錢的人一樣也是屬於這個等級。他們雖然賺到很多錢，但是他們花的遠比自己所賺到的還多。

我有位朋友從外表看起來非常的有錢。身為不動產經紀人的他，擁有一份很好的工作，一位美麗的妻子，三個孩子唸的都是私立學校。他們住在聖地牙哥一幢能俯瞰整個太平洋的洋房，他跟妻子都開著昂貴的歐洲進口車。當他的兒子和女兒長大後，也跟他們夫婦一樣開著價值不斐的汽車。他們看起來非常有錢，但說穿了，只是擁有一堆負債罷了。

當不動產市場崩盤後，他們也跟著垮了，無家可歸也付不起累積債務的利息。

當我們年輕時，這位朋友賺到很多的錢，但由於他過低的財務IQ——事實上就是零——長期下來，讓他的資產也變成零。由於他現在是這麼的深陷於債務之中，事實上他可以被稱之為比零這個等級還更低的投資者。

就像很多人一樣，他所有購買的東西價值要不一直在流失，要不就是害得他必須一直再花錢。他買的東西裏，沒有一樣會讓他變得更加富有。

第二級：「儲蓄」的輸家

許多人相信存錢是個聰明的舉動。當今面臨最大的問題是，所謂的錢已經不再是真正的金錢。

一九七一年，尼克森總統取消美元的金本位制後，所有的錢瞬間都變成債務。這也就是為什麼從一九七一年起所有物價都上漲，原因是美國擁有可以自己印鈔票來清償債務的權力。

就現在而言，儲蓄的人都是最大輸家。自一九七一年起，與黃金相較之下，美元價值已經貶掉九五%，不須再四十個年頭，美元就會失去僅剩的五%價值。

別忘了，在一九七一年時，黃金每盎司三十五美元；四十年後，每盎司黃金價格已經超過一千四百美元，表示美元損失大量購買力。隨著美國國債暴增到數兆金額，以及美國政府不斷印製大量假錢的狀況下，只會讓這個問題更加嚴重。

隨著聯準會以及各國央行不斷地高速發行數兆的貨幣，每增加一張鈔票就代表著要繳更多的稅，以及更嚴重的通貨膨脹。但是數百萬計的人仍然完全無視於這樣的情勢，還繼續相信存錢是一種聰明的做法。在很久以前，當貨幣還是真正金錢時，這麼做的確是明智的行為。

現在全世界最大的交易市場就是債券市場。「債券」其實就是「儲蓄」的另外一種形式罷了。對於許多不同類型的儲蓄者來說，都有符合他們需求的債券可以投資。一般來說，有美國國債、公司債券、州政府債券，以及垃圾債券等。

多年來，大家一致公認美國政府以及各州政府所發行的公債，都是非常安全、穩當的。但在二〇〇七年爆發金融危機，就如許多人所知道的，這次的危機完全是因為不動產貸款抵押證券（MBS），亦即一種衍生性金融商品所造成。上百萬的不動產貸款抵押證券都是由次級房貸構的，而次級房貸就是違約風險很高的人向銀行所申請的房貸。或許你知道其中有許多人向銀行進行申貸時，連工作或收入都沒有，但是他們一樣可以申請到房貸來購買他們一輩子都付不起的房子。

華爾街的銀行家把這些次級房貸包裝成債券形式，並像施了魔法般地貼上最高等級的投資評等，然後賣給各種投資機構、銀行、政府，以及一般投資人。對我而言，這根本就是詐欺，但這就是我們當前的銀行體系。

一旦申辦次級房貸的人繳不起貸款利息時，這些不動產貸款抵押證券的炸彈就在世界各地開始爆炸了。

令人玩味的是，巴菲特所擁有的評比公司——穆迪信評——把這些次級房貸債券給予「AAA」最高等級的信評。現在有許多人責怪高盛、摩根大通等大銀行引發這次危機。但是，如果這次的危機要怪罪任何人，就應該怪巴菲特。他是一個非常聰明的人，他很清楚知道自己在做什麼，穆迪信評一直不斷地把腐臭的狗肉貼上頂級牛肉的標籤。這根本是一種犯罪的行為。

問題是，這些次級房貸所引發的危機，在全世界已經蔓延。當今像是愛爾蘭和希臘等國都面臨極大困境，他們繳不起自己發行的債券所積欠的利息。以美國為例，美國政府和各州政府都已經瀕臨破產，一樣也繳不起自己所發行公債的利息。

二〇一一年，隨著債券市場已經證明投資公債也有風險，因此有數百萬計的個人、已退休人員、退休基金、政府部門，以及銀行等都面臨極大的麻煩。

除此之外，一直上揚的通貨膨脹也讓債券的風險不斷提高，這就是為什麼只知道存錢的人是最大的輸家。舉例來說，如果公債每年給予投資者三%利息，而通貨膨脹率卻是五%，一旦這些年報酬率三%公債會發生價值下跌，那麼這位投資者原本擁有的價值將會消失。

在這種狀況下，中國將會是最大輸家。因為目前中國握著上兆美元的美國公債，當美國政府一直在利用印鈔票，並發行更多公債來讓美元大幅貶值時，那麼中國投資在美國公債的價值也會跟著消逝。如果中國不再買進美國公債的話，那麼全球的經濟會立即停頓、崩潰。

上百萬已經退休的人都面臨和中國類似的情況。那些已經退休，認為公債都是安全穩當的人在退休之後都需要獲得穩定收入。但是，現在隨著大大小小的政府一一倒閉破產，並且面臨高通貨膨脹下，這些利用公債把錢儲蓄起來的人，逐漸會發現自己是輸家。

州政府所發行的公債，本質上就是該州政府、各個市政府、醫院、學校，以及各種公家機關所發行的一種借據（IOU）。投資州政府公債有一項優勢，就是許多這類的公債利息收入是免稅的。缺點是，這些州政府的公債並非完全零風險。

上百萬買進州政府公債的投資者開始發現，他們所投資的州政府公債都面臨嚴重的問題。

再以美國為例，有超過三兆美元的資金是投資在州政府公債中。據估計，這些州政府公債當中有三分之二因為公家機關瀕臨破產的關係而面臨違約的風險。如果這些州政府、市政府、醫院，以及學校等公家機關無法再次獲得現金的挹注，那麼美國可能因為這些機關繳不起債券利息，而從基層發生金融內爆，就像當年次級房貸的貸款人繳不起房貸利息一樣。

公債市場是當今全球最大的交易市場，比所有的股票市場和不動產市場來得大許多。理由是因為有太多的人偏好存錢，也就是那些第二級投資者。很不幸的，從一九七一年起，當金錢規則發生改變後，這些偏好存錢的儲蓄者變成最大的輸家，就算他們把自己的錢拿去買公債也一樣劫數難逃。

千萬不要忘記那些偏好存錢、持有公債、把錢放在退休金計畫的人，都是在把自己的錢停泊在某個定點進行長期投資。而專業投資者卻會不斷移動他們的資金。他們會把錢放在資產中，並在不賣出資產的狀況下收回自己的錢，繼續把自己的錢拿去購買別的資產。這也就是為什麼那些會把錢停泊在定點的人（例如存錢儲蓄）是當今最大的輸家。

第三級：我太忙了

這個等級的投資者因為生活過於忙碌，無法學習任何有關於投資的事情。處於這個等級的投資者多半都受過高等教育，但是太忙於自己的事業、家庭、其他興趣嗜好、甚至是渡假等，所以寧可維持財務上的天真無邪，並把自己的錢交給他人來管理。

這個等級的人擁有最多的四〇一(k)以及個人退休金帳戶（IRA），而且有很多非常有錢的人也是屬於這個等級。他們很單純的把自己的錢交給另外一位「專家人士」，然後不斷期望並且祈禱這位專家能有專業的表現。

二○○七年，金融危機發生後，這些有錢的人很快發現他們一直信任的專家其實一點都不專業，甚至更慘的，發現這個專家根本不值得信任的人。

短短幾個月內，隨著不動產和股票市場雙雙下跌，數兆美元的資產瞬間化為烏有。驚慌失措下，這些投資者打電話給他們所信賴的專家，求這些專家拯救他們。

結果少數有錢的投資者發現他們所信任的專家，其實是極度老練的騙子，經營著極為精巧複雜的龐氏騙局。龐氏騙局就是利用新加入投資者所繳的錢，拿去當成早先加入投資者獲利的一種騙局。只要新加入投資者拿出來的錢，足夠當成早先加入投資者的利潤時，這個騙局就可以繼續維持下去。以美國為例，馬多夫為什麼會這麼有名，是因為他成功的「騙走了」許多億萬富翁的錢。

當今世界存在著許多合法以及非法的龐氏騙局。社會福利保障制度就是一種合法的龐氏騙局，所有的股票市場也都是。在上述兩個體制下，只要不斷有新的錢加入這個體系就可以繼續維持運作。如果資金不再流入這個體系，那麼這場騙局——無論是馬多夫的騙局、社會福利保障制度的騙局，或者是華爾街等——通通都會垮掉。

第三級投資者，也就是「我太忙了」的這些投資者所面臨的問題，他們賠錢的時候，根本學不到任何的教訓。除了慘痛的經驗外，他們根本沒有獲得任何其他投資方面的經驗。唯一能做的，就是責怪他們的投資顧問、市場，或者是政府。如果一個人搞不清楚哪裏發生錯誤，那麼他就很難從這些錯誤中學到任何有價值的教訓。

第四級：我已經是專家了

這就是「凡事自己來」的投資者。當你檢視現金流象限時，這些人屬於S象限的人。許多人一旦退休後，就立即成為第四級投資者。

這種投資者通常會找上給退佣的股票經紀人買賣一些股票。有趣的是，這類人可以自己做功課、研究，並且自己下判斷，但為何還要給股票經紀人這麼高的佣金？

如果這些人投資不動產，這種凡事自己來的人就會開始尋找、自己修繕，管理他所購買的不動產。

如果這個人偏愛黃金，他們就會自己動手買進，並且儲放黃金和白銀。

絕大多數多數的情況下，這些凡事自己來的投資者擁有極少（如果有的話）正式的財務教育。畢竟凡事都可以自己來，何必還要跟別人學呢？

這些人往往上了一、兩堂課，這些課的主題通常非常狹隘。舉例來說，如果他們喜歡買賣股票，那麼他們所選的必定都是一些和股票相關的課程，這對於偏愛不動產的人來說，也會是同樣的情形。

我在九歲時，富爸爸藉著大富翁遊戲啟發我的財務教育，希望我能看到投資世界的格局。以下就是他希望我這輩子要不斷下工夫研究，幾大項最基本的資產類別。也就是：

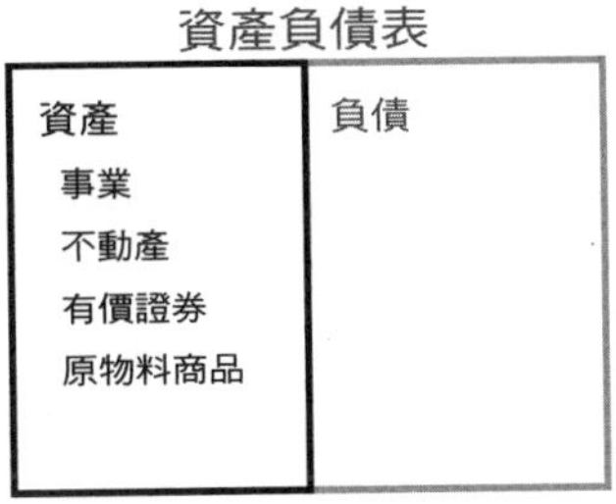

隨著愈來愈多人知道自己必須進行投資時，數百萬計的人都會成為這四種資產類別中的第四級投資者。

二〇〇七年市場崩跌後，數百萬計的民眾都轉型成為創業家、成立小公司，或趁不動產低檔時投資。但是絕大多數人寧可冒風險，用自己的方式買賣股票。隨著美元不斷貶值，也有上百萬的人開始儲存黃金和白銀，不再儲蓄現金。

很明顯的，那些持續在自己財務教育進行投資，上例行的課程並且聘請教練來提升自己績效的人，成果絕對會遠遠超過那些凡事自己來的表現好。

若具備紮實的財務教育，那麼第四級投資者就會晉升到下一個等級，也就是投資者的第五等級：資本家。

第五級：資本家

全世界最富有人都是這個等級。

第五等級的投資者，也就是資本家，是一個B象限老練的企業主，並且會在I象限進行投資的人。

就如前文提到的，第四等級投資者是位於S象限「凡事自己來」，並且會在I象限進行投資的人。

以下就是一些第四級投資者和第五級投資者，兩者的差異：

1. S象限投資者，用自己的錢進行投資；B象限投資者，用別人的錢進行投資。這就是第四級和第五級投資者兩者之間最大的差別。

2. S象限投資者通常各自進行個人投資（S這個字同時也代表著聰明smart之意）；B象限投資者投資時，都是由團隊進行投資。B象限投資者本身不需要是最聰明的人，他只需要擁有最聰明的團隊就可以了。

許多人都知道「三個臭皮匠勝過一個諸葛亮」的道理。但許多S象限投資者仍然相信他們才是全世界最聰明的人。

3. S象限投資者賺到的錢遠B象限投資者來得少很多。

4. S象限投資者經常要繳納比B象限投資者還要高的稅金。

5. S象限同樣也代表著自私（selfish）。當他們愈自私時，能賺到愈多的錢；B象限投資者則是必須要非常慷慨才行。當他們愈慷慨時，就能賺到愈多的錢。

6. 身為一個S象限投資者是很不容易籌措（募集）資金的；B象限投資者則是很容易就可以籌措到資金。一旦一個人知道如何在B象限打造事業，他的成功就會自動吸引到投資資金。「如果」你在B象限獲得成功，那麼你很容易在I象限籌措資金（不過這個「如果」並非你想像的那般簡單）。

在S象限的成功人士，以及在B象限的成功人士兩者的分別是：籌措資金的難易度。一旦某人在B象限獲得成功，生活就會變得非常容易。其實最大的挑戰在於，如何在B象限先獲得成功。

在S象限成功的人所面臨的最大問題，就是很不容易籌措足夠資金。舉例來說，B象限的事業藉著股票公開上市就非常的容易籌措到足夠的資金。臉書（Facebook）在這個年代獲得成功的故事，就是B象限企業容易籌措資金的絕佳範例。如果臉書一直維持原本小規模的網路顧問公司，那麼想要籌措到投資家的資金就會顯得困難。

另外一個案例是麥當勞。如果麥當勞維持原本一家店面的狀態，也就是S象限的營運模式，那麼絕對不會有人投資它。一旦麥當勞開始以B象限的方式拓展出一個連鎖加盟系統，並且在股票公開上市後，資金就源源不絕地湧入。

企業之所以會願意賣出「股份」，是因為當他們分享出愈多的股份，那麼這位創業家就會變得愈富有。一個S象限事業很難賣出股份的原因，是因為事業規模太小無法與人分享的關係。

若以不動產來看也是同樣的道理。當我還是一個不動產小額投資者時，也就是專門投資家庭住宅、產權獨立的公寓住宅，以及四到三十單位的出租公寓時，想要申請到貸款是件非常困難的。一旦我跟金開始投資超過一百個出租單位的公寓住宅大廈後，各家銀行就排隊想要把錢借給我們。理由是，那一百間出租公寓的價格是上千萬的投資案，而銀行並不是把錢借給投資人，他們是把錢投資在不動產上。換句話說，對於那些超過一百間出租單位的公寓大廈投資案而言，銀行會更加仔細地對建築物本身進行評估，而不是申請貸款的投資人。

除此之外，銀行寧可借出一千萬美元，而不是區區的一萬元，因為這兩筆資金的放款手續一模一樣。別忘了，銀行家最喜歡借錢的人，因為貸款會讓銀行變得更有錢。

一旦銀行對於我們管理大型出租公寓計畫的能力感到放心後，就會迫不及待的排隊來把錢借給我們，就算是爆發金融危機也沒有影響。

問題是：第五級投資者的資金是從何處來的？答案是：他們資金來源，就是從那些把自己的錢存到銀行裏和退休金之中的那些第二級和第三級的投資者。

白手起家

為什麼本書一開始要從金和我無家可歸開始講起，是要讓各位讀者知道「身無分文」不可以拿來當成一個阻礙自己變得更聰明、擁有偉大夢想，以及變成有錢人的藉口。

我這輩子大部分時間都面臨錢不夠用的窘境。如果當年我把「錢不夠」當成自己的藉口，那麼我永遠都不可能成為一個資本家。這點非常重要，因為一個真正的資本家一直都是沒有錢的，這就是為什麼他必須學會如何籌措資金，並且運用別人的錢，來幫助許多人賺大錢。

如何成為一位資本家

我的父母希望我在E象限獲得成功。我的父親建議我要好好上學，獲得博士學位（就跟他自己一樣），然後做一個E象限的人來替政府工作，或者是在大型企業努力向上爬。身為護士的母親，希望我成為一個S象限的醫生。

我的富爸爸建議我成為一位資本家。這意味著，我必須研究，並學會能讓在B和I象限獲得成功的各種技能。

我的父母非常相信例如大學、法律學院、醫學院等這類傳統學校，他們非常重視好成績，以及那些像是法律、醫學院學位等文憑和學位。

我的富爸爸非常篤信教育，但並非傳統學校裏的那種。與其上學，他報名那些能夠提升自己經營事業和投資技能的各種課程和研討會，他一樣也會參加個人成長課程。他對在校成績和文憑一點都不感興趣，他想要在現實生活中，強化他在B和I象限運作的能力和技巧。

當我還在唸高中時，我的富爸爸經常飛到檀香山，去參加一些關於創業投資的課程。有一天，當我跟窮爸爸說富爸爸要去上一堂銷售課程時，窮爸爸大笑不已。他完全無法理解，為什麼會有人想要去學習銷售，尤其是當這些課程上完後，都沒有辦法抵掉社會大學的學分來獲得更高的文憑。我的窮爸爸也一直瞧不起富爸爸，是因他只有高中肄業而已。

擁有態度和所受教育完全不同的兩位爸爸，我很早就察覺所謂的教育並非只有一種類型。傳統學校就是為了那些想要在E和S象限獲得成功的人所設立，而另外一種教育是為了那些想要在B和I象限獲得成功的人所設。

一九七三年，我從越南返鄉，認為是自己應該要下決心跟隨哪一位爸爸的時候了。我是不是應該追隨窮爸爸的腳步，回到學校並成為一個E或S象限的成功人士，還是走上富爸爸之路，成為B和I象限的人，甚至進一步成為資本家呢？

同年，我的富爸爸建議我去上一些關於如何投資不動產的課程。他說：「如果你想要成為一個成功的資本家，你必須要學會如何籌措資金，並且如何利用負債來賺錢。」

於是，我參加一個為期三天，教人如何投資不動產的課程。這就是我開始接受教育，準備邁入資本家世界的開始。

在參觀上百件不動產後的幾個月，我百分之百的利用貸款（零頭期款），在茂宜島買下第一間出租公寓，並讓我每個月獲得二十五美元的正現金流。我啟動自己在現實生活當中的教育。我在學習如何利用別人的錢來賺錢，就像任何真正資本家做的一樣。

一九七四年，我和海軍陸戰隊的合約到期，因此我加入全錄公司，並不是因為我想要在大型企業出人頭地，而是當時全錄公司擁有全國最佳的銷售訓練課程。再次強調，這麼做是我富爸爸教育課程的一項，目的是要訓練我成為一位資本家。

一九九四年，我和金已經達到財務自由，完全不需要謀求一份工作、申請公司或政府所成立的退休金計畫。富爸爸完全說對了：我所接受的教育可以讓我獲得自由，但絕對不是一般傳統學校的課程。

二〇〇七年，各個市場開始崩跌時，我們的財富沒有跟著經濟一起下跌，而是一飛沖天。當股市和不動產市場崩跌後，許多絕佳的投資案浮出檯面，所有銀行更是急迫地想把數百萬美元借給我們，買下他們手中已經宣布倒閉破產的不動產投資案件。光是二〇一〇年一整年，我和金就買進超過八千七百萬美元的不動產，完全是利用銀行的貸款以及各種退休基金所提供的資金。到目前為止，該年度是我們有生以來收獲最多的一年。

就如富爸爸所說：「如果你是一位真正的投資者，那麼市場是漲是跌完全跟你無關。一個真正的投資者在任何市場的走勢當中都會有很好的表現。」

你目前的處境？

花點時間檢視自己目前的處境。

你是不是第一級投資者？

如果你的資產欄位空空如也，而且你沒有從任何投資獲得固定收益，甚至還背負著許多債務的話，那麼你就是在最底層的一級，也就是零。

如果你深陷債務之中，或許你最佳的投資就是先從擺脫壞的債務開始著手。

深陷債務並沒有不對，但是不採取任何行動來處理就不應該了。當我賠掉第一個事業時，我背負上百萬美元債務，大概花了我五年的時間，才讓我重新回到損益兩平。從許多方面來看，從自己的錯誤學習並汲取教訓，同時負起責任處理自己所犯的錯誤，可能是我這輩子收穫最多的一次教育。如果我不從自己的錯誤學習，那麼今天絕對不可能擁有這樣的結果。

我和金設計一個簡單的課程和工作簿——「我們是如何擺脫壞的債務」（How We Got Out of Bad Debt），裏頭詳加解釋我們是利用什麼樣的程序來清償上百萬元壞的債務。這是一個幾乎毫無痛苦、又極為簡單的過程，你唯一需要的，就是擁有一點點的紀律以及學習的意願就能辦得到。

你是不是第二級投資者？

如果你是一個儲蓄者，那你就要小心了，尤其是那些把錢放在銀行或者是擺在退休金計畫中的人。基本來說，任何存錢儲蓄的人都是輸家。

存錢通常是那些完全不願意學習新事物的人所採取的策略，因為這完全不用任何財務ＩＱ就能得到，你甚至可以訓練一隻猴子來做這件事。

存錢所要承擔的風險，就是學習極為有限。萬一市場大跌、貨幣大幅貶值，你的存款化為烏有時，那麼到頭來金錢和教育兩者通通都沒有。

別忘了，從一九七一年至今，美元已經貶掉九五％購買力，僅剩下的一點價值根本不需要這麼久就會消失。

就如一開始所說，如果在錯誤的價格買進黃金，那就算是持有黃金也都有可能讓你虧錢。

我會建議你上一些和投資相關的課程，無論是股票還是房地產，任何你自己感到興趣的課程都可以。

如果沒有任何課程能引起你的興趣，那麼就請你繼續存錢吧。

別忘了，全世界最大的交易市場就是債券市場，這是因為絕大多數的人和公司行號都是儲蓄者，而非投資者。這對儲蓄者來說，可能會覺得匪夷所思，但是債券市場以及銀行真正需要的是——大量向他們借錢的人。

你是不是第三級投資者？

這個等級與第二級投資者非常相似，但這個等級中的投資者，會願意投資風險更高的投資工具之上，例如股票、債券、共同基金、保險、ＥＴＦ等。

再次強調，這個等級投資者所承擔的風險就是如果他賠光一切，就會一無所有——而且還學不到任何的東西。

如果你已經準備好跳脫第三級，又在自己財務教育做投資，並且重新掌控自己的金錢，那麼第四級對你來說將是一個非常好的目標。

你是不是第四級投資者？

如果你是一位職業投資者，那麼恭喜你，極少數的人會願意投資時間學習管理自己的金錢。第四階級獲得成功的訣竅就是一輩子不斷地學習，而偉大的老師、優秀的教練，以及思維相近的朋友就是關鍵。

第四階級的投資者會掌控自己的生命，知道他們所犯的錯誤就是讓自己學習和成長。投資的恐懼不會讓他們無所適從，反而會激發他們挑戰的心理。

你是不是第五級投資者？

對我而言，位於第五級投資者的資本家，就等於站在世界頂端。這個世界真的會變成你的，完全沒有任何侷限。當今高速科技環境下，想要在這個富足的世界成為資本家，變得比以前容易許多。

如果你已經到達這個等級，請你不斷學習，並且奉獻。別忘了，真正的資本家都是非常慷慨，因為B象限資本家都清楚知道要付出愈多，才能獲得更多。

這是你的選擇

自由最棒的一點，就是你可以選擇自己想要的生活、居住的地方。

一九七三年，我二十六歲時，很清楚知道自己不想過著親身父母那般的生活，也不想量入為出、每個月盼望發薪水的日子、苦苦保持收支平衡等生活方式。對我而言，這根本不配稱之為生活，或許這麼活對我父母而言已足夠，但在我內心深處知道，這並不是我想要的生活。

我也知道重返校園來攻讀更高的學位也不是我想做的事情。我很清楚知道唸書是沒有辦法讓人致富發財的，是因為我眾多的親戚都擁有很高的學歷。我許多叔叔和嬸嬸都擁有碩士學位，有一些甚至還擁有博士學位。

我也不想變成一個E象限的人，拚命努力在大型企業裏出人頭地；我同時也不想成為S象限的專業人士。

當我踏上一個冷門途徑，決定要成為一位創業家和職業級的投資家。我想要擁有能夠在全世界到處旅遊、做生意、做投資的自由。

這是我自己做出的選擇，不建議大家都走上這條路。但是我的確強烈建議你一定要做出自己的選擇。這才是真正的自由：能擁有做出選擇的能力。

我鼓勵你再次檢視投資者的五種等級，並且做出自己的選擇。每一個等級都有自身的利弊得失、優勢和劣勢。每一個等級都得付出比金錢還要更大的代價。

如果你選擇第一、第二，或第三級，那麼有眾多其他個人和組織，都夠資格來協助你在這些等級中進行投資。

一九九七年，金和我共同成立富爸爸公司，提供各種教育遊戲、課程，以及培訓教練，來輔導協助那些想要成為第四，或第五等級投資者的人。

有關投資的最後叮嚀

在金錢世界裏，你常會看到「投資報酬率」這個名詞，但會跟你跟誰說話而有不同的解讀方式。舉例來說，如果你跟銀行家說話，他可能會說：「你的錢我們會給予三%利息。」這對許多人來說可能很不錯。如果你跟一位理財專員說話，他可能會說：「你可以預期每年獲得一〇%左右的投資報酬率。」對許多人來說，一〇%真是讓人很興奮。

對許多人來說（尤其是E和S象限的人），當投資報酬率愈高時，伴隨的風險也就跟著變高。那些願意承擔一〇%投資報酬率的人，內心早有先見之明，知道一〇%一定比三%的風險來得高。事實的確是這樣的。

諷刺的是，銀行提供三%投資報酬率，以及股票市場一〇%投資報酬率，兩者都必須承擔極高風險。存放在銀行裏的錢所要承擔的風險是，政府不斷地印鈔票所造成的通貨膨脹以及更高稅率。在股票市場一〇%投資報酬率所承擔的風險是，基於高速電子交易造成劇烈的市場波動，以及投資時不進行保險的風險。

在我的世界裏，投資報酬率所代表的意義是投「資」報酬率。這個意思是說，每當我掌握到更多資訊時，所獲得的報酬就會愈高，伴隨的風險也跟著愈低。

我先警告大家，接下來要講的話可能聽起來像是胡言亂語，或者聽起來好到不可能是真的。但是我在這向你保證，這一切完全都是真。

在我的世界裏，身為一個第四和第五級的投資者，我所期待的是無限大的報酬率，同時伴隨著極低的風險。無限大投資報酬率是指「不勞而獲的金錢」。換句話說，投資者完全不需要在投資案裏挹注任何資金，就可以不停獲得收入。

稍早的內容裏，我曾提到自己在一九七三年參加一堂不動產課程。在參觀上百間的不動產後，利用百分之百的貸款在茂宜島上買下一間小住宅，意指我完全沒有動到自己的錢，每個月還可以收到二十五美元。因為我完全沒有投入資金，這二十五美元就算是無限大的投資報酬率。就如剛剛我引用的那段文字所言：「我現實生活的教育就此開始。我開始學習如何利用別人錢來賺錢，就像是一個真正的資本家。」

我知道每個月區區二十五美元的收入聽起來並非一大筆錢。但對我而言，最重要的並不是金額大小，我在學習一種全新的思維模式，一種處理資訊，並創造結果的新模式。

我今天之所以能擁有這麼多錢，是因為我接受不同的訓練和教育，讓我擁有不同的思維。如果你曾經閱讀《富爸爸，窮爸爸》這本書，可能還記得該書某個章節的標題是「富人不為錢工作」。為什麼眾多E和S象限的人會對這個標題感到困惑不已的原因，是因為他們絕大部分的人上學都是在學習如何為錢工作。他們上學並不是要學習如何來讓錢為自己工作。

當金和我成立富爸爸公司時，我們從投資家募集到二十五萬美元。一旦公司正式營運後，我們很快地把錢還清，直至今日該公司已經給我們帶來數千萬美元的回報，而且不只是金和我而已，還包括許多其他和富爸爸集團有關係的公司和個人。就如我經常強調的：資本家都是非常慷慨的。

我想表達的重點是，一旦某人學會如何無中生有（利用別人的金錢或者是銀行的錢）來賺錢，那麼他們就進入一個截然不同的世界。這個世界完全與E和S象限的世界，也就是「辛勤的工作、極高的稅賦，以及很低的投資報酬率」全然相反。

為什麼會有這麼多人相信存錢是明智的決定，或者從股票市場獲得一〇％投資報酬率是很好的結果，完全是因為他們缺乏財務教育的關係。

你最佳的投資報酬率絕對不會是因為投資案件本身，而是取決於你所獲得的資訊，這就是為什麼財務教育是這麼重要，尤其是當我們面臨這麼不確定的未來時，更能凸顯它的重要性。務必要記得「教育」這個字有著這樣的意思：教育能讓人把資訊轉化成有意義的事情。在資訊時代裏，我們被大量的財務資訊所淹沒，尤其當我們缺乏財務教育時，是沒有辦法把這些資訊轉化成生活中有意義的事情。

總而言之，我會說I象限對你的未來而言，是最重要的一個象限。不管你現在以什麼為生，你在I象限的表現將會決定你未來的水準。換句話說，就算你在E和S象限只能賺到少許的錢，但是獲得I象限的財務教育則是你邁向自由和財務保障的關鍵。

舉例來說，我妹妹是一位喇嘛，她在S象限幾乎完全沒有任何收入。但是她參加我們所舉辦的投資課程，持續增加她的財務教育。現在她的未來充滿光明，是因為她把存款和共同基金的錢領了出來，並且開始投資於不動產和白銀。在二〇〇〇年到二〇〇一年之間，她在I象限賺到的錢，比她一輩子作為一個喇嘛所能賺到的錢還要多。

我對我妹妹的表現感到非常驕傲。雖然她的職業是一位喇嘛，但是她不需要做一個非常貧窮的喇嘛。

繼續閱讀之前

這樣就可以完全的把現金流象限解釋完畢。在我們繼續前進之前，要問你一個非常重要的問題：

1. 你目前是哪個等級的投資者？

如果你非常認真地想要迅速致富，那麼請你一而再、再而三的重複閱讀這五種投資等級。當我每次重新閱讀時，都可以在各個等級中看到一部分的自己。我不但可以看出自己的強項，同時也能認清阻礙自己進步的一些缺陷。想要大大增加自己財富的方式，就是先強化自己的強項，同時認清自己人格上的缺陷，要做到這點，得先接受自己，停止假裝自己非常完美。

我們通常都會習慣自我感覺良好。我一輩子都夢想著要成為第五級投資者。當富爸爸向我解釋一個選股票的人是跟一個買彩票賭馬所做的事情極為相似時，那一刻我就知道自己要成第五級投資者。但是當我研究這些不同等級的投資人後，立刻就看出阻礙自己成長進步的人格缺陷，我發現自己在第四級裏面有著缺陷，尤其是在面對壓力時就很容易露出醜陋的一面。我內心擁有敢賭敢衝的心態雖然不壞，但是有時並不是一件好事。因此在金、朋友們，以及額外學習的引導下，我開始認清，並接受自己人格上的缺陷，並把它轉化成我的強項。這麼做之後，我第五級投資能力，立即獲得長足的進步。

雖然我今天以第五級投資者運作，我仍然會一而再、再而三檢視這五種投資等級，並且不斷地在自己身上下工夫。

還有一個問題要問你：

2.你在未來想要或者必須成為第幾級投資者？

如果你兩個問題的答案都是一樣的話，那麼你現在已經過著自己想要的生活。如果你現在對自己的處境感到非常快樂，那你就不需要再繼續閱讀本書了。生命當中最快樂的事情之一，莫過於對自己目前的處境感到滿意和快樂。恭喜你了！

警告

任何以成為第五級投資者為目標的人，必須事先澈底開發並強化自己第四級投資者的各項能力。在你邁向第五級投資者的過程中，絕對不能略過第四個等級。任何想要走捷徑省略第四級投資者的人，實際上根本就是一個第三等級投資者——一個賭徒！

UNFAIR advantage

【給你的分紅】

作為分紅……

我特別增添「給你的分紅」章節，一共有八個和富爸爸財務教育和課程相關的問題。

隨著回答每個問題，我會說明為什麼我篤信我們提供的課程，這對於想要在美麗新世界獲得成功的人更是如此。這些問題同時也解釋，當你投資在自己身上時，這些課程又是如何帶來巨大的收穫。如此一來，你就可以選擇成為解決世界目前所面臨的各項挑戰中的一分力量。

羅勃特・T・清崎

Bonus FAQ #1：為什麼富爸爸公司與眾不同？

▼常見問題

富爸爸公司的教育課程為什麼與眾不同？

▼簡單回答

我們藉著把財務教育變得很好玩、富有娛樂性，同時又非常簡單來作為開始。接著你才需要決定朝哪個方向學習，以及你願意做多深入的學習。

▼解釋

坊間許多財務教育一開始時，都是從小處（小格局）著手。就如你在電視、網路，或者印刷刊物所看到的廣告，無論是買賣股票、外匯交易、翻修轉賣房屋、買法拍屋、短線操作等，都是一些關於投資技巧方面的課程。這些都只是技巧，如何做一件事情的方法。就我個人來看，這樣的格局很狹小。技巧固然很重要，但是以上這些課程比較像是在做訓練而不是教育。

我和金一起發明現金流遊戲系列—一〇一、二〇二，以及現金流兒童版等，並且還有紙板遊戲以及線上遊戲兩種規格，讓金錢的世界變得好玩、富娛樂性、又非常簡單易懂。

我之所以會用「很好玩」這幾個字，因為一旦你熟悉遊戲後致富發財就變成一件很好玩的事情。遊戲會讓學習過程變得非常有趣，就如「學習的圓椎」所呈現的一樣，藉著「模擬」的方式（也就是現金流遊戲所採用的方式）是學習，並吸收新知識最佳的一種方式。

在講述不公平競爭優勢時，我以高爾夫球運動為例，一開始學習這個運動時非常容易有挫折感。但經過上課、練習、演練，參加各種比賽來挑戰自己，就會變得愈來愈好玩。就像許多高爾夫球選手會說：「這個遊戲就是讓你欲罷不能。」

雖然在金錢遊戲中，我並不是每戰皆捷，但這個遊戲的確會讓我欲罷不能。它非常的有趣、富挑戰性、變化多端，而且還可以獲利。重要的是，我一旦開始獲勝，就再也不需要擔心是否擁有穩當的工作，或者自己退休後錢到底夠不夠用等。我可以賺到更多的錢、繳納更少的稅，同時也獲得任意調配時間的自由。

就如你從本書所學，基本面投資者為了獲得現金流，而技術面投資者是為了獲得資本利得。而且你也學會現金流所要繳納的稅金會比資本利得少很多。許多投資課程，無論是買賣股票、不動產、翻修轉賣房屋、外匯交易等，通通都在強調資本利得。而現金流遊戲系列，無論是一〇一、二〇二，都在教你一同為現金流和資本利得來投資。

知道如何同時為資本利得和現金流進行投資，就是在現實世界裏擁有不公平競爭優勢的基礎。

不公平競爭優勢的基礎：現金流 101 教你投資的基礎

職業 ______ 玩家 ______

目標：藉著讓自己的被動收入金額大於總支出來跳脫老鼠賽跑進入快車道

收入支出表

收入

項目	現金流
薪資：	
利息／股利：	
不動產／事業：	

審計員 ______

（坐在你右手邊的玩家）

被動收入：
（從利息／股利＋不動產／事業獲得的現金流） **$** ______

總收入： $ ______

支出

稅賦：	
自用住宅貸款：	
學費貸款：	
汽車貸款：	
信用卡：	
消費性貸款：	
額外支出：	
小孩支出：	
借貸支出：	

小孩個數： ______
（遊戲一開始為零）
每位小孩的支出： $ ______

總收入： **$** ______

每月現金流（發薪日）：
（總收入－總支出） $ ______

資產負債表

資產

儲蓄存款：		
股票／基金／定存單	股數	每股成本
不動產／事業：	頭期款	成本

負債

自用住宅貸款：	
學費貸款：	
汽車貸款：	
信用卡：	
消費性貸款：	
不動產／事業：	貸款／負債
貸款：	

不公平競爭優勢的基礎：現金流 202 教你投資的技術

現金流 202

玩家＿＿＿＿＿＿＿＿審計員＿＿＿＿＿＿＿＿

選擇權工作表

買權（你認為股價會上漲）

股票代號	股數（a）	選擇權／股票的成本（b）	總付出金額（a x b）	履約價格（c）	今日價格（d）	價差（d - c）	獲得款項（d - c）x a	回合計數
								1 2 3
								1 2 3
								1 2 3
								1 2 3
								1 2 3
								1 2 3

賣權（你認為股價會下跌）

股票代號	股數（a）	選擇權／股票的成本（b）	總付出金額（a x b）	履約價格（c）	今日價格（d）	價差（d - c）	獲得款項（d - c）x a	回合計數
								1 2 3
								1 2 3
								1 2 3
								1 2 3
								1 2 3
								1 2 3

回合計數：選擇權的履約日在三回合之後到期，每次輪到自己時請依次劃掉該回合數，以便追蹤記錄

放空工作表（你認為股價會下跌）

股票代號	股數（a）	每股賣出價格（b）	總付出金額（a x b）	每股成本（c）	總成本（a x c）	總損益（a x b）-（a x c）

如何記錄自己買進的買權、賣權、或放空的股票，請參考現金流 202 遊戲規則，手冊中第 6、7，和 10 頁

學習的量子躍進

當你和思想相近的朋友們玩過數次現金流遊戲，並學會富爸爸公司最基礎的原則後，你就會開始體驗到知識方面的大躍進，這是因為補償定律第三點的關係：教育複利威力的因素。

如果你覺得自己要繼續進步，或許你會願意教導別人玩這個遊戲，以及支持當地現金流俱樂部領導人。你甚至可以自己成為一個現金流俱樂部的領導者，並且創辦屬於自己的俱樂部。

當你開始教導別人時，你會體驗到自己的各種認知和理解又會再次發生很大躍進。這是因為補償定律第一點的作用：也就是對等互惠的定律。先要能捨，才會有所得。

基礎和進階的計畫課程

在經過基礎學習後，你已經準備決定哪種資產類別最適合自己。就像你已經知道，資產類別一共有四大項：

1. 事業／創業
2. 不動產
3. 有價證券
4. 原物料商品

富爸爸公司提供許多關於創業、不動產，以及買賣有價證券等的相關課程。我們並沒有開設原物料商品的課程（例如黃金和白銀），是因為買賣黃金和白銀是不需要很高深的財務教育就能辦到。

當我投資石油時，我是用創業家的角色進行投資。石油探勘、開採是一種非常複雜的投資案件。

從我來看，創業需要最高等級的財務教育，而創業家亦是這個世界上最有錢的人。

不動產則是需要次高等級的財務教育。

有價證券的進入門檻非常低。無論你用幾塊錢，還是幾百萬元都可以進行投資，所有的資產類別中就屬有價證券風險最高，尤其在經濟面臨巨大的波動時更是如此。

投資商品原物料則是需要最少的財務教育。如果你想投資像是黃金和白銀等貴重金屬時，你只需要知道各國央行一共印多少通貨（鈔票），及瞭解你所居住國家的國債有多大就行。以美國為例，自一九九八年起，黃金和白銀都都是非常好的投資。唯一要做的是，買進並持有。

至於貴重金屬的多頭市場還能維持多久，完全取決於當今世界各國領袖會採取什麼樣的行動。如果我們的領袖表現傑出，那麼黃金和白銀的價值就會開始褪色；如果我們的領袖們繼續這麼無能，那麼黃金和白銀將會有噴出的走勢。

單一課程和教練輔導

藉著富爸爸教練以及富爸爸教育等單位，富爸爸公司提供大眾各種教育以及輔導課程。你可以造訪富爸爸公司網站 RichDad.com 進一步瞭解這些課程和現金流俱樂部的資訊。

哪些課程最適合我？

這完全取決於你。

一九七三年，我從越南回來時，我的富爸爸建議我要上一些投資不動產基礎課程，因為我必須要學習如何運用債務並從中獲利。既然美元都是由債務所擔保的，因此他說學習關於債務的一切對我的基礎財務教育非常重要。

當我跟他說自己有興趣成為一位創業家時，他建議要我參加正式的銷售培訓課程。因此，我在一九七四年加入全錄公司，因為當時他們擁有最完善的銷售培訓課程。我在全錄公司待了整整四年，直到我成為業績最頂尖的業務員後才離開。

而今天我是一位暢銷書作家，而不是最佳「文學著作」的作者。

我同時也建議學習技術性的投資，譬如說上一些關於期貨，或者是原物料商品買賣的課程，因為任何市場都有漲有跌，市場都有著所謂的過去、現在、未來。

我絕對不會停止自己的財務教育，因為我的財務教育就是我所擁有的不公平競爭優勢。

Bonus FAQ #2：我需要一位教練嗎？

常見問題

你在什麼時候會聘請教練？

簡單回答

當你認為某件事情對自己非常重要的時候。

解釋

專業人士都擁有教練，業餘的則沒有。

超人和女超人永遠只存在於漫畫，剩下的通通都是凡人。所有職業運動家都擁有自己的教練，他們或許擁有極高的天賦，但是他們知道自己並不是超人或女超人。

我也很清楚的知道自己並不是超人。如果我是的話，我就可以做任何想做的事情，那麼生活就會變得太容易。

雖然我不是超人，但是我清楚知道自己有尚未發揮出來的力量和潛能，也知道自己需要別人的鞭策，才有辦法開發這些力量，發揮出自己的潛能。

當我知道自己需要接受鞭策與高標準的要求，或者挑戰自己要超越原本自己的抗拒、懶惰、自我設限時，只要這件事情對我來說非常重要的話，我就會聘請教練。

最近我有一位摯友去世了，他非常年輕、為人很好，並且在他生命各層面都獲得巨大的成功，但唯有健康例外。與其聘請一位教練、改變自己的飲食習慣、停止酗酒等，他只知道更賣力。我要說的是，許多人在專心賺取更多財富與金錢時，健康卻逐漸衰退。現在的這位朋友已經去了天國，留下年輕的妻子和兩個幼小的孩子。

當年的我也跟他一樣，還記得在我三十五歲後，運動量變少、食量變大、喝酒，並且非常賣力工作，沒有多久體重就增加六十多磅。

與其聘請一位教練，我一直不斷地跟自己說：「我明天一定開始減肥，明天一定會開始運動，下個月就能再次穿上那些舊衣服。」問題是這個「明天」日復一日這麼過去了，我的體重卻一直不斷地在增加。

有天坐在書桌前，看著我和金在海灘拍的照片，我忽然覺得非常丟臉。金在照片中看起來是這麼漂亮，面帶微笑又充滿愛意，我卻是她身材的兩倍大，我的大肚腩幾乎占據整張照片。就在那個時候，我知道不能繼續欺騙自己，我需要聘請一位教練。

我找上幾位健身教練並且跟著他們學習。最後找到了全市裏最嚴厲的一位教練，他以嚴格的標準要求我，他把我當成二十或三十歲年輕人一樣進行鍛鍊。年齡大小根本無法獲得任何同情，這點對我而言非常的重要，因為我發現自己經常會把年齡當成藉口。對教練而言，年齡根本不足以是藉口，而這才是我所需要的教練。

現在，我已經六十多歲，但卻比四十和五十幾歲時的我還更健康。我的體重仍然還是會起起伏伏，但沒有失去控制。重要的是，隨著我邁入六字頭的年齡，我繼續維持健康該有的運動量，甚至比三十幾歲更賣力，因為這是我必須要做的事。三十幾歲時，運動不算什麼，但以六十多歲的年齡來說，卻要面臨許多的挑戰。

我不光只是為了自己的健康而聘請教練。健康固然重要但是遠比不上和金一起生活，她讓我的生命有了意義，因此我想要擁有絕佳的健康來跟她一起共享生命這份難得的禮物。

問題在於，對你來說到底什麼是才是最重要的？這裏不是說財富或是健康等事情。而是問財富和健康對你，和自己的家人又有著什麼樣的意義。金錢會影響生命中所有重視的事情，我還記得當我和金完全破產時，我感到非常丟臉和憤怒。我的感覺是讓她失望了，在那時我求助於一位教練來加速改善財務狀況。

如果你已經準備要改變自己的象限，也就是從E到S，或由S至B象限，如果是我，就會聘請一位教練。對許多人來說，改變所處的象限並不是很簡單的事。每當要做出重大改變時，永遠都不會簡單、輕鬆，當你認真考慮要改變自己時，聘請一位教練是非常關鍵的。務必記得，當你決定自己最適合哪一種資產類別時，問題不只是選擇不動產、創業，或有價證券等而已。而是要好好想想，身為一位成功的創業家或不動產投資人時，對你而言又有什麼樣的意義。當你決定對自己而言才是最重要時，就是聘請教練的最好時機。

Bonus FAQ #3：萬一我現在債臺高築？

▼ **常見問題**

我目前深陷於債務之中。你的財務教育課程可以幫得上我嗎？

▼ **簡單回答**

或許沒辦法。

▼ **解釋**

債務有著所謂好的債務和壞的債務兩種。壞的債務是很糟糕的，因為那些債務才使得美國和全球許多國家的經濟停滯、衰退，甚至衰亡。

想當然囉！我會希望你能購買富爸爸公司進階的教育和輔導課程。但是壞的債務是更深層問題的表徵而已，有時甚至是情緒方面的問題。壞的債務通常只是冰山的一角罷了。

與其報名參加我們的財務教育以及輔導課程（尤其是進階的課程），我會建議你先加入現金流俱樂部，並且跟思想相近的人多玩幾次。藉著這樣的經驗可以幫助你發掘讓自己深陷債務背後的真正原因。當你能對自己目前的狀況以及造成這種狀況的原因有更深瞭解後，你就能對自己財務做出更明智的判斷。

造成財務問題最大的原因通常是情緒。就像巴菲特所說：「如果你無法控制自己的情緒，那麼你是絕對無法掌控自己的金錢。」

Bonus FAQ #4：我要如何開始著手？

常見問題

那我要怎麼開始？我沒有什麼錢。

簡單回答

找份工作。反正做些事情就對了。

解釋

當我還年輕的時候，別人教我說：「天助自助人。」

有太多的人希望能得到別人的幫助，但是卻不願意先幫助自己或者是別人。太多人都讓「我沒有錢」這個藉口阻礙自己。

從嘴裏說出「我沒有錢」根本不需要任何特殊的才能就能得到。任何人都可以這麼說，實際上的確有成千上萬的人會這麼說。在金錢世界裏，你的企圖心遠比自己所受過的教育還來得重要許多。人之所以會缺錢的主要原因，首先是因為缺乏企圖心；其次就是缺乏教育。如果你沒有賺錢的企圖心，那麼再多的財務教育也沒有辦法帶給你幫助。

在夏威夷，有一位十五歲的青少年，放學後就會騎著腳踏車到巴士站，把腳踏車扛上公車，再坐一個小時車進城。當他到達目的地後，騎車現金流俱樂部的聚會地點。聚會結束後，他騎車回到公車站，再把腳踏車扛上公車，再坐一小時的車回到離他家最近的公車站，再騎車回家。

毫無疑問地，我相信這位年輕人這輩子不管做什麼都會成功。

Bonus FAQ #5：有沒有適合我的課程計畫？

▼▼常見問題

我是一個相當老練的投資者。你的課程能對我有幫助嗎？

▼▼簡單回答

或許沒辦法。

解釋

我們提供的教育和輔導課程，是專門給那些想要學習的人，而不是給那些自以都知道所有答案的人。最近爆發的金融危機中，數百萬計的人虧損數兆美元的財富，就是因為他們聽從那些自以為知道所有答案的人給予的投資建議。

或許你還記得安隆（Enron）公司的領導階層都被人稱為「全城最聰明的傢伙」。而今天該公司已經不存在了，該公司的員工以及投資者也是一樣不復存在。

還記得雷曼兄弟嗎？經營這家銀行的都是一些極為聰明男男女女，許多都是畢業於全球最優秀的頂尖學院。但是今天他們一樣也結束營業。專門給予數百萬民眾投資建議，並且幫他們買賣股票的美林證券，在美國銀行挽救之前也是瀕臨破產。

而那些成天在電視上的金融天才呢？他們也都是極為聰明的人。為什麼他們當時並沒有警告全世界的人要趕快把股票賣掉？為什麼他們到今天還是繼續給別人財務方面的建議？

還有柏南克。聯準會主席怎麼可以在二〇一〇年七月九日說出：「我不是很清楚金價波動的原因」這種話？如果他掌控著全世界最具影響力的銀行，難道他不應該是全球最聰明的人之一嗎？

就算你在二〇〇七年至二〇一〇年有賺到錢，你還是可以繼續學習。那幾年是我這輩子收穫最好的時期，雖然我賺到數百萬元，但是我知道仍認為還有好多事情要學習。

我仍然有計畫要學習更多的事情，這是為了保持自己在財務教育上（而不是大學教育）擁有不公平競爭優勢。

要記得美國最頂尖的二十位高爾夫球選手，以及前一百二十位高爾夫球選手之間的差異都是在「兩桿」以內，代表每一場比賽之間都相差不到一桿。前二十名都擁有上百萬美元收入，而其他一百位選手卻只能過著還可以的生活。任何高爾夫球職業選手都不敢說他什麼都知道了，就算他已經把小白球推到洞裏上百萬次，他們也都還認為自己的推桿技術還有學習空間。

專業人士知道：有時候就是那些最微不足道的小事，能讓他們獲得絕大的不公平競爭優勢。

Bonus FAQ #6：有沒有針對創業家所開設的課程？

常見問題

你們有哪些課程專門是給創業家上的？

簡單回答

富爸爸公司為創業家開設許多的課程。

終究來說，我們所有的課程都是為了創業家而設。各種事業、不動產、有價證券、貴重金屬等領域都有創業家，這些人都是想要掌控自己金錢以及財務未來的人。

如果你不是一位創業家，那麼你很可能是有一份工作、在為錢工作、儲蓄，並且把自己的退休金通通交給陌生人來管理。

▼▼解釋

打造一個事業並把它變成一項資產，需要最高級的財務教育。既然整個世界需要更多的創業家來創造更多就業機會，我們在富爸爸公司正在準備推出一個嶄新的「GEO課程計畫」。GEO代表著「全球創業家組織」（Global Entrereneurs Organization）。不用懷疑，這是我們公司有史以來動作最大、最具野心的計畫之一，專門為那些創業家，或者是想要成為創業家的人成立。我們預計GEO會是一個三年左右的課程，在這段期間內，會把一般人訓練成富爸爸模式的創業家。

▼▼常見問題

這個課程會教我如何打造自己的事業嗎？

▼▼簡單回答

不會。

▼▼解釋

GEO會把人訓練成創業家。一旦訓練結束後，他們才可以開始打造屬於自己的事業。

▼▼常見問題

萬一我在訓練過程中，就想打造自己的事業怎麼辦？

簡單回答

那麼，這個課程可能不適合你。

解釋

我唸航空學校是為了當飛機駕駛員，一直要等到我畢業後，才正式變成飛機駕駛員。除非是唸完醫學院拿到文憑，否則就不能成為正式醫生。從醫學院畢業之後，想要成為醫生還得從實習醫生、住院醫生等開始，仍然屬於在培訓階段。並非所有學生都可以從航空學校畢業，也並非所有學生都可以從醫學院畢業。

如果我在投效海軍陸戰隊第一天時，就說要飛一飛戰鬥機的話，我很可能會因為妄想症而被勒令退伍。這對從商創業也是一樣的道理，很多人會沉醉於自己創業（自己當老闆），但卻忘接受正式訓練的重要性。少數人還會懷疑為什麼每年新成立的十家公司中，有九家在五年內就會結束營運。如果你想要承擔這麼高的風險，同時也相信自己可以幸運地脫穎而出，那麼就請你奮力一搏。

在這種情形下，GEO 課程就不太適合你。

唯有在被頒發飛行動章後，我才夠資格選擇自己想要駕駛的飛行器。我很清楚自己的能力並不適合飛戰鬥機或運輸機，因此選擇戰鬥直升機。這是我這輩子做過的聰明決定之一，當我已經學會如何飛行後，才會很清楚自己要飛哪一種航空器。

戰鬥直升機非常符合我的人格特質。我希望擁有不公平競爭優勢：空對地的武力，戰鬥直升機駕駛員對上地面的士兵。

▼常見問題

可是萬一我已經對某項產品（或事業）有個絕妙的主意呢？

▼簡單回答

這就是幻想開始的徵兆。

▼解釋

下頁圖是B—I三角形的圖形，亦即事業的八項完備因素。

有沒有注意到B—I三角形是由八項因素構成，你應該看得出來「產品」是整個三角形中份量最小的一項。這就是因為產品和服務在任何事業當中，是最不重要的一個項目。產品只是冰山的一角罷了，冰山下方的部分，也就是位於水面之下的部分，才會讓巨大的船隻淹沒。

每當有人跟我說：「但是我的產品（主意）非常棒」，我就知道他們是看不到整座冰山的。而就是看不見的地方，才會讓鐵達尼號以及

許多大大小小的公司（無論新公司或是老字號）沉沒最主要的原因。

GEO課程計畫是專門設計教導你如何完整的把一個事業建立起來，確保八項完備因素都互相和諧運作，讓你擁有絕佳優勢來打造一個穩固長久，同時又能獲利的事業。而能將這八項完備因素完整架構起來，才是成功創業家所要做的事情。一旦創業家學會如何把這八項完備因素架構起來，那麼他們就會有能力把任何產品或服務打造成一個成功的事業。

常見問題

「事業的八項完備因素」又是哪些呢？

簡單回答

我真希望有更簡單的答案，但沒有。因此我只能約略解釋這八項完備因素各自代表著什麼。

使命

位於B－I三角形最底層，它是一切的基礎，也就是事業存在的原因。

使命必須放在創業家的內心，這個使命要比賺錢更重要。創業家有兩種不同類型：其一是變形式創業家，他們希望能改變世界，蘋果公司的賈伯斯就屬於這一類，這也就是為什麼他是一位設計師和創新家。另一運營式創業家，他們則是想打敗其他競爭對手、壓低價格，同時能賺到錢。絕大多數的創業家都屬於這一類，我個人則是同時跨足於兩種類型。

團隊

一個成功的事業必定是由一群擁有不同專才的人組合而成。偉大的團隊必定擁有專業人士（例如律師和會計師等），擁有不同技能（公共關係、行銷、銷售等），擁有不同才華（行銷、美工設計、廣告文案、網路設計等），擁有不同經驗（工作年資和相異的背景），以及許多不同的期望。我的富爸爸經常會說：「做生意賺錢很容易，但是跟人一起工作才是難事。」

這就是為什麼許多創業家無法成功打造出一個事業的原因，他們都是一些獨行俠，或者是孤獨的一匹狼，要不是獨自工作就是擁有一個少於二十人的團隊。他們打造的不是一個事業，根本只是擁有一份工作而已。

領導

對領導人，也就是創業家本身，最重要的事

情是——匯聚人才、資源，以及在特定的時間和預算內產生結果。一個組織的領袖要擔負起責任，讓事業八項完備因素成功整合。

領導人會聘請像是律師、會計師，以及網路工程師等的專業人士。專業人士非常清楚某個領域的專業技能和知識，但只是這八項完備因素的其中一項而已。領導人必須是通才，對於許多事情都懂得一點點，他們同時也必須對八項完備因素有部分瞭解。

為什麼會有這麼多創業家失敗，因為他們從學校畢業後只專精這八項完備因素的其中一項，同時也缺乏一般從商創業的知識和技能，特別是有關於領導這方面的能力。

如果仔細檢視B—I三角形，你將會發現三角形外圍的幾個因素：使命、團隊、領導，這些就是軍事學校教導的事情。

我之所以還算是個稱職的創業家（就算我從來就沒有上過傳統的商學院），因為我曾在軍事學校接受過訓練。我加入海軍陸戰隊商船學院的第一天，就得把學校的使命記牢。第二天起，我們就得開始學習如何成為領袖，並以團隊的方式來運作。

現在我會聘請那些來自於傳統商學院、會計學院，以及法律學院的畢業生，也就是比我更聰明，接受過比我更紮實的商務人才。

在從商創業領域中，因為我曾接受軍事學校的訓練，因此比其他畢業於傳統商學院學生，擁有一種不公平競爭優勢。而在公司領域中，傳統商學院畢業生比我擁有更大的競爭優勢。我完全坦然接受這種狀況，因為我一輩子從來沒有想過要在大企業工作。

這也就是為什麼GEO會這麼的重視，並強調使命、團隊、領導。如果你本身是一位強而有力的領袖，那麼你就能聘請到那些比你更聰明、接受過比你更紮實訓練的人才。

現金流

一間公司的現金流通常是委任財務長（CFO）管理，通常是一位會計師或是簿記員。由於現金流位於使命上方，也經常被稱為「帳本底線」（bottom line，亦稱之為「最終決算」）。如果領導人非常稱職，那麼公司就應該有充裕的現金流來支應薪資、紅利、股利，以及營運資金等，好讓公司繼續運作。

如果領導人不稱職，那麼公司就會出現資金短缺、預算刪減、裁撤人員，以及營運資金不足等現象。

溝通

溝通之所以會位於B—I三角形現金流的正上方，是因為溝通（無論是對內還是對外）會

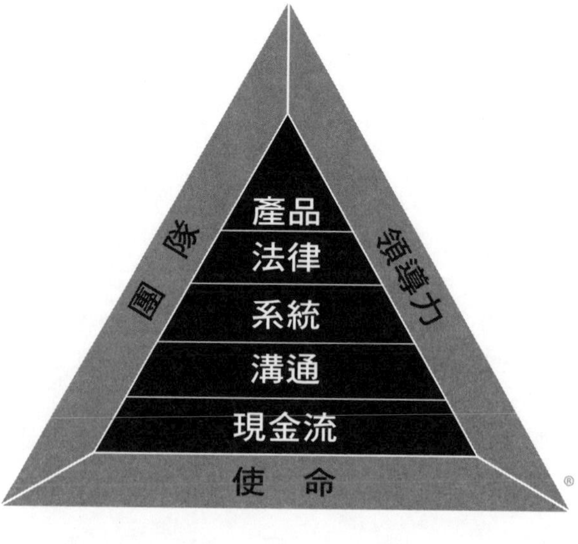

直接正面的（或者是負面的）影響公司的現金流。

公司有所謂針對客戶和消費者的對外溝通，包括公共關係、行銷、廣告，以及銷售。公司同時存在針對內部員工、供應商、管理階層、股東等的對內溝通。對內和對外溝通不順暢的公司，其八項完備因素必定會受到影響，特別是最終決算時的盈虧。

銷售是屬於溝通這項完備因素。銷售等於收入。為什麼會有這麼多創業家失敗最主要的原因，因為他們的銷售量不足以應付營運成本以及個人的生活開支。

銷售訓練和業務開發能力，將會成為GEO課程中非常關鍵的培訓重點。如果你無法銷售或厭惡銷售，那麼你千萬不要成為一位創業家。

一九七三年，我從越南回來時，我的富爸爸告訴我要開始尋找有關銷售的老師。這就是為什麼在我開始打造屬於自己的事業之前，在全錄公司做了四年業務的原因。

對一位創業家來說，最重要的技能就是籌措資金的能力。如果一位創業家不知道要如何銷售，那麼這個事業必定會死亡。為什麼會有這麼多事業成立後都無法蓬勃發展，是因為該公司的創業家無法籌措到足夠資金。

籌措資金的能力也將會成為GEO課程計畫中非常關鍵的培訓重點。

身為GEO的一份子，你將學會如何精通公共關係、行銷、銷售。簡單來說，如果你非常擅長於公共關係和行銷，那麼銷售就會變得非常簡單。如果你不擅長公共關係和行銷，銷售就會變得困難。對於GEO課程來說，學會如何用富爸爸公司的方式來跟客戶、消費者，以及自己員工溝通，將是一件非常重要的事。

系統

一間公司是由眾多系統組織起來的大系統，就如汽車或者是人體一般。

一輛汽車有著所謂的燃料、啟動、煞車、液壓、操控等許多的系統構成，如果其中一個系統壞了，那麼汽車就無法順利發揮功能，甚至完全無法發動。

人的身體則是由所謂的循環系統、排汗系統、消化系統、骨骼系統、神經系統等組合而成，就像一輛汽車，如果其中某個系統發揮不了作用或完全失去功能，整個身體都會受到牽連，甚至停止運作。

一間公司跟汽車和身體一樣，它是由許多系統組織起來的，其中包括電話系統、網路系統、會計系統、行銷系統、法務系統、產品系統、配銷系統等。就像汽車和身體一樣，如果其中某個系統壞了或有所損害，那麼這間公司就會岌岌可危，甚至關門、倒閉。

舉例來說，假使某間公司的營業績效非常好，但是會計系統和處理程序很弱。用不著多久，該公司因為財務記錄不完善、報表不完整、納稅金額有誤（繳太少或繳太多），以及無可避免的現金流不足等問題產生危機。

學會如何管理會計系統和報表系統，也將會是ＧＥＯ課程計畫中非常關鍵的培訓重點。

法律

合約、協議，以及法律知識，是從商創業非常關鍵的因素。

法律合約可以創造和定義資產。舉例來說，當我寫書時，一件合法的法律文件就可以把這本書變成一項資產，一份智慧財產權。如果缺乏法律文件，那麼幾乎不可能從事任何全球性的生意。

不動產也是由眾多合法文件構成的資產，買賣股票以及籌措資金也是一樣的情形。如果欠缺法律文件以及遵守法律的行為，那麼這個世界將會陷入一片混亂。

你跟自己的員工，或者房客之間的關係，也都是由法律文件來定義。許多創業家雖然打造出偉大的事業，但是因為他們不懂法律，結果還得把大筆辛苦賺來的錢交給律師。

法務在任何類型的創業行為中都是非常重要的。它也位於B—I三角形接近頂端的位置上，就是要提醒你對於各種法務協議，都必須要具備完善的作業程序和處理系統，以及一位優秀的律師。

產品

最不重要的因素就是產品。這個意思並不是說產品不重要，或者說不需要顧及產品品質。從顧客的觀點來看，產品的確是非常重要。但是對於某個事業的創業家和投資者來說，把產品做出來給消費者的事業架構才是最重要的。

我相信每個人都擁有價值百萬元的好主意或是好產品。問題在於，這些人缺乏成為一個創業家所需的技能和才華，好把他們的想法轉化成一個價值數千萬元的生意。

從B和I象限的觀點來看，事業體的重要性遠比產品本身來得重要。產品就只是產品罷了，事業體才是真正的資產。

▼常見問題

難道我們不算資本家嗎？

▼簡單回答

不算。

▼解釋

在共產主義的世界裏，一樣存在著醫生、律師、銀行家、飛機駕駛員、網站設計人員，以及老師等。無論是資本主義社會、社會主義社會、共產主義社會，通通都是由這些人來撐起社會經濟。

真正的資本家是利用別人的勞力和別人的金錢，來從事政府想要完成的事情。資本家會善用資本市場，並在過程中讓自己致富。如果你是為錢工作，並且把賺來的錢拿來進行投資，你的確屬於資本主義社會中的一份子，但是你本身並不能算是一位資本家。

資本主義社會的定義是，生產的手段與過程都是屬於私有的，並以營利為目的。

馬克思對於無產階級，也就是上班工作者的定義，就是對於生產所需的事物（生產工具和生產資本等）完全不具有所有權的人。當學校把你訓練成一個成天找工作，為錢工作的會計師、律師，或醫生時，你就是被訓練成要為資本家工作。富爸爸公司為期三年的ＧＥＯ課程，目的就是要把你訓練成為一位資本家。

Bonus FAQ #7：是不是每個人都適合創業？

常見問題

任何人都可以成為創業家嗎？

簡單回答

是的。我家附近有位少年每個週末都會替人修剪草木，他是一位創業家。

成為一位創業家並不是什麼了不起的事，但成為一位成功的創業家確實並不容易。

根據研究顯示，比較「在事業所投入的時間」以及「所得報酬」的狀況下，許多創業家所賺到的錢其實比自己的員工還要少。

解釋

既然成為創業家並不是多不起的事，因此應該要問自己一個問題：「我想要成為哪一種創業家？」

這時候就讓我想起一個中國古諺：「一種米養百樣人」。

當你檢視現金流象限時，請把每個象限當成不同的森林，而這些不同的森林裏住著許多不同種類的鳥。以下進一步的解釋這番比喻。

E象限

這座森林裏有著許多不同的雇員，舉凡從總裁到清潔工、律師到勞工、會計師和逃稅人、經理人，以及母親等都有。

以上這些雇員當中，有些是全職、兼差、鐘點制、佣金制，或者領月薪等。這些人也有在家上班、到公司作業，或者到處都可以工作的人。

S象限

在S象限的森林裏又住著一群不一樣的人。S象限擁有最多的創業家。S這個字母也代表著小企業（small），亦即五百位員工以下的企業。S同時也代表著聰明（smart）的人：醫生、律師、顧問等，因為個人特殊專長和能力擁有一個屬於自己的小型事業體。

S這個字母還代表著以下幾種意思：

- S代表自私（selfish）的人。這些人的事業之所以做不大，一直維持小規模的原因，是因為他們不願意分享自己所賺到的財富。他們凡事都要自己來，例如接電話、打掃辦公室、報稅記帳等。
- S代表愚蠢（stupid）的人。有許多創業家都非常的成功——除了他們自己本身之外。有一些非常愚蠢且頑固的人，因為沒有老闆願意雇用他們，所以他們只好自己一個人獨自工作。
- S代表明星（star）人物。這些人可能是聲樂家、電影明星，或者運動明星等，他們通常把自己明星的光環賣給出價最高的對象。
- S代表奇怪（strange）的人。許多藝術家或古怪反常的人，會逐漸向S象限靠攏。他們堅決不改變自己，只做自己喜歡的事情，並炫耀賣弄自己的本事或作品。這其中有許多的人無法融入社會，他們也不打算這麼做。網際網路這個新世界也充斥著這些特立獨行的人，從事一些怪異的事情，渴望獲得大眾的注意力。

・S代表自雇自營（self-employed）的人。許多創業家都是自顧自營的人。他們擁有的不是一個事業，而是一份工作罷了。他們不能停止工作，因為一旦他們停下不做，收入也就會跟著消失。

一旦一個自顧自營的人可以離開自己的事業，而且該事業的表現還比原來的更好，那麼他才算變成一位真正的創業家。他們打造出一項資產，而這就是真的正創業家在做的事。

B象限

B代表著巨大的事業（big），擁有超過五百位員工以及眾多辦公室的企業。

許多B象限的事業是藉著許多部門以及分支機構來營運。

我發現替大型上市公司工作的經理人和私人創業公司的經理人有著相當大的差異。我當年之所以會迫切的想要離開全錄公司，是因為我非常不喜歡該公司管理階層所聘請的那些經理人。一個大公司的文化跟創業型公司的文化是非常不同的。

在B象限，可以用很多不同的方式創造出一個創業型的事業資產。

・加盟連鎖

加盟授權商把自己公司的營運權利出售給其他人經營，著名的一例是「麥當勞」。

・授權

讓其他事業允許和自己的事業進行商業合作的一種協議。這個就是富爸爸公司所採用的營運模式。我們公司的辦公室雖小，但是我們把自己的智慧財產授權給全球各地的其他事業。藉著授權協議書，富爸爸公司在全球各地擁有數千位人士，努力地推廣並販賣我們的產品、研討會，以及教育課程。

・多層次傳銷

多層次傳銷是一種可以無限制拓展的商業系統。任何人一開始可以藉著極少的資金把它拓展成一個全球性的事業。目前，全球各地有上千萬的人在從事這類事業。

I象限

I代表著投資者，就是那些懂得籌措資金這門既是藝術又是一門科學的人。當你可以打造出一個B象限的事業，同時也可以籌措到資金時，你就變成一位資本家。

・銀行資金

當你從銀行借錢來投資不動產時，你就是在從事Ｉ象限的活動。這就是為什麼富爸爸當年堅持我要上一些不動產課程，他不但要我學習不動產以及稅法上的相關事務，同時要我學習如何管理自己的債務。而現在的我則是擁有數千萬美元良好的債務在為我創造收入，而且其中的絕大部分都是免稅。

如果你利用債務來購買汽車或者是自用住宅，那麼你只是一位消費者，不算是資本家。

・股票首次公開發行

前文曾提及，我把一間公司藉著股票首次公開發行（IPO）的方式讓它上市。將一間公司的股票上市是我當年想要成為創業家的主要目標，整整花了我三十年的時間才辦到。這過程並不容易，但我在整個過程中學會很多事情，同時也成長許多。

想要獲得股票首次公開發行的資格，集中交易市場必須要確保你已經擁有一個B象限的事業，或者至少有本事能打造出一個B象限的事業才行。

・私募

很明顯的：「私」這個字就是和公眾公開完全相反。「私募」就是在不對外公開的狀況下，買賣證券的行為。「私募」經常是在籌措小額資金，或者找上少數幾位夠資格的投資家來籌措資金時所採用的詞彙。這些私募活動不是一般大眾所能參加的。

一般大眾只能投資「普通股」，一種被歸類成足夠安全，可以給那些沒有受過財務教育、不擅長投資的一般百姓的一種投資標的。

當我在二、三十幾歲時，利用幾次私募的方式來替石油和天然氣的投資合作案籌措資金。會這麼做的原因，主要是為了獲得經驗，而不是賺大錢。我那時候工作的時間既長又辛苦，也賺不到什麼錢，但學到很多。而現在的我卻因為當年所學，在石油和天然氣的投資合作案件賺到許多錢，再次印證補償定律以及財務教育複利威力的道理。

．授權加盟

加盟連鎖提供的是一種擔保，同時必須遵守嚴格的法令規範。一個加盟授權商允許加盟商來使用它們的產品（服務）、品牌、商標、系統、廣告，以及商業機密等，麥當勞就是利用加盟連鎖的模式來拓展事業，而他同時也會利用股票集中市場來籌措額外的資金。

我個人目前尚未成功的建立起加盟體系，就算有一天這麼做也只是為了獲得這方面的經驗而已。建立一個加盟連鎖體系遠比股票首次公開發行的投資案件還來得複雜許多，因為加盟授權商所賣出來的事業通常是要給那些不是創業家的人來經營。建立一個可以讓普通人經營，同時也能獲利的事業，是一件非常巨大的工程。

▼▼常見問題

我在GEO課程計畫中是否可以學到關於B和I象限的事務？

▼▼簡單回答

是的。這就是創立GEO的主要目的。

▼▼解釋

目前全球充斥著E和S象限的人，而世界則是需要更多B和I象限的人，這就是為什麼富爸爸公司要創辦GEO的原因。想要成為創業家的第一步，就是要學會如何在S象限打造出一項真正的資產。別忘了，許多在S象限的都是自雇自營的人。他們不能停止工作是因為他們的事業並不是一種資產，一旦他們不存在事業就無法經營。當某人在S象限中打造出可以自行持續運作的事業，那麼他就可以開始考慮面對、打造B象限所要面臨的各項挑戰。

▼▼常見問題

在GEO課程中，人們是不是一定要移動到B和I象限之中？

▼▼簡單回答

不用。

▼▼解釋

任何人可以隨時決定是否讓自己的事業繼續發展下去。我猜大部分的人在擁有一個屬於S象限的事業後就會心滿意足。

▼常見問題

為什麼會有人不想要進入B和I象限呢？

▼簡單回答

每個象限都具有獨特的挑戰，而這些挑戰隨著邁入B和I象限的過程會變得愈來愈艱鉅。想要在現金流象限右邊獲得成功，需要接受更多的教育，做出更大的付出，並且具備更強的領導能力。

▼解釋

就如前文所提，我為了成為飛機駕駛員進入航空學校就讀，但一直等到畢業後，才成為飛機駕駛員。等到完成訓練，我才選擇自己想要飛哪一種航空器。隨著飛行表現的提升，因此我被指派的任務難度（尤其是戰鬥任務）愈來愈高。

同樣的技能、訓練，以及教育等發展過程在GEO課程也是一樣。先從S象限的小處著手，逐日累積成功創業家所需的技能。屆時你可以決定是否要繼續前進到B象限，然後邁入I象限。你也可以就此打住，並開始打造屬於自己S象限的事業。

有些人會發現，光是想要進入S象限就已經超過自己所能負荷。雖然人人都幻想成為創業家，但並不是每個人都適合成為一位創業家。

▼常見問題

我需要先辭職才能加入GEO課程嗎？

簡單回答

不需要。

解釋

就如我常說：「保留原來的正職工作，並開始兼差打造自己的事業。」為什麼許多剛成立的中小企業撐不過五年，因為才剛開始起步的創業家很難賺到足夠的錢來供給自己的事業、本身，以及家人的生活所需。學習如何成為一位創業家是需要花費大量時間的。

常見問題

為什麼很多人不願意邁入B象限，然後再進入I象限呢？

簡單回答

這是一件很不容易的事。改變象限就代表增加自己的知識，以及接受更嚴格的自我要求。

解釋

許多人想要成為創業家，是因為他們只想要「做自己想做的事情」，或者「按照自己的方式來做事」。就算能賺到錢，他們依照這種方式所打造出來的事業，會過度依賴創業家本身所擁有的天賦才華，因而無法進一步演變成一個成功的事業。

B－I三角形之所以會被稱之為「事業的八項完備因素」，是因為「完備」的定義就是「一體的」，或者是「完整的」。

S象限的醫生

讓我舉個例子。我有一位朋友是天才型的醫生，幾乎擁有魔法般的能力。他同樣也是一位獨行俠，自己接聽電話、安排工作行程、自己報稅，並且打掃自己的診所。

既然他的開支非常低，因此他能賺到很多錢。問題是：他靠著自己構成B—I三角形的所有環節。換句話說，他自己本身就是整個事業。他這麼的聰明能幹，因此他有能力完成許多人的工作，但他絕不能停止工作，因為一旦停止就不會有收入了。

雖然這是一個非常極端的例子，但是世界上到處都是像我這位醫生朋友，自雇自營型的創業家。

雖然他在醫學院表現傑出，並執業順利，但他已經身陷S象限之中，而且幾乎沒有任何機會把自己的診所打造成一個B象限事業，更別提繼續邁入I象限。他就是一位S象限的醫生。

B象限的醫生

我也認識另外一位從來不接見病人的醫生。事實上，他每年都要負責數千位病患的健康。與其把自己的時間拿來一對一的治療病人，他把自己的時間投注在建立醫院的工作之中，他在美國和中國都擁有自己的醫院。

由於他可以成立聘請數千位員工的醫院同時還能獲利，因此他可以獲得極為優惠的所得稅寬減額，可以從有錢的私人投資者募集資金，更可以藉著公開上市發行股票的方式在華爾街籌措需要的資金。他是一位在B和I象限活躍的醫生。

這位醫生的B—I三角形就是營運完善的醫院本身。意思是說，B—I三角形的八項完備因素都在完整合一的協調運作，而且又完全合法，並且合乎倫理道德的服膺所有法律規範。

當你成為一位成功的創業家後，可以任意選擇任何產品或服務來建立自己的事業。要記得產品是整個三角形當中最不重要的一個環節。一旦創業家知道如何打造出B—I三角形後，那麼他可以再次利用任何產品或服務做同樣的事情。就像現在的我，是一個在教育、不動產、黃金和白銀、媒體，以及石油等領域當中的創業家。

常見問題

哪一個象限最辛苦？

簡單回答

如果你不清楚要怎麼做時，那麼做任何事情都會非常辛苦。我們就以學走路來說，嬰兒一開始必須努力學習站立，過程當中還要跌倒許多次。一旦會站了，他們就會想要開始學走路，然後就是跑步。當嬰兒學會跑步後，他（她）就可以迎接整個世界。

解釋

我建議你要從S象限開始，然後邁入B象限，最後進入I象限。這就跟嬰兒學會站立、走路、然後跑步是一樣的道理。

常見問題

為什麼很多創業家都無法成功的進入B和I象限？

簡單回答

因為缺乏紀律。

解釋

成功是需要紀律的，更大的成功需要具備更多的紀律。許多創業家都想要做自己喜歡做的事情，或者按照自己的方式做事，因此他們永遠都沒有辦法跳脫出S象限。

B象限則是需要具備更多的規矩以及更高的自律能力。

紀律要求最嚴格的象限就是I象限。該象限擁有最多的規範以及最少的自由度。

常見問題

為什麼I象限擁有最少的自由度？

簡單回答

因為你在利用別人的金錢。

解釋

當你利用別人的金錢時，政府對於這件事情有著非常嚴格的規範。以美國為例，就有例如美國證券交易委員會（SEC）等機構，隨時監督、管理所有I象限的投資活動。

常見問題

I象限是不是財務上最貪腐的象限？

簡單回答

是的。

解釋

I象限的確會醞釀財務上的貪腐。

這個就是馬多夫所位於的象限。他從來就不曾是一位B象限的創業家，他是一個I象限的創業家，一手設下人類歷史上規模第二大的龐氏騙局。從我的觀點來看，人類歷史上規模最大的龐氏騙局，就是社會福利保障制度，完全也是一個I象限的騙局。

許多創業家會無意中違反I象限的法律規定。他們在尚未擁有事業之前就開始籌措資金，做一些他根本不應該做的事情。

簡單來說，如果你想要在I象限籌措資金，那麼最好是你已經知道如何打造一個能穩定獲利的S或B象限事業後，才開始這麼做。這就是為什麼富爸爸要我上一些不動產的相關課程。他要我練習利用銀行的錢來挹注我自己的不動產事業。他要我在我運用別人的金錢（例如自己親朋好友的辛苦錢）之前，先利用銀行的錢來進行投資。

就如富爸爸經常所說的：「當你賠掉了某個人的錢，那麼你也就害這個人失去了部分的生命。」

當我學會如何利用銀行的錢來投資屬於自己的不動產之後，我才開始藉著私募備忘錄

（PPM）的方式，來替自己的石油天然氣有限合夥人投資案來籌措資金。我是在一九七〇和一九八〇年代在做這些事情的。

我在二〇〇四年首次把自己一個事業，藉著股票首次公開發行的方式讓它上市。因此我是從銀行家的錢，再利用私募資金，最後才會公開籌措資金。這一切都是我在I象限獲得的財務教育。

▼常見問題

我在GEO當中會不會學到籌措資金的本事？

▼簡單回答

要看情形而定。

▼解釋

記住：你應該要先知道如何打造S或B象限事業後，才可以在I象限籌措資金。

有太多人是這麼急著要獲得資金，因此他們把焦點擺在I象限上，而不是S和B象限。

這就是為什麼當今財經界裏面充斥著各種詐欺、騙局，以及掠奪等的行為。

這些人都想要籌措資金，但是他們根本不是創業家。

在我們教導人關於I象限的事情前，富爸爸公司要確保這個人已經接受過完整的訓練，自律嚴謹，而且是一位行事符合倫理道德的一位創業家。當你知道如何打造出B象限的事業後，那麼I象限的資金就會自動找上你。

Bonus FAQ #8：最大的勝利到底是什麼？

▼▼常見問題

接受富爸爸公司的財務教育最大的好處是什麼？

▼▼簡單回答

擁有不公平競爭優勢。

▼▼解釋

有兩項不公平競爭優勢：

1. 你在財務上不會變成一位受害者。
2. 你可以成為解決方案當中的一份子。

二〇〇七年那場爆發的金融危機尚未結束，我們現在仍處在暴風眼裏，而且我相信這次危機最嚴重的部分即將來臨。

千萬不要變成受害者

我在二〇〇二年於《經濟大預言：清崎與富爸爸的趨勢對話》曾寫到一次完美的風暴正在醞釀中。很不幸的是，在二〇一一年寫這本書時，這次的風暴比當初所預期的更巨大、更具破壞性。這次的風暴之所以會變得這麼大，是因為我們在政府、銀行界，以及華爾街的領袖們根本沒有真正地解決問題。他們反而還讓問題更加的嚴重。

與其解決這些問題，我們的領袖們繼續大玩特玩金錢遊戲：印製上兆美元的鈔票，將利率壓低至接近零的水準（希望民眾會借更多錢），不斷地提升國債上限而不是提升全國產值，不斷撐起我們的股票和房地產市場，並且不斷地對那些無知的、沒有接受過財務教育的民眾撒著漫天的大謊。

一九六三年，我就讀高中時，巴布・狄倫（Bob Dylan）唱了「時代正在改變」（The Times They Are A-Changin'.）這首歌。

身為一個青少年，雖然我不知道什麼正在改變，但是直覺告訴我，的確有事情正在發生變化，而且這歌詞說的是真的。

很不幸的，絕大多數的人都希望所有的事情都能回到「原來的樣子」。他們希望能雨過天晴，陽光再度降臨，小鳥們繼續引吭高歌……，再次擁有眾多的就業機會以及不斷調升的薪資，而且每年都可以達到百分之十的經濟成長率。很多人也希望他們的政治領袖、政府機關、學校團體，以及金融機構等會解決我們目前所面臨的問題。數百萬計的美國人看樣子都認為只要把一些腐敗的政客從華盛頓特區趕出去就可以解決現在的問題。

我沒有這麼樂觀。我不是在說我們現在，還是之前的領袖都是壞人，只是我們財務的問題實在太巨大了，遠遠超過我們當今政府和領袖們所能管轄的範圍。當我們積欠全世界這麼多錢的狀況下，我們的總統到底還有多少影響力？當中國擁有這麼多美國國債的狀況下，美國怎麼會有資格告訴中國要怎麼做呢？當全球對美元失去信心時，美國又要如何影響全世界呢？

雪上加霜的是，當全球對美國失去信心時，也就是美國金融發生內爆之日。

從二〇一〇年開始，美國戰後嬰兒潮世代就要開始支領社會福利保障制度的津貼，但是社會福利保障制度早就已經破產了。美國預算當中最大一個無底洞——醫療健保制度（Medicare），預計在二〇一九年宣布破產。除了完全無法負擔社會福利保障制度和醫療健保制度之外，美國總統還簽署了一個全新的醫療體系改革法案，進一步增加社會和財政的壓力。

美國同時還在繼續打著兩個不同戰線的戰爭，兩場永遠無法獲勝的戰爭。我們之所以無法獲勝，是因為我們的對手並非像當年第二次世界大戰所對上的工業國家，我們現在只要把「伊朗」和「阿富汗」這兩個國家的名字替換成「越南」（也就是我所打過的戰爭），那麼很多人就會瞭解到這兩場種戰爭是多麼荒唐。

危機的定義

「危機」一詞有個定義是：「某種演進趨勢的關鍵時期或是轉捩點」。從醫學範疇來看：「在危機過後，病患不是逐漸好轉，要不就是死亡。」

你和我目前就處於人類歷史上重大的危機之中。問題是：「我們是否會逐漸好轉，還是會死亡？」

有太多的人問：「經濟什麼時候會恢復？」我的回答是：「經濟早已經向前進了。」

在缺乏財務教育的狀況下，許多人是無法向前進的。

與其跟著經濟繼續前進，他們還活在過去，死守著早已經過時的財務價值觀。在當今就業機會稀少而且工作機會不斷地移往海外時，許多父母仍然在告訴自己的孩子說：「好好上學，然後找一份好的工作。」在當今各國央行繼續發行數兆元貨幣的狀況下，這些家長們仍然持續告訴自己的孩子們要「存錢儲蓄」。在當今數百萬戰後嬰兒潮世代的人正準備要從自己的退休金計畫當中開始贖回金錢時，許多百姓仍然不斷地把自己的錢塞進這些退休金計畫當中。

就如我在《經濟大預言：清崎與富爸爸的趨勢對話》書中預言的一樣，一次完美的經濟大風暴正在加速的醞釀。

與其將來變成一個受害者，你可以主動提升自己的財務教育——這個動作能讓你擁有不公平競爭優勢，訓練自己的腦袋把這次即將發生的金融危機和混亂當成迅速超前的一次機會，而不是落在眾人之後，眼睜睜地看著自己的財富被人掠奪。

你可以改變未來

你具備的第二種不公平競爭優勢，就是對於世界目前所面臨的挑戰，你可以成為解決之道的一份子。

事實上，二〇〇七年的金融危機早在很久之前就開始了。這一切可以追溯至聯準會在一九一三年成立時。國稅局也是因為美國政府在一九一三年通過憲法第十六條修正法案而獲准成立的。這兩個法案都嚴重違背美國憲法的基本精神。

這完全是一種巧合嗎？我不這麼認為。

二〇一一年，貨幣不再是真正的錢。從一九七一年開始所有的貨幣就不再是真正的錢。

現在所有貨幣在本質上根本就是一種債務。

現在每發行一塊錢，國稅局就必須要向納稅人課徵所得稅，來負擔這些新發行鈔票時所衍生債務的本利和。這就是當初在一九一三年所策劃的陰謀：大量的印鈔票，而由納稅人來負擔印鈔票的後果。

現在的納稅人必須同時要負擔兩種稅賦：一種就是直接課稅，另外一種則是通貨膨脹。以上兩者目前都在增加當中。

這也就是為什麼理財專員都會一直建議民眾：「要量入為出。」你一定得要竭盡所能量入為出，才可能擁有足夠的錢來繳納各種稅賦，也才跟得上通貨膨脹的速度。

這也就是為什麼傳統學校裏面根本沒有財務教育的原因。

因為政府和有錢人都需要一般民眾來納稅，並且承擔通貨膨脹的惡果。

參與解決的方案

許多美國人還繼續相信只要選出新的政府官員，就可以解決美國目前面臨的問題。這就是為什麼我們在美國已經看到第二次的「茶黨」事件。第一次的茶黨是於一七七三年在波士頓成立，目的是要抗議英國政府要對美國民眾課稅（而且英國又不給予美國推派議會代表的權力）。

- 二〇一〇年，美國人又再度因為美國不合理稅制的關係再次成立新的茶黨。
- 二〇一〇年，英國政府宣布要裁撤五十萬個公務人員，那些領取救濟金的人也眼睜睜看著自己的福利大幅縮水。

- 二〇一〇年，因為法國政府打算把法定退休年齡從六十歲延至六十二歲，因此引起巴黎的抗爭人潮。
- 二〇一〇年，日本這個擁有絕佳教育系統，每年生產出眾多辛勤工作並且大量儲蓄的民眾，現在是全球負債最嚴重的國家，其債務與國內生產毛額比高達二〇〇%，也就兩倍之譜。
- 二〇一〇年，曾經是我們死對頭的中國和俄羅斯，現在開始不再用美元進行交易，而是直接使用它們的本國貨幣。這種行為完全就跟一間銀行拒絕再把錢借給信用不良客戶的道理一樣。

以上這一切又代表什麼意思？派對已經結束，聖誕老公公再也不會出現了。這個意思是說，資本主義已經蔓延到第三世界。

如果你本身是一位資本家，那麼以上內容都是好消息。但是如果你是一位社會主義者，期待政府會來照顧你，那麼以上的消息對你來說是極為糟糕。

如果你是一位資本家，你可以成為解決之道的一份子。如果你是一位社會主義者，你本身就是問題的所在。如果你期待政府來幫你解決問題，你的問題就大了。因為現在全世界的政府都已經瀕臨破產。

與其成為問題的本身，請開始變成解決之道的一份子：成為一位真正的資本家，把焦點放在先付出的方式來獲得更多。因為期望不斷加薪並且工作量減少的日子早已離我們遠去。

千萬不要誤會我的意思。抱持社會主義的理念沒有任何不對的地方，人需要彼此互相照應。但是一旦你開始相信這一切都可以「免費享有」時，社會主義就會變成一種貪婪。就如你所知道，當今世界無論是社會主義還是資本主義，全球都充斥著過度貪婪的人。

你真正不公平競爭優勢，就是獲得財務上的教育，因此讓你可以成為解決之道的一份子，而不是讓這些問題日益嚴重。

記住，一位真正的資本家會把焦點擺在以少做多的上頭，這就表示說要以更低廉的價格生產更優良的產品。在一個真正屬於資本家的環境裏，產品的價格會隨著生產效率提高而逐漸下滑。

一個失去作用的機制

從我個人觀點來看，教育體制是我們目前面臨最大問題之一。這個體制仍然在倡導要以更少的工作量賺取更高薪資的這種觀念。許多老師到學校教書的動機是為了安穩的工作以及終身俸，而不致力於運用更少的資源來教導更多的學生。

目前還有存在一種現象，就是最優秀的老師在迅速致富，因為他們原本就比別的老師優秀；其次是利用各種新科技來教導更多的學生。

中國已經在全球市場占有一席之地，他們也清楚知道自己必須利用更優惠的價格生產更好的產品，要不然他們一樣也會面臨跟西方國家一樣，失業率急速攀升的問題。如果西方國家想要繼續生存下去，那麼我們必須再次回歸到真正資本主義的價值觀，也就是以少做多的理念。

很不幸的，西方世界各國的領袖們都是在學表現良好的模範生。問題在於，絕大部分的模範生都是在社會主義氛圍下接受訓練。既然大部分的領袖都缺乏財務以及事業等方面的訓練，因此他們從學校畢業時，並不具備在現實生活中領導民眾的能力。

於其倡導富裕，他們口口聲聲高喊著縮衣節食。與其倡導生產力，他們不斷地提高稅率。擁有一些缺乏財務教育領袖們最大的問題，就是他們只會倡導貪污腐敗以及貪婪而已。

我們許多最優秀的學生，一直在倡導劫富濟貧的環境下被教導成人，問題是，當我們從有錢人的身上拿走更多錢來接濟貧民時，我們反而會創造出更多貧窮的人。時下普遍的「想要獲得更高的收入，同時減少工作量」這種態度一定要有所改變。

因此，讓我們再次回到原來的問題……

常見問題

接受富爸爸公司的財務教育，最大的好處是什麼？

簡單回答

你可以成為解決之道的一份子。

解釋

你真正所擁有不公平競爭優勢，就是運用自己的財務教育來行慷慨之事。運用你所接受的財務教育來解決自己，以及他人財務上面臨的挑戰。

千萬不要忘了：教導別人如何釣魚，而不是直接拿魚給別人吃，才能真正的有所改變。

很不幸的，與其教導別人如何釣魚，我們的學校卻讓那些專門賣魚的人進入校園。學校請來的是專門在賣魚（而不是教導學生如何釣魚）的銀行家和理財專員。

每當這些理財專員、股票營業員、不動產經紀人，以及保險業務員把自己的銷售話術偽裝成財務教育端出來給一般民眾的時候，都會讓我坐立難安。他們是在賣魚（sell fish）給別人吃，卻打著教育的幌子來行賺錢之實，根本就是一種非常自私（selfish）的行為。

與其這麼的自私，拚命把魚賣給天真的民眾，請運用自己所受的財務教育來行慷慨之事。與其利用自己不公平競爭優勢來詐騙、欺矇到那些沒有受過教育的民眾，請運用自己所接受的財務教育來教導、喚醒，並且讓民眾重獲自由。

與其利用自己不公平競爭優勢來讓自己變得更富有，請運用自己不公平的財務教育來讓別人的生命變得更加富裕。

我們目前所面臨最大的問題之一，就是擁有陳舊過時的教育體制，到現在還是緊抓著過去不放，同時又盲目於未來的趨勢。這個退化系統到現在還堅持要訓練我們的學生，為一個即將走入歷史的年代在作準備。

二〇一〇年，數百萬計的民眾失去自己的工作；數百萬計的民眾失去自己的房屋；數百萬計的民眾失去自己的退休金；數百萬計的民眾慘遭損失。只是因為他們所接受的財務教育不足，所以得依賴別人來幫助他們安排自己財務的未來。

與其把這次的金融危機當成壞事，請把它當成一種激勵你向善的動機。教導自己同時教導別人，一定要有自己的想法（要替自己的將來做打算），而不是等著別人來告訴你怎麼做。

我們確實即將邁入一個美麗新世界，以及一個嶄新的經濟。這次的危機只是上個時期的結束。這次危機同時也是一個新時代、新經濟的開端。

好消息是，我們人類即將邁入一個全新時代，一個充滿無限富足和機會的時代。科技的創新可以提升全人類的意識層次，同時可以降低創造這種意識層次所需要付出的代價。新科技同時也能降低財務上的風險、價格、工資，並且能開拓全球的市場。好消息是：新科技能讓創業變得更加容易。

壞消息是，新科技會讓一般員工更難生存下去。這就是為什麼隨著科技日新月異，人力被取代而使得失業率上揚，就像是當年的汽車大量取代馬匹一樣。

與其尋求薪水更高的工作而重返校園進修，請你著重於尋找新的方法來教育自己。對那些接受過財務教育的人而言，這會是一個沒有國界限制、一個充滿富足和機會的新世界。

那些持續盲從社會主義和法西斯主義信條的人，將會持續活在一個極度匱乏的世界之中……這個世界將會充斥著低廉的工資、高稅率和高通貨膨脹率，並且繼續允許別人，也就是把自己財富託付給自己所信任的人，藉著各種手續費和費用而被他們竊走。

相反的，對於那些遵從補償定律中三條法則的人來說，生活將會變得愈來愈輕鬆：

1. 先捨的愈多，就能獲得愈多。
2. 學習如何在B和I這邊付出更多。
3. 充分利用財務教育複利的威力。

如此一來，生命不但會變得更富足，政府同時還會增加你各種稅賦的減免，銀行也會借錢讓你購買屬於自己的資產，而且華爾街也會替 B 象限的創業家籌措資金。

為什麼要社會主義者和法西斯主義者要對資本家這麼的慷慨？因為他們需要資本家。如果沒有資本家，那麼社會主義和法西斯主義者就會被大量憤怒、飢餓、沒有工作的暴民所攻擊。

你的財務教育會給你一種不公平競爭優勢，避免自己成為上班族和既得利益者鬥爭下的受害者。

與其被抗議的群眾和政客夾在中間，請你致力於成為一個真正的資本家。

你要學習得更多才能夠做更多的事情。請你致力於「以少做多」，以及讓別人生命更加的富足。

你我的工作

我心目中的一位英雄人物，就是蘋果電腦創辦人之一兼總裁的賈伯斯（本書繁體中文版付梓時，賈伯斯已往生）。如果不是賈伯斯的關係，我絕對不可能在一九九七年寫下《富爸爸，窮爸爸》這本書，或者利用 iPhone 和全世界各地的人進行溝通。

身為一位真正的創業家兼資本家的賈伯斯，讓我的生活變得更加便利，因此能讓我專心於自己的工作，也就是提供財務教育，來讓別人的生活變得更加容易。

你的工作就是利用自己所擁有的不公平的競爭優勢，把財務教育的威力發揮在自己的日常生活當中。首先要改變自己，接著就讓我們改變全世界。

教育到底是什麼？

非常感謝你投資時間和金錢來閱讀本書，我同時希望你也變成一個相信財務教育會帶來影響力的人之一。

如果你有閱讀過我其他著作，那麼你或許已經察覺，我並不是一個很推崇傳統教育的人。我當年並不喜歡上學，因此我的在校成績也的確反映出當時的態度。我在學校裏最常聽到的話就是：「如果你得不到好成績的話，將來就找不到好工作。」反正我原本就不想去找工作——因此我完全沒有把心思放在學業上。

雖然當時我的身體坐在教室裏，但心思卻飄到了別處，或許這就是我另外一種不公平競爭優勢。

UNFAIR advantage

高寶書版集團
gobooks.com.tw

RI 242
富爸爸，賺錢時刻：挑戰有錢人的不公平競爭優勢
Unfair Advantage: The Power of Financial Education
作　　者　羅勃特．T．清崎（Robert T. Kiyosaki）
譯　　者　王立天
編　　輯　吳怡銘
校　　對　蘇鵬元
排　　版　趙小芳
美術編輯　黃鳳君
出　　版　英屬維京群島商高寶國際有限公司台灣分公司
　　　　　Global Group Holdings, Ltd.
地　　址　台北市內湖區洲子街88號3樓
網　　址　gobooks.com.tw
電　　話　(02) 27992788
電　　郵　readers@gobooks.com.tw（讀者服務部）
　　　　　pr@gobooks.com.tw（公關諮詢部）
傳　　真　出版部　(02) 27990909　行銷部 (02) 27993088
郵政劃撥　19394552
戶　　名　英屬維京群島商高寶國際有限公司台灣分公司
發　　行　希代多媒體書版股份有限公司/Printed in Taiwan
初版日期　2012年1月

國家圖書館出版品預行編目(CIP)資料

富爸爸，賺錢時刻：挑戰有錢人的不公平競爭優勢
/ 羅勃特．T．清崎著；王立天譯. --
初版. -- 臺北市：高寶國際出版：
希代多媒體發行, 2012.1
　面；　公分. -- (致富館；RI242)
譯自：Unfair Advantage: The Power of Financial Education
ISBN 978-986-185-655-1(平裝)
1.個人理財 2.金融安全 3.財富
563　　　　100020179